NA ESTRADA COM AGOSTINHO

NA ESTRADA COM AGOSTINHO

Uma espiritualidade do mundo real para corações inquietos

JAMES K. A. SMITH

TRADUÇÃO
ELISSAMAI BAULEO

2020

Título original:
On the Road with Saint Augustine: A Real-world Spirituality for Restless Hearts
Copyright © 2019 por James K. A. Smith

Edição original por BrazosPress, uma divisão da Baker Publishing Group.
Todos os direitos reservados.

Copyright da tradução © Vida Melhor Editora S.A., 2020.
Todos os direitos reservados.

As citações bíblicas são da *Nova Versão Internacional* (NVI), da Biblica, Inc.,
a menos que seja especificada outra versão da Bíblia Sagrada.

Os pontos de vista dessa obra são de responsabilidade dos autores e colaboradores diretos, não refletindo necessariamente a posição da Thomas Nelson Brasil, da HarperCollins Christian Publishing ou de sua equipe editorial.

Publisher	*Samuel Coto*
Editores	*André Lodos Tangerino e Bruna Gomes*
Copidesque	*Clarissa Melo*
Revisão	*Davi Freitas e Aldo Menezes*
Diagramação	*Aldo Menezes*
Adaptação de capa	*Filigrana*

DADOS INTERNACIONAIS DE CATALOGAÇÃO NA PUBLICAÇÃO (CIP)

S38e Smith, James K. A.
1ª ed.   Na estrada com Agostinho: uma espiritualidade do mundo real para corações inquietos / James K. A. Smith; tradução de Elissamai Bauleo. — 1ª ed. — Rio de Janeiro: Thomas Nelson Brasil, 2020.

264 p.; il.; 15,5 x 23 cm

Tradução de: On the Road with Saint Augustine
ISBN: 978-85-71671-41-6

1. Cristianismo. 2. Agostinho. 3. Espiritualidade. 4. Coração. Vida com Deus.
I. Bauleo, Elissamai. II. Título

CDD 230

Índice para catálogo sistemático:
1. Ciência: religião
2. Mitos: cultura
3. Fé: cristianismo

Bibliotecária responsável: Aline Graziele Benitez CRB-1/3129

Thomas Nelson Brasil é uma marca licenciada à Vida Melhor Editora S.A.
Todos os direitos reservados à Vida Melhor Editora S.A.
Rua da Quitanda, 86, sala 218 — Centro
Rio de Janeiro, RJ, Brasil - CEP 20091-005
Tel.: (21) 3175-1030

www.thomasnelson.com.br

Para Deanna,
meu Alípio:
coperegrina, amiga fiel, alma gêmea.

"'Vocês, garotos, estão indo para algum lugar ou apenas indo?' Não entendemos a pergunta dele, e foi uma pergunta do caramba."
— Jack Kerouac, *On the Road* [no Brasil, *Pé na estrada*]

"Um coração em fuga mantém uma mão na arma.
Você não pode confiar em ninguém."
— Jason Isbell, *Cover Me Up*

"Imagine que você está se debatendo sem parar, esperando se afogar e seu pé alcança o fundo."
— Thomas Wolfe, *The Story of a Novel*

"Mas vê, tu estás aqui, libertando-nos de nossa perambulação infeliz, colocando-nos firmemente no teu caminho, consolando-nos e dizendo: 'Percorre a estrada! *Eu* te levarei! *Eu* te carregarei até o fim e, mesmo no final, *eu* te levarei.'"
— Agostinho, *Confissões*

SUMÁ

11 INTRODUÇÃO

ORIENTAÇÃO • 15

CORAÇÃO EM FUGA — **17**
Como colocar o pé na estrada

AGOSTINHO, NOSSO CONTEMPORÂNEO — **35**
Como encontrar a si mesmo

UMA ESPIRITUALIDADE PARA REFUGIADOS — **52**
Como viver numa posição intermediária

DESVIOS NO CAMINHO PARA MIM MESMO • 73

75 LIBERDADE
Como fugir

AMBIÇÃO — **94**
Como desejar

110 SEXO
Como se conectar

RIO

MÃES — 126
Como ser dependente

AMIZADE — 140
Como pertencer

ESCLARECIMENTO — 163
Como acreditar

HISTÓRIA — 181
Como ser um personagem

JUSTIÇA — 201
Como protestar

PAIS — 218
Como ser quebrantado

MORTE — 230
Como ter esperança

VOLTA PARA CASA — 248

AGRADECIMENTOS — 250

INDÍCE REMISSIVO — 253

INTRODUÇÃO

Este livro não é uma biografia. Não é um livro sobre Agostinho. De certa maneira, é um livro que ele escreveu sobre você. É uma jornada com Agostinho para dentro de si. É um diário de viagem do coração. Uma excursão com um pródigo que já esteve onde você pensa que precisa ir.

Mas é também o testemunho de alguém que passou algum tempo na estrada com Agostinho. No emblemático romance *On the Road*,[1] de Jack Kerouac, o narrador, Sal Paradise, interpreta o cronista das artimanhas do astro da história, Dean Moriarty, que é o verdadeiro exemplo, o herói, o modelo. Então, simplesmente me chame de Sal. Viajei ao lado de Agostinho. Aqui está o que vi, o que ele me mostrou (sobre mim) e o motivo pelo qual você talvez considere vir junto.

Este é um convite para viajar com um antigo africano que o surpreenderá pelo tanto que ele conhece você. Não por ser um guru, um analista freudiano que arrogantemente enxerga através de você. Ele o conhece apenas porque esteve no seu lugar, por ter um senso de solidariedade com a raça humana por nossas fraquezas, frustrações e tentativas fracassadas. Se ele perscruta os cantos secretos de nosso coração, descobrindo nossa avidez e nossos medos, é somente porque esse é um território familiar: ele viu tudo isso em sua própria alma. Agostinho não é um juiz; está mais para um padrinho dos Alcoólicos Anônimos (AA). "Nada que você me dissesse seria capaz de me surpreender", diria ele. "Deixe-me contar-lhe a minha história." Alguém poderia dizer de Agostinho o que Leslie Jamison observa sobre Don Gately em *Graça infinita*: "Ele não é santo. Por isso que fez a salvação parecer possível".[2]

---

[1] Uma vez que as citações foram traduzidas do inglês, manter-se-á o título do livro no original, visto que a numeração de página corresponde à edição adotada pelo autor. No Brasil, há várias edições — algumas adotam o título original; outras, o título *Pé na estrada*; outras ainda, a combinação dos dois títulos. (N. do R.)

[2] Leslie Jamison, *The Recovering: Intoxication and Its Aftermath* (Nova York: Little, Brown, 2018), p. 361.

Mas a razão para considerar Agostinho um guia para a jornada não é só a ideia de ele ser um psicólogo perspicaz familiarizado com as artimanhas da mente no exílio ou o fato de ter mapeado as alegrias das pessoas "livres". O que torna Agostinho um guia que vale a pena levar em conta é que, ao contrário do Dean do Sal, ele sabe onde é sua casa, onde pode encontrar descanso, qual é a sensação de paz, ainda que às vezes ela seja passageira e fugidia ao longo do caminho.

Não vou fingir a inexistência de certo rubor em seus conselhos. Agostinho sugerirá, sem hesitar, que você foi feito para Deus, que o lar se encontra além de si mesmo, que Jesus é o caminho e que a cruz é um barco no mar agitado pela tempestade que chamamos de "mundo". Porém, o que espero que disso tudo repercuta em você não é uma solução ou resposta, nem uma mera alegação ou exigência dogmática. Para Agostinho, essa foi uma epifania difícil que surgiu depois de tentar todo o resto, após muito tempo na estrada, no fim da linha. Para ele, o evangelho cristão não era simplesmente a resposta para uma pergunta intelectual (embora fosse isso); era mais como um abrigo em uma tempestade, um porto para uma alma instável, alimento para um pródigo com fome, cujo próprio coração havia se tornado, como ele mesmo disse, "uma terra faminta".[3] Mais tarde, ele afirmou que era como se alguém finalmente lhe mostrasse sua terra natal, mesmo que ele nunca houvesse estado lá antes. Era o pai que ele passou a vida inteira procurando, dizendo-lhe: "Bem-vindo ao lar".

Agostinho é misterioso para nós: é tão antigo que chega a ser estranho, e, mesmo assim, suas experiências são tão comuns que parecem contemporâneas. Minha esperança é que essa estranheza possa lhe passar uma sensação de como é o verdadeiro cristianismo por dentro. A aposta aqui é que um antigo africano possa tornar o cristianismo possível para você, alguém mergulhado nas ansiedades e decepções do século XXI. Isso não acontece necessariamente porque você está procurando Deus, e sim por estar tentando se encontrar. Quando você for explorar as cavernas da sua alma com Agostinho, pode se surpreender com quem encontrar lá embaixo.

---

[3] Agostinho, *Confessions* 2.18, trad. Sarah Ruden (Nova York: Modern Library, 2017), p. 50. [No Brasil, *Confissões* (São Paulo: Paulus, 1997)].

Agostinho pode tornar o cristianismo crível para você, mesmo que você já tenha ouvido tudo, tenha estado lá, feito tudo e deixado a estúpida camiseta cristã em casa. Aqui está um cristianismo que você deve levar em consideração antes de parar de acreditar. Agostinho pode tornar o cristianismo plausível *novamente* para aqueles que sofreram desilusões — que suspeitam que o "cristianismo" que conheceram seja apenas um disfarce para jogos de poder e interesse próprio, ou um moralismo cansado que parece constantemente zangado, ou ainda uma versão do conforto da classe média, muitas vezes confundida com o chamado sonho americano. Se a única fé que você pode imaginar é a fé de seus pais, Agostinho percorreu esse caminho. E se foi justamente a estranheza de suas lutas antigas que tornou Agostinho perene, alguém distante da nossa própria imersão e que, portanto, pode nos dar uma posição estratégica para vermos a nós mesmos — e a fé cristã — de uma maneira nova?

No livro de memórias *Hold still*, a fotógrafa Sally Mann cita um dos textos do diário de seu pai: "Você sabe como um barqueiro encara uma direção enquanto rema para outra?".[4] Este livro que você está segurando é um convite a essa postura: siga em frente olhando para trás, evolua considerando a sabedoria antiga. Entre em um barco rumo a um novo futuro, tendo em mente Agostinho na costa norte-africana como um ponto de referência para nos guiar.

Você pode se surpreender com a quantidade de radicais e inovadores que já estiveram nesse barco. Pensadores, escritores e dramaturgos que nos moldaram mais do que imaginamos foram orientados por Agostinho ao longo do século XX. Você será reapresentado a eles aqui na estrada: Martin Heidegger, o pai do existencialismo, cuja influência crescente na França e além acabou fazendo com que todos nós buscássemos autenticidade; Albert Camus, que nomeou nossa experiência do absurdo, passou a primeira parte de sua carreira lutando contra Agostinho e talvez nunca tenha parado; Hannah Arendt,

---

[4] Sally Mann, *Hold Still* (Nova York: Little, Brown, 2015), p. 361.

que analisou a natureza do amor e da amizade em conversa com Agostinho; Jacques Derrida, *enfant terrible* do pós-modernismo, que desconstruiu e desestabilizou nossa confiança nas verdades eternas e mais tarde retornou para considerar os segredos que seu compatriota norte-africano oferecia. Existem formas nas quais o século XX foi agostiniano, o que o torna nosso contemporâneo de maneiras que nem levamos em conta. E se ele fala até hoje? E se Agostinho não estiver simplesmente atrás de nós, mas também à nossa frente, esperando que cheguemos aonde sua jornada terminara? Talvez seja o momento de considerar sua resposta para as perguntas que ele nos formulou.

ORIENTAÇÃO

Aqui encontramos nosso rumo, conhecemos nosso companheiro e descobrimos que ele esteve ao nosso lado o tempo inteiro.

CORAÇÃO EM FUGA

Como colocar o pé na estrada

Pode ser a juventude. Podem ser os impulsos reptilianos de uma espécie com migração codificada no DNA. Pode ser o seu complexo de inferioridade, ou a monotonia da claustrofobia causada por uma cidade pequena, ou ainda um lado exibicionista que você nunca confidenciou a ninguém. Podem ser os anseios dos antepassados, cujos desejos penetraram em seus ossos, forçando você a seguir em frente. Pode ser a solidão. Pode ser sua atração inexplicável por "garotos rebeldes" ou a euforia ainda desconhecida da transgressão e a esperança de *sentir* algo. Pode ser a autodepreciação que sempre esteve estranhamente ligada a um desejo espiritual. Pode ser a busca por uma mãe, um pai ou por você mesmo. Pode ser ganância ou curiosidade. Pode ser libertação ou fuga. Podem existir um milhão de outros motivos, mas nós todos partimos.

É como se tudo o que fizéssemos fosse partir. "Querido, tudo o que sei fazer é ir", confessam as Indigo Girls em *Leaving*. É claro que você pode ir embora sem ter uma passagem de ônibus. Você pode partir em seu coração e começar uma jornada existencial para qualquer lugar que não seja o "aqui" que o aprisiona. Você pode estar dormindo na mesma cama e se sentir a um milhão de quilômetros de distância do seu cônjuge. Você pode continuar morando no quarto da sua infância e ter ido para um país distante. Você pode desempenhar o papel de "bom filho" com um coração que perambula em um entardecer além do bem e do mal. Você pode até aparecer na igreja toda semana com um apetite intenso pelos ídolos. Nem todo pródigo precisa de um passaporte.

Partimos porque estamos procurando. Por algo. Por alguém. Partimos porque desejamos alguma outra coisa, algo a mais. Partimos para buscar um pedaço de nós que está faltando. Ou caímos na estrada para deixarmos nós mesmos para trás e reformular quem somos. Pegamos a estrada na esperança de encontrar o que buscamos — ou, ao menos, para nos distrair o suficiente da fome e das ausências assustadoras que impulsionaram nossa partida em primeiro lugar.

E a estrada não decepciona: oferece opções intermináveis de atrações e paradas, cujos painéis luminosos prometem exatamente o que você está procurando — felicidade, satisfação, alegria. De fato, a estrada tem uma forma estranha de mostrar o que lhe parece um destino longínquo e que, quando você chega lá, aponta para outro além dele. Então, quando você pensa que a amizade, a riqueza, a família ou o poder eram o seu destino final, você fica lá por um tempo e o lugar começa a perder a graça. O que antes lhe despertava fascínio — mesmo que, por certo tempo, parecesse ser sua razão de viver — não "serve mais" para você. Você demorará para admitir isso para si mesmo. Afinal, você enviou todos os anúncios comemorativos sobre sua nova casa existencial. Você contou a todos que chegou; você acreditou em si mesmo. Porém, em algum momento, finalmente será honesto consigo no que se refere à decepção, e essa decepção acabará se tornando desprezo, e você mal poderá esperar para escapar. Felizmente, assim que você começa a olhar à sua volta, vê a promessa de um novo destino na estrada.

Semelhante à tripulação de On the Road, de Kerouac, convencemo-nos de que "a estrada é vida".[1] Fomos moldados por um livro que muitos de nós nunca leram, a história dos boêmios e beatniks em uma jornada de autodescoberta. On the Road relata sua busca pela experiência e pela autenticidade. O narrador, Sal Paradise, pinta um quadro da estrada que sugere que a felicidade está entortando nossos caminhos retos. Como uma versão negativa de João Batista, Sal proclama o percurso incessante e desenfreado de seu messias, Dean Moriarty: "Dean é o cara perfeito para a estrada porque ele realmente nasceu nela".[2] Mas, na verdade, quem não é?

---

[1] Jack Kerouac, On the Road (Nova York: Penguin, 1999), p. 200.
[2] Kerouac, On the Road, p. 1.

Nossa fome de estrada é como um hábito evolutivo que restou de nossos antepassados. Mas a nossa é uma peregrinação sem destino — ou seja, não é uma peregrinação de forma alguma, e, sim, uma jornada adiada, não por ficarmos em casa, mas porque nos alegramos com a andança ou, pelo menos, tentamos nos convencer disso. Nossos ancestrais cantaram Salmos de Subidas enquanto marchavam para Sião, ou percorreram o árduo hajé[3] até Meca, ou seguiram seu caminho para Cantuária. Herdamos essa tendência dos peregrinos, mas ela se transformou em inquietação, um sentimento inicial de ansiedade que não permite que nos sintamos em casa (o que lembra o conceito freudiano de "misterioso", o *Unheimlich*, o *infamiliar*). Estamos sempre mudando, inquietos, buscando vagamente algo em vez de focados em um destino. Somos todos um pouco como o Mississippi Gene, que Sal encontra em On the Road: "Ele não tinha onde ficar sem se cansar de tal lugar, até porque não havia para onde ir além de todos os lugares".[4]

Se a estrada é vida, então não somos de fato vagabundos. Estar no caminho é já ter chegado. Ignore "a sensação de tristeza que só as estações de ônibus têm".[5] Ignore as noites de desespero e siga em frente;[6] não se preocupe tanto com o seu reconhecimento de que "Los Angeles é a mais solitária e cruel das cidades americanas".[7] E, quando você percebe que está assombrado pela sensação de ter esquecido algo e a reconhece como um alerta da mortalidade, a maneira vaga como o medo da morte se instala em sua peregrinação, seja como Sal: encontre um amigo que o leve ao clube e se entorpeça ao som dessa assombração.[8] O truque é se convencer de que a estrada é vida, transformando a inquietação em paz e o desenraizamento em lar, como Sal: "O carro estava balançando enquanto Dean e eu balançávamos ao ritmo e à alegria da

---

[3] Ou *hajj*, é o nome dado à peregrinação que muçulmanos realizam à cidade de Meca, na Arábia Saudita. É o último dos cinco pilares do islamismo e deve ser realizado pelo menos uma vez na vida de um muçulmano adulto, desde que tenha saúde e recursos financeiros. (N. do R.)
[4] Kerouac, *On the Road*, p. 23.
[5] Kerouac, *On the Road*, p. 31.
[6] Na "noite mais triste", quando as mulheres que Dean e Sal usam e abusam finalmente resistem, para denunciar o mau-caratismo de Dean, olham "para Dean como uma mãe olha para seu filho tão querido e cheio de falhas", a reação de Sal é distraí-las com um redirecionamento geográfico: "Estamos indo para a Itália." Kerouac, *On the Road*, p. 184.
[7] Kerouac, *On the Road*, p. 79.
[8] Kerouac, *On the Road*, p. 115.

nossa animação eufórica de conversar e viver até o frenético e vazio fim de todos os inumeráveis detalhes angélicos e caóticos que estiveram escondidos em nossa alma, nossa vida inteira".[9]

Se realmente conseguimos ou não fazer isso é a questão tratada em *Amor sem escalas*, um filme de George Clooney baseado no romance de Walter Kirn. O personagem de Clooney, Ryan Bingham, deixou de lado todos os seus vínculos. Ele vive em aviões e se sente "em casa" nos aeroportos. Sua busca não é um destino, e sim uma jornada incessante: ele deseja completar a marca de um milhão de milhas. Na verdade, ele construiu sua carreira aconselhando as pessoas a abandonarem tudo o que as impede de algo. Como palestrante motivacional que usa um recurso de apoio — uma mochila cheia de todas as coisas que nos sobrecarregam, principalmente os relacionamentos —, Bingham recomenda a independência incerta. Mas quando sua assistente finalmente o desafia com a pergunta "O que você deseja?", Bingham se cala ("Você nem ao menos sabe o que quer", ela rebate). E quando ele alcança o desejado milhão de milhas, o comandante o visita, parabeniza-o ("Valorizamos sua lealdade") e o desafia com uma pergunta: "Então, de onde você é?", e sua única resposta é: "Sou daqui". O vazio ecoa em seus ouvidos.

A pergunta que assombra nossa jornada, com a qual Sal Paradise é confrontado desde o início, continua sem resposta: "Vocês, garotos, estão indo a algum lugar específico", questiona um fazendeiro de Nebraska, "ou apenas indo?". Olhando para trás, Sal agora vê: "Não entendemos a pergunta dele, e foi uma pergunta do caramba".[10] Dizemos a nós mesmos que estamos "apenas indo" para nos proteger da decepção de nunca chegar ao destino? Chamamos a estrada de "lar" para evitar o sofrimento de nunca sermos bem-vindos?

E se você encontrasse alguém extraordinário na estrada, e ele tivesse um mapa, e tivesse conhecido cada uma das atrações que lhe interessaram, mas depois lhe decepcionaram? E se ele já conheceu a pessoa que de alguma forma você deseja ser? E se ele pudesse apresentá-lo a quem você estava procurando e o levasse a uma casa com muitos cômodos, onde um amigo abriria a porta e diria: "Bem-vindo ao lar. Você pode descansar aqui"?

---

[9] Kerouac, *On the Road*, p. 197.
[10] Kerouac, *On the Road*, p. 18.

Um jovem anda em ziguezague pelo caos do porto ao entardecer em sua última noite na África. Seu pai está morto. Ele escapou das garras de sua enjoativa mãe com uma mentira que o machuca, mas é um mal necessário se ele pretendia escapar dela e de sua fé provinciana. As ondas do Mediterrâneo dão voltas na costa de Cartago com sinais de esperança, como se estivessem levando a transformação que ele está esperando em Roma. A Cidade Eterna agora carrega o brilho de seu sucesso, como a luz verde de Gatsby piscando como um símbolo de uma chegada futura esperada. Em Roma, ele finalmente encontrará o que procura e se tornará o homem que está destinado a ser, a pessoa que ele *merece* ser. Agostinho terá chegado.

Sabemos, sim, que ele esperava encontrar tudo isso em Cartago, o mais perto possível que alguém pode chegar de Roma na África. Foi onde ele descobriu o teatro. Foi onde encontrou seu chamado profissional e começou a participar dos círculos literários. Foi onde se apaixonou pelo amor. Foi onde *a* encontrou. Mas agora Cartago parece um retrocesso: uma cidade pouco sofisticada, provinciana e não grande o suficiente para sua importância. O que antes era um destino agora se tornou uma estação no meio do caminho. O lugar em que ele desejava chegar agora é apenas uma plataforma de partida para o novo destino que promete a felicidade.

Pouco antes de anoitecer, as velas começaram a balançar. Um vento forte chegou. Hora de ir. "O vento soprou e encheu nossas velas e perdemos a costa de vista."[11]

Porém, quando ele chega a Roma, o farol ainda está piscando. Agora a partir de Milão, a sede do imperador. O próximo degrau da escada é um cargo de orador imperial; as redes de contatos que o jovem desenvolveu estão compensando. Quando a oferta de emprego chegar, ela vem com a promessa de

---

[11] Agostinho, *Confessions* 5.8.15, trad. Henry Chadwick (Oxford: Oxford University Press, 1991), p. 82 [no Brasil, *Confissões* (São Paulo: Paulus, 1997)]. Como as obras de Agostinho foram posteriormente compiladas em edições-padrão, elas foram "versificadas", de uma forma específica, como nas Escrituras, organizadas em capítulos e subseções. Sigo a prática padrão de citação de cada trabalho para que os leitores sejam capazes de localizar um trecho em diferentes traduções.

que ele será transportado por meio do mensageiro imperial (*cursus publicus*). É engraçado como Roma parece repentinamente suja quando o imperador envia o Air Force One para levá-lo ao seu palácio.

Para Agostinho, Milão equivale à nossa Manhattan ou Londres. Milão, uma metrópole feita de dinheiro e poder. O que John Foot diz sobre a Milão contemporânea vale para a cidade antiga (e a todos os outros alvos de ambição terrena): "Milão é uma cidade obcecada por uma coisa, ou melhor, duas: trabalho e dinheiro".[12] É o lugar em que você ou "vence na vida", ou volta para casa derrotado. As esperanças dessas peregrinações urbanas são perenes: perceber o "você" que foi enterrado na versão provinciana de si mesmo até agora. De certa forma, essas cidades são como escultores, redescobrindo o "você" que sempre esteve logo abaixo da superfície. Então, você vai escalar, alcançar, vencer, conquistar; você vai para realizar o seu potencial e mostrar seu valor; você vai para desfrutar a boa vida e inalar a energia da influência, a liberdade que vem com o privilégio; você vai para se refazer, mas, nisso, espera encontrar o "você" que sempre soube que poderia ser. É por isso que você "se encontra" em outro lugar. O caminho é a estrada para esse "você".

É por isso que esse jovem fica tão aborrecido quando Milão o decepciona. Milão seria supostamente o fim da estrada, o destino que ele imaginou como sinônimo de felicidade. Trabalhando perto do palácio imperial, liberando sua energia e habilidades criativas, misturando-se com os grandes e os bons, ele seria visto por quem ele era: Agostinho, o provinciano precoce, o africano da periferia do império que chegou ao centro. A vida feliz tinha um código postal, e agora Agostinho morava lá.

Então por que ele não se sentiu em casa? Por que o *Unheimlich* ainda o assombra? Ele pensou que estava vindo para Milão a fim de se aproximar do imperador; ele não esperava ficar arrebatado por um bispo.

Agostinho é um homem extraordinário que andou por essa estrada que ainda percorremos alimentado pela ambição, deixando nossas esperanças para trás. Ele está familiarizado com tudo o que carregamos.

---

[12] John Foot, *Milan since the miracle: city, culture and identity* (Oxford: Berg, 2001), p. 4.

Em San Gimignano, uma cidade montanhosa na Toscana ao sul de Florença, não muito longe do caminho que levaria Agostinho de Roma a Milão, existe uma pequena igreja agostiniana do século XIII. Ela não deve ser confundida com o magnífico Duomo no centro da cidade. A Chiostro di Sant'Agostino é humilde, dentro do setor norte. No dia da nossa visita, nossos pés pisaram em ruas estreitas e silenciosas. Parecíamos ter o lugar só para nós. Um sol brilhante da primavera deixou o céu azul anil neon, o teto celestial para uma refeição inesquecível de pici e ragu de cordeiro da Toscana ao ar livre, na Locanda di Sant'Agostino Osteria logo ao lado.

Mas estávamos aqui para ver os afrescos dentro da igreja. A capela radiante abriga diversas pinturas impressionantes que retratam Agostinho na estrada. Pintadas por Benozzo Gozzoli no século XV (1464-1465), as imagens narram sua vida desde a educação infantil em Tagaste até a morte em Hipona. O ciclo de dezessete episódios, circulando da esquerda para a direita, de baixo para cima, é quase como encenar Shakespeare como um drama de hip-hop: o realismo de Gozzoli transpõe Agostinho para praças renascentistas enfeitadas com vestimentas do século XV. O realismo desmistifica o *santo*. Como podemos imaginá-lo como um de nós, uma solidariedade que está no coração de *Confissões*, isso incentiva a imitação. Como a Cartago do século IV se parece com a Florença do século XIII e a antiga Hipona se parece com a Milão medieval, isso pode nos ajudar a compreender por que as aspirações da Roma antiga não são tão diferentes daquelas da Los Angeles contemporânea.

O ensaio de Gozzoli sobre a vida de Agostinho recebe ênfases intrigantes. A educação e o ensino dominam o ciclo, da própria educação infantil de Agostinho na África ao seu cargo de professor em Roma, Milão e Hipona. Esse é Agostinho, o humanista redescoberto no Renascimento — o Agostinho que leu Platão, reformulou a retórica e lutou pelas artes liberais. Não é surpreendente que sua mãe, Mônica, apareça em cinco cenas, incluindo uma comovente em que é deixada para trás.[13]

---

[13] Cf. A canção *Mary*, de Patty Griffin: "Jesus disse: 'Mãe, eu não suportaria mais um dia.'"

Mas absolutamente único é o fascínio de Gozzoli pelas diversas jornadas de Agostinho. Os afrescos poderiam muito bem ser chamados de *Na estrada com Agostinho*. Gozzoli o pinta em movimento. Vemos Mônica orando para que ele não fosse embora e, imediatamente ao lado, a viagem de Agostinho a Roma, com Mônica agora à esquerda, orando com a mão erguida na direção de Agostinho no mar.

Nós o vemos desembarcando no porto de Óstia, a caminho de Roma, que o decepcionará. O ciclo seguinte nos leva de volta a Óstia para testemunharmos a morte de Mônica. Mas, na única tentativa que Gozzoli faz para retratar o dinamismo temporal em um único quadro estático, vemos Agostinho partir, voltando para a África da qual nunca sairá nas colunas à direita (cf. Figura 1, parte superior). Fiel a um dos aspectos mais constantes do caráter de Agostinho, ele nunca viaja sozinho.

No entanto, o painel que mais me cativou retrata a partida de Agostinho de Roma para Milão. Ele desenvolveu relações que merecem ser observadas. Os dignitários acompanham sua partida. A Roma medieval está distante atrás dele, as colinas da Toscana estão à sua frente e no horizonte está Milão (Figura 1, parte inferior).[14] O transporte majestoso do mensageiro imperial mostra que ele pode viajar a cavalo. Os animais são nobres, poderosos e — de maneira curiosa — olham diretamente para nós. "Você vem?", seus olhos parecem perguntar. "Você já pensou em pegar essa estrada? Sabe onde ela leva? Será que *ele* sabe?"

Talvez seja irônico, e um sinal do quão longe ele chegou, que uma década depois de sua mudança para Milão, o Agostinho de meia-idade que perambulava em busca da felicidade tenha descoberto que o painel luminoso da alegria sonhada continuava enfraquecendo apesar de sua busca. Pode ser que isso explique por que ele relacionaria a felicidade ao *descanso*.

---

[14] Na próxima cena, a chegada a Milão, vemos um servo tirando as roupas de montaria de Agostinho, quase como se Milão se tornasse seu lar. É claro que Agostinho encontra seu lar em outro lugar.

Se o jovem Agostinho ficou tentado a imaginar que "a estrada é vida", que felicidade era sinônimo de aventura, de sair, de partir para costas distantes e de fugir das restrições do lar, então suas *Confissões* da meia-idade revelam um tipo de mudança de estilo. Se o inexperiente Agostinho via Virgílio como um modelo, imaginando-se em sua própria odisseia de conquista na Itália, somente mais tarde ele passou a ver um padrão diferente surgindo em suas andanças: o pródigo que volta para casa.

Esse pode não ser o pródigo que você conhece. É o pródigo existencial, o filho instável filtrado pela filosofia, ouvindo o Evangelho de Lucas com ouvidos platônicos, como uma parábola educativa sobre a existência humana. É a história de um filho ingrato que vai embora prematuramente com sua herança após dizer ao pai: "Gostaria que você estivesse morto". E esse pai, de forma estranha e inesperada, concorda: "Aqui está. Eu te amo". O filho toma a propriedade de seu pai (*ousia*) e parte para um país distante, esbanjando-a em uma "vida mundana" e acabando sem coisa alguma — e com nada.

Como Agostinho poderia resistir a entender isso como uma parábola da própria existência humana? A essência (*ousia*) nos é concedida pelo nosso Criador, mas aceitamos o dom como se não houvesse doador e zarpamos para "viver" de acordo com o nosso melhor juízo. O resultado? Você, um bom rapaz judeu, acorda uma manhã e percebe que até os porcos estão comendo melhor do que você, e começa a fazer a si mesmo questionamentos como: "Que diabos estou fazendo? Quem sou eu? *De quem* sou?". Tão desanimado a ponto de não conseguir nem se expressar, você ainda se pergunta de forma tímida e desesperada: "Será que meu pai me aceitaria de volta?". Por alguma graça inexplicável, você começa a retornar para casa. E, enquanto ensaia novamente um longo discurso cujas três partes consistem em uma desculpa, e duas, em um pedido oficial de reintegração, você se surpreende quando esse Pai vem correndo e o envolve em seus braços, enquanto sua cabeça está abaixada, e sua mãe mais tarde lhe conta: "Ele caminhava até o fim da estrada todos os dias esperando por você".

Essa é a jornada em que Agostinho finalmente viu a si mesmo e se tornou o esqueleto literário de *Confissões*, um diário de viagem do coração humano. O motivo pelo qual Agostinho conta *sua* história é que ele pensa que ela é simplesmente um exemplo da história *humana* — que somos todos pródigos — e deseja que nos façamos uma pergunta: "E se eu voltasse para casa?".

Para ele, psicologia é cartografia: entender a si mesmo é uma questão de mapear nossa tendência a procurar o amor em todos os lugares errados. O alcance de nossa busca exterior é espelhado pela expansão interior da alma. "Um ser humano é um abismo enorme", ele depois evidenciaria a seu Deus. "Mestre, tu sabes o número de cabelos existentes na cabeça dele e, em ti, não há redução desse número, mas é mais fácil contar os fios de cabelo dele do que o humor ou o funcionamento do seu coração."[15] O coração de uma pessoa pode ser um território estrangeiro, uma terra desconhecida, e essa falta de familiaridade com nós mesmos gera nossa tendência a fugir. Ainda não conseguimos encontrar o que estamos procurando porque não sabemos o que queremos. Se nunca parece que chegamos, já cansados de todos os lugares que prometiam ser o fim da estrada, é porque o terreno da nossa vida interior é um deserto de anseios. Quando saímos de casa em busca da felicidade, estamos à procura do "eu" que nunca conhecemos.

Agostinho sugere que, por isso, você pode ser pródigo sem se mover um centímetro. O que estamos mapeando aqui é a geografia do desejo. Ele precisou percorrer de Cartago a Roma e dali a Milão para perceber que seu exílio era interno:

> Uma pessoa não se afasta nem volta para ti caminhando ou por meio de qualquer movimento no espaço. O filho [pródigo] mais novo em teu Evangelho não procurava por cavalos, carruagens ou navios. Não voou com asas visíveis, nem viajou movendo as pernas quando foi morar em um país distante e esbanjou prodigamente o que tu, seu pai gentil, havia lhe dado na sua partida, mostrando-te ainda mais bondoso em seu retorno como um homem falido.[16]

Quando Agostinho usou essa lente pródiga para olhar para si mesmo, ele teve uma epifania. Esse quadro narrativo reformularia tudo e explicaria o que o deixara confuso; daria a ele conceitos para nomear o que o estava

---

[15] Agostinho, *Confessions*, 4.22, trad. Sarah Ruden (Nova York: Modern Library, 2017), p. 96.
[16] *Confessions* 1.18.28 (trad. Chadwick, p. 20).

consumindo e permissão para ser honesto sobre sua decepção com o que todo mundo interpretava como "sucesso". O que parece ser uma realização em Milão — sucesso, conquista, chegada — foi vivido como mais um desapontamento. O que parece ser a boa vida é experienciado como a perda de nada menos que do próprio eu. Assim como o filho pródigo desperdiça sua herança com nada, a alma errante e faminta consome tudo e termina sem nada: sem identidade, sem centro, sem "eu". O "país distante" a que o pródigo acaba chegando não é só muito longe e solitário. Ele se dissolve. Fragmenta-se. Derrete-se. "Fui atingido por uma tempestade, fluindo, jorrando por todos os lados, borbulhando em meus negócios imundos."[17] A busca desenfreada pelo próximo lugar é sintomática de sua autoalienação. "Eu havia me abandonado e não era capaz de me encontrar", Agostinho relembra. "Transformei-me em uma terra faminta em que precisava morar."[18]

O caminho, a jornada, a busca não só organizam suas *Confissões*: são uma metáfora dominante da espiritualidade de Agostinho. Na obra *Da doutrina cristã*, seu manual para pregadores, ele descreve um coração em fuga. Onde descansamos é uma questão do que e de como amamos. Nossa inquietação é um reflexo do que tentamos "desfrutar" como um fim em si mesmo — o lugar que procuramos para ali repousar. A fome do coração é infinita, e é por isso que ela se decepcionará com algo meramente finito. Os seres humanos são criaturas estranhas que jamais ficam totalmente satisfeitas com qualquer coisa criada — embora isso nunca nos impeça de tentar. Agostinho destaca que a ironia é sentirmos frustração e decepção quando tentamos fazer da estrada um lar em vez de percebermos que ela nos leva à nossa casa ao tentarmos dizer a nós mesmos que "a estrada é vida." Então atribuímos expectativas infinitas ao que é finito, mas o finito é dado como um presente para nos ajudar a chegar a outro lugar.

> Deveríamos usá-lo com certo amor e deleite que não estão, por assim dizer, estabelecidos permanentemente, mas, ao contrário, são passageiros e casuais, como o amor e o prazer em uma estrada, ou em veículos, ou quaisquer outras

---

[17] *Confessions* 2.2 (trad. Ruden, p. 35).
[18] *Confessions* 5.2, 2.18 (trad. Ruden, p. 107, 50).

ferramentas e aparelhos de que você goste, ou se consegue pensar em uma forma melhor de se expressar, para que amemos os meios pelos quais estamos sendo levados por causa do objetivo para o qual estamos sendo levados.[19]

Existe alegria na jornada exatamente quando não tentamos fazer de um carro uma casa, por assim dizer. Há amor na estrada quando paramos de amar a estrada. Existem diversos presentes ao longo do caminho quando lembramos que é um *caminho*. Há prazer na estadia quando entendemos onde é o nosso lar.

Mas como chegar em casa? Há realmente esperança de encontrar descanso? E se a estrada for longa e estivermos cansados da comida de posto de conveniência e das hospedarias baratas que chamamos de "sucesso" e os prazeres dessa jornada perderem a graça? E se conseguirmos enxergar pelo finito e tivermos algum pressentimento da outra costa, mas nos desesperarmos para chegar lá? E se chegássemos longe o bastante para ver que nenhum lugar nos deixaria felizes e, desse modo, desistíssemos totalmente da busca?

Agostinho já esteve lá. Em um momento posterior da sua vida, em um sermão na costa africana de Hipona, ele revisitaria isso com sua congregação. Quando você já tentou de tudo, mas continua descobrindo que o que você compreende como definitivo escorre por entre os seus dedos como algo finito, ele diz que:

> É como se alguém pudesse ver seu país de origem a uma longa distância, mas estivesse separado dele pelo mar. Ele vê o lugar para onde deseja ir, mas não tem os meios para chegar lá. Da mesma forma, todos nós queremos ir para aquele nosso lugar seguro onde aquilo que é realmente é, porque por si próprio sempre é como é. Mas no meio está o mar deste mundo por meio do qual estamos prosseguindo, mesmo que já vejamos para onde estamos indo (no entanto, muitos não veem para onde estão indo).[20]

---

[19] Agostinho, *Teaching Christianity* 1.35.39, in *Teaching Christianity*, trad. Edmund Hill, OP, ed. John E. Rotelle, OSA, The Works of Saint Agustine 1/11 (Hyde Park, NY: New City, 1996), p. 123.
[20] Agostinho, *Homilies on the Gospel of John* 2.2, in *Homilies on the Gospel of John* 1-40, trad. Edmund Hill, OP, ed. Allan D. Fitzgerald, OSA, The Works of Saint Agostinho 111/12 (Hyde Park, NY: New City, 2009), p. 56.

A verdade brutal: *você* não pode chegar lá a partir daqui. Nem mesmo um mapa é o bastante. Você já deve ter entendido para onde precisa ir, mas a questão é como chegar lá.

E se Deus enviou um barco? E se o Criador tiver guiado uma balsa da outra margem?

"Para que também pudéssemos ter os meios de ir, aquele a quem desejávamos chegar veio de lá até aqui. E o que ele fez? Um barco de madeira para atravessarmos o mar."[21] Deus manda uma balsa de casa: "Porque ninguém pode cruzar o mar deste mundo a menos que seja carregado na cruz de Cristo". "Entre", Deus convida. "Aguente firme. Jamais desistirei de você."

Não é apenas uma questão de finalmente se estabelecer ou de chegar ao fim da estrada. Encontramos descanso porque somos encontrados. Conseguimos chegar ao lar porque alguém vem nos buscar. A história do pródigo redesenha tudo por causa da forma como termina: "Estando ainda longe, seu pai o viu e, cheio de compaixão, correu para seu filho e o abraçou e beijou" (Lucas 15:20). O filho rebelde não é definido por seu comportamento esbanjador, mas pelo acolhimento de um pai que nunca tirou os olhos dele, que está sempre observando à distância e que corre para envolvê-lo em um abraço. Deus não está batendo o pé de forma julgadora do lado de dentro da porta quando você entra escondido, rastejando pelo umbral com vergonha. Ele é o pai que corre em sua direção, perdendo as sandálias pelo caminho, deixando as vestimentas escorregarem dos ombros, com um grande sorriso cuja alegria diz: "Não acredito que você voltou para casa!". É assim que a graça acontece.

Meditando sobre a encarnação, sobre Deus se tornando humano em Jesus, Agostinho descreve o Deus que corre para nos receber: "Ele não perdeu tempo, correu clamando palavras, atos, morte, vida, descida, ascensão, gritando o tempo inteiro para que voltemos a ele".[22] Jesus é o clamor de Deus, o caminho que Deus corre para nos encontrar. Agostinho compartilha a história de seus excessos como um convite para nos encontrarmos no final da história. Mapear a nossa peregrinação como a do filho pródigo não é uma cartografia de

---

[21] *Homilies on the Gospel of John* 2.2 (trad. Hill, p. 56).
[22] *Confessions* 4.19 (trad. Ruden, p. 93).

desespero ou autodepreciação e vergonha. Pelo contrário, é uma geografia da graça que nos ajuda a imaginar sermos bem-vindos em casa.

"Ó, as estradas tortas que percorri!", Agostinho recorda. "Mas vê, tu estás aqui, libertando-nos de nossa perambulação infeliz, colocando-nos firmemente no teu caminho, consolando-nos e dizendo: 'Percorre a estrada! *Eu* te levarei! *Eu* te carregarei até o fim e, mesmo no final, *eu* te levarei'".[23]

Quem não tem um coração pródigo? Um dos presentes oferecidos por Agostinho é uma espiritualidade para os realistas. A conversão não é uma "solução". A conversão não é um transporte mágico para casa, algum tipo de pó de Flu para o céu. Ela não tira você da estrada, só muda a forma como você viaja.

Um dos motivos pelos quais considero Agostinho uma companhia reconfortante no caminho é que ele é honesto sobre as dificuldades da estrada, mesmo que você saiba onde é sua casa. Seu realismo pastoral reconhece algo que ouço na canção de Jason Isbell sobre estradas tortuosas e buracos que parecem ter uma atração magnética sobre elas. Você pode ouvir isso em *Heathens*, uma música que ele tocava com sua antiga banda, os Drive-By Truckers:

> É tão difícil se manter entre as valas
> quando as estradas serpenteiam da maneira que fazem.

Ou no trabalho solo de Isbell, como *Flying over water*:

> Olhando do céu, a estrada é a mais reta possível.
> Uma corda foi puxada com força de casa até o Tennessee.
> E mesmo assim, de alguma forma, essas valas tiraram a melhor parte de mim.

---

[23] *Confessions* 6.26 (trad. Ruden, p. 166).

Agostinho não escreve do céu, e sim da estrada. Ele conhece valas e, como relatará no livro X de *Confissões*, nem mesmo um bispo as pode evitar. Ainda estamos *a caminho*. Ele chega a essa conclusão pouco tempo depois da sua própria conversão. Como destaca em um de seus primeiros diálogos: "Assim como a alma é toda a vida do corpo, Deus é a vida feliz da alma. Enquanto estamos fazendo isso, até termos feito completamente, estamos na estrada".[24] Peter Brown, biógrafo magistral de Agostinho, chega a essa assustadora percepção:

> Por alguns anos, ele ficou empoleirado entre dois mundos. Não se falava mais sobre uma "ascensão" nesta vida. "Lembre-se de que [...] você adiou seu ponto de vista" [*O livre-arbítrio* 2.16.42]. Surgirá uma nova imagem: a de uma longa estrada. Os momentos de visão clara da verdade que a mente ganha nesta vida são de valor infinito, mas agora são consolações de um viajante em uma longa jornada: "Enquanto fazemos isso, até alcançarmos nossa meta, ainda estamos viajando". Esses momentos não são nada mais que pontos de luz "no percurso dessa estrada escura" [2.16.41]. O próprio Agostinho sempre se ressentia de viajar, associando as viagens a uma sensação de trabalho prolongado e ao adiamento infinito de seus desejos mais queridos. Essas associações colorirão a imagem mais característica da vida espiritual em sua meia-idade.[25]

Existem dois tipos muito diferentes de insatisfação ou desassossego. Um é gerado pela decepção, por não saber onde é o seu lar, por pensar já ter chegado apenas para depois se cansar do lugar ou perceber que não está em casa da maneira que pensava. Nesse caso, a estrada é a exaustão interminável de continuar tentando localizar o lar, a busca frenética por descanso. Essa é a angústia do pródigo que ainda está no exílio.

Mas existe ainda outro tipo de inquietação que pode ser vivenciada na estrada, um cansaço que resulta de saber onde é o seu lar, mas também de perceber que você ainda não chegou ali — um tipo de impaciência "dirigida".[26] O primeiro é uma falta de perspectiva inicial que segue procurando o

---

[24] Agostinho, *On the Free Choice of the Will* 2.16.41, in *On the Free Choice of the Will, On Grace and Free Choice, and Other Writings*, ed. e trad. Peter King (Cambridge: Cambridge University Press, 2010), p. 62. [No Brasil, *O livre-arbítrio* (São Paulo: Paulus, 1997)].
[25] Peter Brown, *Augustine of Hippo: A biography* (Berkeley: University of California Press, 1967), p. 152. [No Brasil, *Santo Agostinho: Uma biografia* (Rio de Janeiro: Record, 2005)].
[26] É exatamente por isso que o osteenismo é considerado uma mentira: o cristianismo jamais promete "sua melhor vida agora".

lar; o segundo é o cansaço de estar a caminho, sobrecarregado de provações, distraído por milhares de passagens e exausto de tentações ao longo do percurso que lhe levam a esquecer onde é o lar.

O realismo espiritual de Agostinho não tem sua honestidade enfraquecida em relação a essa luta atual.[27] Você pode ouvir esse conselho em seu sermão sobre o Salmo 72, refletindo sobre a experiência de Israel depois do êxodo, sua libertação pelo mar. "Observem este ponto, irmãos e irmãs", ele admoesta. "Depois de atravessar o mar Vermelho, os israelitas não recebem imediatamente sua terra natal, nem são autorizados a triunfar despreocupadamente como se todos os seus adversários tivessem desaparecido. Ainda precisam enfrentar a solidão do deserto e os inimigos ainda se esconderem ao longo do caminho." Aqui temos um modelo para a experiência de uma vida convertida: "Após o batismo, a vida cristã ainda enfrenta tentações. No deserto, os israelitas suspiraram pela sua terra prometida. E por que outro motivo os cristãos suspiram quando já estão lavados pelo batismo? Já reinam com Cristo? Não, ainda não chegamos à nossa pátria, mas ela não desaparecerá; os hinos de Davi não falharão ali." O segredo é saber onde estamos, de quem somos e para onde estamos indo, sem nos surpreenderemos com os aborrecimentos da estrada. "Que todos os fiéis ouçam e tenham isso em mente. Que percebam onde estão: no deserto, suspirando por sua terra natal." Os egípcios podem não estar mais nos perseguindo, mas isso não significa que não existam novas ameaças no meio do caminho, "emboscadas ao longo do nosso percurso".[28] Saber para onde você está indo não é uma promessa de navegação tranquila.

Essa é a razão pela qual o livro X de *Confissões* de Agostinho é um presente: é o testemunho de um bispo quebrantado no presente. Você percebe que ele

---

[27] Peter Brown descreve uma dinâmica parecida como um sinal do "romantismo" de Agostinho: "Se ser um 'romântico' significa ser um homem perfeitamente consciente de ser pego em uma existência que lhe nega a plenitude que tanto deseja, sentir que ele é definido por sua tensão em relação a outra coisa, por sua capacidade de ter fé, esperança, saudade, de se enxergar como um viajante em busca de um país sempre distante, mas sempre presente para ele pela qualidade do amor que 'clama' por isso, então Agostinho se tornou imperceptivelmente um 'romântico'." Brown, *Augustine of Hippo*, p. 156.

[28] Agostinho, *Exposition of the Psalms 72.5*, in *Expositions of the Psalms 51—72*, trad. Maria Boulding, OSB, ed. John E. Rotelle, OSA, The Works of Saint Augustine III/17 (Hyde Park, NY: New City, 2001), p. 474-75. [No Brasil, *Comentário aos Salmos (51—100)* (São Paulo: Paulus, 1997)].

não está simplesmente narrando as tentações passadas das quais escapou, e sim confessando todas as formas pelas quais ainda está tentado a acampar nas alcovas da criação como se fossem seu lar. Ele admite: "Luto todos os dias", e eu o amo por fazê-lo.[29] Essa é a autenticidade que deveríamos valorizar. Como Jay-Z expõe em seu livro de memórias, *Decoded*:

> Esse é um dos aspectos que tornam o *rap* tão humano: ele não lhe obriga a fingir ser apenas uma coisa ou outra, ser um santo ou pecador. Ele reconhece que você pode ser verdadeiro consigo e ainda ter dimensões inesperadas e ideias opostas. Ter um demônio em um ombro e um anjo no outro é a coisa mais comum no mundo. O problema é quando você age como se *não* tivesse contradições dentro de si, então você é tão entediante e sem imaginação que nunca muda de ideia, nem perambula por lugares estranhos e inesperados.[30]

Qualquer versão do cristianismo que não seja honesta sobre isso não é considerada agostiniana. Como enfatiza o filósofo francês Jean-Luc Marion, a conversão não acaba com a tentação, ao contrário, a aumenta ainda mais, pois cria resistência. De certa forma, a tensão do tempo é vivenciada com maior intensidade pela alma que está a caminho de casa. Na conversão, eu me encontro e me esforço para escapar da liquefação de amores e distrações confusas que me desestabilizaram. Porém, na minha experiência, ela traz um novo

---

[29] *Confessions* 10.31.47 (trad. Chadwick, p. 207). Oscar Wilde compartilhou esta admiração: "A humanidade sempre amará Rousseau por ter confessado seus pecados não a um padre, mas ao mundo, e nem as ninfas que Cellini criou em bronze para o castelo do rei Francisco, o Perseu verde e dourado, que na Loggia aberta em Florença mostra à lua o terror morto que uma vez deu vida à pedra, não lhe deram mais prazer do que a autobiografia em que o malandro supremo do Renascimento relata a história de seu esplendor e sua vergonha. As opiniões, o caráter e as conquistas do homem importam muito pouco. Ele pode ser um cético como o gentil Sieur de Montaigne ou um santo como o amargo filho de Mônica, mas, quando nos conta seus próprios segredos, consegue sempre enfeitiçar nossos ouvidos para o ouvirmos e nossos lábios para ficarmos em silêncio. Acredito que o tipo de pensamento que o cardeal Newman representou — se é que aquilo pode ser chamado de modo de pensar —, que tenta resolver questões intelectuais pela negação da supremacia do intelecto — não é capaz de sobreviver. Porém, o mundo jamais se cansará de observar essa alma atormentada em seu progresso das trevas para as trevas." Wilde, "The Critic as Artist" (1891), in *The Portable Oscar Wilde* (Londres: Penguin, 1981), p. 52.

[30] Jay-Z, *Decoded* (Nova York: Spiegel & Grau, 2010), p. 239-40, citado em Wyatt Mason, "A comprehensive look back at the brilliance that is Shawn Carter", *Esquire*, 7 de junho de 2017, https://www.esquire.com/entertainment/music/a55372/a-to-jay-z.

tipo de tensão: "a resistência do que me tornei ao que eu era". Ainda que, pela graça, encontre integridade, encontre a *mim mesmo*, a experiência de conversão — de reordenar e reorientar — "tornando-me diferente de mim".[31] "Chegar a mim mesmo" não é uma fuga; em vez disso, torna a luta mais cotidiana: todos os dias sou assombrado. A individualidade não é uma provação apenas antes da conversão, mas por causa da conversão. É o Agostinho convertido, batizado e ordenado que confessa: "*Onus mihi, oneri mihi sum*": "Sou um fardo para mim mesmo".[32]

A questão é *como* carregar esse fardo. Como Marion comenta corretamente, esse "peso do eu", a sobrecarga da conversão, significa "decidir entre dois ônus: o do 'eu' reduzido a si mesmo, o peso de um peso morto, ou aquilo que eu amaria e que me iluminaria".[33] Existe um fardo que realmente tira o peso, um jugo que liberta. Agostinho convida seus paroquianos a considerarem se entregar a alguém que se entregou por eles, o Cristo que lhes garante: "Pois o meu jugo é suave e o meu fardo é leve" (Mateus 11:30). "Qualquer outro fardo o oprime e sobrecarrega, mas o fardo de Cristo o ergue. Todo outro fardo tem um peso esmagador, mas o fardo de Cristo tem asas."[34] Não só você pode chegar em casa; você pode voar.

---

[31] Jean-Luc Marion, *In the Self's Place: The Approach of Augustine,* trad. Jeffrey L. Kosky (Stanford, CA: Stanford University Press, 2012), p. 146.
[32] *Confessions* 10.28.39 (trad. Chadwick, p. 202).
[33] Marion, *In the Self's Place*, p. 154.
[34] Agostinho, *Exposition of the Psalms* 59:9, in *Expositions of the Psalms*, trad. Maria Boulding, OSB, ed. John E. Rotelle, OSA, 6 vols., The works of Saint Augustine III/15-20 (Hyde Park, NY: New City, 2000-2004), 3:186.

AGOSTINHO, NOSSO CONTEMPORÂNEO

Como encontrar a si mesmo

Somos herdeiros filosóficos, mesmo sem perceber. Inspiramos filosofias invisíveis no ar cultural que respiramos. Nossas buscas cotidianas pela autenticidade e identidade são ranhuras no coração criadas pelos efeitos de um existencialismo do qual talvez nunca tenhamos ouvido falar.

Em sua maravilhosa introdução à filosofia do século XX, *No café existencialista*, Sarah Bakewell retrata a mistura de existencialistas — Jean-Paul Sartre e Simone de Beauvoir, Albert Camus e Martin Heidegger, Karl Jaspers e Gabriel Marcel — sentados "em um café da mente grande e cheio, provavelmente parisiense, repleto de vida e movimento, barulhento de tantas conversas e pensamentos". Ela narra a cena que seu livro testemunha discretamente:

> Quando você olha pelas janelas, as primeiras figuras que vê são as mais familiares, discutindo enquanto dão suas tragadas e se inclinam umas sobre as outras, deixando claros seus argumentos. Você ouve copos tilintando e fazendo barulho. Os garçons deslizam entre as mesas. No grupo maior que está na frente, um sujeito gorducho e uma mulher elegante usando um turbante estão bebendo com seus amigos mais jovens. Na parte de trás, outros estão sentados em mesas mais silenciosas. Algumas pessoas estão na pista de dança. Talvez alguém esteja escrevendo em uma sala particular no andar de cima. Em algum lugar há vozes sendo levantadas em tom de raiva, mas também há um sussurro dos amantes nas sombras.[1]

---

[1] Sarah Bakewell, *At the Existentialist Café: Freedom, Being, and Apricot Cocktails* (Nova York: Other Press, 2016), p. 33. [No Brasil, *No café existencialista: O retrato da época em que a filosofia, a sensualidade e a rebeldia andavam juntas* (São Paulo: Objetiva, 2017)].

Estão falando da liberdade e da autenticidade, sobre ser e sobre o nada. Sartre domina a conversa, ainda que Beauvoir seja a mente mais atenta. Em alguns momentos, Camus se exalta; em outros, é inseguro. Essa é uma filosofia comprometida, concreta e até erótica. Há bebidas e cigarros.

Entre as mesas da parte de trás, evitando continuamente a pista de dança, há outro africano, um compatriota de Camus. Ele ouve com interesse, ora se inclinando para entender um ponto mais intrigante, ora fazendo caretas para alguma conclusão. Ele é um patrono silencioso do café e, verdade seja dita, um estimulador da conversa, mesmo que ela tenha tomado um rumo doloroso. Ele se reconhece em muitos deles. Na conversa, revive a frustração, a alienação e o peso de ser livre. É por isso que, quando a noite termina, Agostinho paga a conta em silêncio antes de sair de fininho.[2]

ALGUMAS DAS JORNADAS mais interessantes de Agostinho foram póstumas. Ele aparece em lugares que você nunca esperaria. Sua influência está na água, então você não percebe.

Isso me surpreendeu uma vez quando estávamos em Santa Mônica, Califórnia — cidade que recebeu esse nome por causa da mãe de Agostinho. A milhares de quilômetros e a um mundo de distância de Hipona, em um lugar cuja costa e luz pareceriam familiares a ele, sua mãe é pouco conhecida para aqueles que agora vislumbram "Santa Mônica" — suas palmeiras e suas ruas pavimentadas, suas praias iluminadas e estrelas brilhantes. Santa Mônica quase parece um negativo de um mosteiro agostiniano. No entanto, sua mãe, orando pelo filho de suas lágrimas, cobre-a.[3]

Santa Mônica fica no final de uma estrada famosa: a lendária faixa de concreto conhecida como Rota 66, que termina no píer de Santa Mônica. A

---

[2] Agostinho faz uma aparição em *At the Existentialist Café*, de Bakewell, na primeira página, junto de Pascal e Jó, como antecedentes históricos do existencialismo: "resumindo, qualquer um que já tenha se sentido insatisfeito, rebelde ou alienada em relação a qualquer coisa" (p. 1).

[3] Há uma lenda que diz que os franciscanos espanhóis nomearam a cidade de Santa Mônica porque o fluxo das nascentes locais os lembrou das lágrimas de Mônica por seu filho rebelde.

futilidade das diversões do píer são os tipos de distrações circenses que o filho de Mônica criticaria em suas *Confissões*. Porém, distando apenas alguns quarteirões desse local, depois que você passa pelas luxuosas lojas do calçadão, como a True Religion e Saints Hair Salon, encontrará a paróquia de Santo Agostinho perto do mar, uma igreja episcopal na Forth Street. Localizada no coração da cidade, a construção branca reflete um modernismo da década de 1960 com um toque levemente espanhol. As paredes brancas simples no interior são impressionantes com seus vitrais refletindo o sol da Califórnia.

No domingo de manhã em que a visitamos, o santuário foi animado por uma congregação saudável e vibrante, claramente diversa e acolhedora, com um grande senso de pertencimento, de família. Fiquei realmente impressionado com o casal homoafetivo à nossa frente: na Califórnia laica, na Santa Mônica liberal, eles não "precisam" estar aqui. Não existe capital social a ser ganho e provavelmente muito pouco a ser perdido. No entanto, aqui estão eles: famintos, abertos, acolhidos, adorando. Essa é a jornada agostiniana, repetida no século XXI, em um santuário da Califórnia, em que uma bandeira com um coração em chamas está pendurada e tem a palavra *Veritas* inscrita nela. A busca continua. Seguimos na estrada com esse homem de Deus extraordinário.

A cidade nomeada por causa de sua mãe encarna as pressões e as complexidades da fé em uma era mundana, onde a transcendência ainda assombra, mas o consumismo ameaça domesticar tudo. Na incubadora do narcisismo de Los Angeles e seu culto à imagem, até o legado de Agostinho pode ser reduzido a uma fachada, como o cenário de um set de filmagens. Essa era minha sensação certa tarde, enquanto escrevia no Holy Grounds, o café na Igreja Católica de Santa Mônica, na esquina da California Avenue e do Lincoln Boulevard, não muito longe de Santo Agostinho à beira-mar. A igreja, junto às escolas paroquiais de elite Santa Mônica Catholic High and Elementary, formaram seu próprio complexo localizado em um enclave. Eu estava no pátio do café quando as aulas terminaram. Mães bem arrumadas e babás que haviam sido enviadas chegaram em suas BMWs para buscar os filhos do privilégio — crianças que recebem o tipo de educação de elite que os pais de Agostinho desejavam para ele, se pararmos para pensar. Era uma mistura estranha de bolsas e saltos altos, mochilas e tênis, carregando um ar de aspiração, ambição e um bocado de pretensão, tudo sob o pretexto do legado de Mônica. Mas então, mais uma vez você encontrará essa mistura intrigante do sagrado e profano também nas *Confissões*. E esse mundo não é tão diferente do mundo refletido nos sermões e nas cartas de Agostinho, recomendando o *corpus permixtum*, o corpo confuso de Cristo que deveria estar *no* mundo, mas, em vez disso, parece *dele*. Agostinho não apenas nos ajuda a entender os fascinantes homens da fé, como também nos ajudará a compreender a La-La-Land.

Esse cozido secular parecia encontrar a essência de sua expressão quando comecei a caminhar para casa. Olhei dentro do santuário da igreja de Santa Mônica, onde a música de um ensaio de casamento ecoava suavemente. Agostinho, o bispo, preside ao lado esquerdo do altar, e sua mãe, Mônica, reza à direita. Ouvi e orei, e quando me virei para ir embora, uma estátua do lado de fora na esquina do quarteirão chamou minha atenção. Uma Mônica elegante e jovem feita de bronze, com as mãos estendidas em sinal de acolhimento e oração, estava cercada por flores frescas, lírios brancos e ranúnculos cor-de-rosa, cravos amarelos murchos e uma rosa solitária aos pés dela. Velas votivas foram intercaladas entre notas de oração. Havia uma oração escrita em um avião de papel e outra dobrada em um barquinho também de papel. Orações pela jornada, pela estrada, cartas de devoção e preces. Na pedra embaixo da estátua, havia uma frase sobre sua procedência: "Dedicado aos padres e ao povo de Santa Mônica que inspiraram a realização do filme *O bom pastor*, de 1944".

NO FINAL DA rua do píer de Santa Mônica, onde a Rota 66 sonha com a liberdade e a estrada aberta encontra o Oceano Pacífico, existe outra estátua da mãe de Agostinho, aos pés do Boulevard Wilshire. A escultura art déco foi um projeto de obras públicas do New Deal, concluída em 1934. Com as costas viradas para o oceano, olhando para a cidade, Mônica está serena no Pacific Palisades Park, com as mãos cruzadas sobre o peito num gesto de contemplação e oração.

Se você seguisse o olhar de Mônica e subisse o Wilshire Boulevard, pegando talvez o ônibus 720 no centro da cidade, passaria por Brentwood e pela Universidade da Califórnia em Los Angeles (UCLA), dando a volta pela Beverly Hilton antes de atravessar a Rodeo Drive e poderia avistar estrelas jantando anonimamente no Spago ou no Four Seasons. Logo após contornar o norte da Little Ethiopia, você chegaria ao Museu de Arte do Condado de Los Angeles (MACLA). Ali, em meio ao design moderno do meio do século e à transgressão contemporânea, você encontrará uma imagem icônica do filho de Mônica (cf. Figura 2).

Seu filho envelheceu, mas seus olhos permanecem brilhantes, famintos, iluminados pela luz da verdade, seu coração ardendo de amor. Na sua mão direita, vemos uma pena, a ferramenta desse médico loquaz da Igreja que escreveu livros. Nós o encontramos no lugar onde, de muitas formas, ele está em casa: sua sala de estudos, cercada por sua biblioteca, livros abertos por todos os lados (com exceção dos volumes de Celéstio, Pelágio e Juliano, nos quais ele pisa com seus sapatos de camurça azul). Imagina-se que Agostinho ficaria um tanto desconfortável com as roupas douradas com as quais o artista Philippe de Champaigne o cobriu. E sua face parece mais norte-europeia do que norte-africana.[4] Seu rosto está virado para a Palavra, esperando ansiosamente por revelações. Mas localizado aqui no Wilshire Boulevard, na Cidade dos Anjos, quase parece que ele está olhando para Santa Mônica, sua mãe na costa, uma Óstia do novo mundo.

Visitamos o MACLA todo ano quando passamos um tempo em Los Angeles, e sempre faço uma peregrinação ao Agostinho de Champaigne como um exercício de vertigem cultural. O MACLA é um lugar que você não vai só para ver, mas que também ser visto. *Urban Light*, a floresta postes de luz do lado de fora da entrada, é um cenário perfeitamente utilizável para o Instagram. Os bares Ray's e Stark, na praça do museu, são espaços modernos para saborear coquetéis de quinze dólares e conversar nas noites de jazz. O museu é um lugar que as celebridades frequentam. Em nossas visitas às galerias, encontramos Will Ferrell, Minnie Driver, entre outras. E com a despreocupação

---

[4] Ao contrário, por exemplo, do famoso quadro de Botticelli, de Agostinho em seu estúdio, com a mão no coração e o rosto refletindo sua herança norte-africana.

típica de Los Angeles, todos tratam sua proximidade com a fama de maneira casual, mesmo enquanto a vigia incessantemente. (Em Los Angeles, todos *parecem* que poderiam ser famosos.) Visitar o MACLA é fazer uma peregrinação mundana, em que ser visto apreciando arte é como uma ilusão de devoção realizada por Escher.

E então você se depara com Agostinho: antigo, devoto, olhando além de você, através de você, alheio ao seu olhar (ou no esquecimento). Ele é tão anacrônico que poderia ser vanguardista (você pensa que Beyoncé não gostaria de uma capa dessas?), e sua presença aqui em Los Angeles é um começo de conversa.

Na verdade, às vezes imagino se não há uma conversa implícita acontecendo na própria galeria. Ao sair da Galeria Thomas V. Jones, que é o lar de Agostinho, se você passear pelas obras de Monet, Pissarro e Cézanne (que, assim como Agostinho, desejavam tornar visível o invisível), atravessando continentes e séculos, na esquina oposta do edifício Ahmanson, você encontrará a pintura O *desiludido*, de Ferdinand Hodler, de 1892 (cf. Figura 3). Trata-se de um estudo em contraste: vestindo roupas simples, pretas e monásticas, sentado em um banco sem enfeites em meio a uma paisagem seca, vemos o Pai da Igreja contrário ao desencanto da modernidade. Não há coro de testemunhas, comunhão de santos em seus ombros, nem ao menos livros para ocupá-lo (e certamente nenhum sapato de camurça azul). A solidão e o isolamento são perceptíveis na paleta de cores e no cenário. Seu olhar está triste, suas mãos cruzadas por causa do hábito de orar, mas ele não está fazendo súplica alguma. Seus olhos irradiam o brilho da melancolia.

Teria Agostinho algo a dizer para ele? Ou estaria seguro no seu mundo antigo, protestando contra um paganismo irrelevante para aqueles entre nós que suportam o desencanto da modernidade? Vivemos entre Agostinho e o desiludido — exceto que ele *era* o próprio desiludido. Será que existe uma nova luz a ser encontrada se olharmos para trás?

O *Agostinho* de Champaigne, agora em casa, em Los Angeles, foi o fruto de uma das suas primeiras viagens póstumas à França, ligada ao renascimento do interesse por seu trabalho durante o século XVII. Associado principalmente a Port-Royal e a figuras como Blaise Pascal e Antoine Arnauld, Agostinho também marcou o pensamento de René Descartes, que tanto influenciaria as questões e as discussões subsequentes na filosofia moderna.[5] Em diversos sentidos, a modernidade é agostiniana. E Agostinho continuou desaguando na costa do pensamento contemporâneo, moldando-nos de formas invisíveis. Foi assim que ele chegou ao café parisiense, uma viagem à margem esquerda por estradas alemãs.

QUANDO ME AVENTUREI nos Estados Unidos em busca dos estudos de pós-graduação em filosofia, não percebi que não voltaria mais para casa. Também não sabia que me juntaria a Agostinho no percurso.

Como estudante em Toronto, foram o existencialismo e a fenomenologia que despertaram a minha imaginação. Edmund Husserl, Martin Heidegger, Paul Ricoeur e Jacques Derrida faziam as minhas perguntas — sobre significado e interpretação, autenticidade e sociedade de massas, identidade e individualidade. Ao contrário dos jogos de lógica analítica que pareciam solucionar problemas que mais ninguém tinha, esse fluxo de filosofia continental que vinha da Alemanha e da França estava lidando com a diferença — "o Outro" — e o desafio do conhecimento nas sociedades pluralistas. (Pode-se lembrar que *The Postmodern Condition*, o famoso livreto de Jean-François Lyotard, foi encomendado como um relatório para o governo de Quebec sobre "a questão do conhecimento nas sociedades industriais avançadas".)[6] Aqui temos filósofos abordando temas fundamentais sobre justiça, ética e compromisso, especialmente depois do Holocausto.

Minha porta de entrada foi *Radical Hermeneutics*, livro de John Caputo que era ao mesmo tempo instrutivo e intoxicante.[7] Excelente professor, Caputo se envolveu na análise de Husserl, Heidegger, Derrida, Søren Kierkegaard

---

[5] Cf. o estudo magistral de Stephen Menn, *Descartes and Augustine* (Cambridge: Cambridge University Press, 1998) e o relato mais polêmico de Michael Hanby, *Augustine and Modernity* (Londres: Routledge, 2003).
[6] Jean-François Lyotard, *The Postmodern Condition* (Minneapolis: University of Minnesota Press, 1984), p. 13. [No Brasil, *A condição pós-moderna* (Rio de Janeiro: José Olympio, 1986)].
[7] John D. Caputo, *Radical Hermeneutics: Repetition, Deconstruction, And The Hermeneutic Project* (Bloomington: Indiana University Press, 1988).

e Hans-Georg Gadamer, que deram a um jovem estudante a confiança para abordar esses textos em primeira mão (uma proeza nada pequena). Porém, a essa altura, Caputo já tinha encontrado sua própria voz, e, assim, *Radical Hermeneutics* era também um manifesto para uma filosofia que importava. A introdução recebeu o título de "Restaurando a vida à sua dificuldade original"; o capítulo final; "Abertura para o mistério". Esse foi um pós-modernismo com cortes filosóficos e batimentos cardíacos religiosos.

No verão de 1995, minha esposa Deanna e eu, com nossos dois filhos (que na época tinham 3 anos e 1 ano de idade), juntamos todas as nossas posses materiais em um caminhão Ryder e uma caminhonete Chrysler LeBaron de 1983 (completo com painel de falsa madeira) e partimos para a Universidade Villanova, onde eu começaria um programa de pós-doutorado trabalhando com John Caputo. Ambos fomos os primeiros de nossas famílias a nos mudarmos para longe de casa, ainda mais para outro país. Atravessamos a fronteira armados de cartas e documentos, sempre atentos à instabilidade da situação de como estávamos sujeitos ao humor e aos caprichos dos guardas da fronteira. ("Vocês estão trazendo mais de 10 mil dólares para o país?", eles perguntaram. Quem nos dera!) Com muito esforço para manter nosso pequeno comboio, percorremos o norte de Nova York e depois descemos por Poconos, às vezes tentando convencer o caminhão amarelo hesitante a subir a colina. Quando finalmente conseguimos chegar ao campus de Villanova, parecíamos estar no céu, tanto por causa da euforia juvenil de poder me dedicar ao estudo da fenomenologia, como também porque tal campus era um cenário paradisíaco, conhecido na época como um jardim botânico nacional. Minha intenção era estudar Heidegger, que estava em casa na maior parte do tempo, na Floresta Negra. Nem imaginava que acabaria estudando Agostinho.

Os monges no campus deveriam ter sido um sinal. Villanova é uma universidade católica fundada pela ordem agostiniana e que recebeu esse nome em homenagem a São Tomás de Villanova, um frade espanhol da Ordem de Santo Agostinho. Se Heidegger e Derrida me levaram até lá, não demorou muito para perceber que Agostinho era o coração daquele lugar. O departamento de filosofia, junto do restante da divisão de humanas, localizava-se no St. Augustine Center for the Liberal Arts, com os departamentos de Filosofia e Teologia no térreo para oferecer uma "fundação". O reitor da universidade era (e ainda é) um frade agostiniano. Eu estudaria a desconstrução entre os devotos do doutor da graça.

Isso se tornaria fortuito de maneiras que eu jamais poderia ter imaginado. Nesse mesmo ano, o grupo encarregado de publicar as obras completas de Heidegger — seu *Gesamtausgabe* — lançou o volume 60, *Phänomenologie des religiösen lebens* (*Fenomenologia da vida religiosa*).[8] Esse livro traria uma história reveladora sobre a famosa obra impactante de Heidegger, *Ser e tempo*, publicada em 1927. *Ser e tempo* apresentou alguns dos conceitos principais do existencialismo que chegariam aos cafés e cinemas franceses, e até mesmo às universidades e revistas americanas, e a Hollywood. Seria de Heidegger, por meio de Sartre, entre outros, que aprenderíamos a valorizar a "autenticidade" e a tentar resistir ao efeito opressor da sociedade de massas. Heidegger ofereceu um relato de tudo isso por meio da análise de um animal estranho que chamou de "Dasein", sua versão do "eu". Ao contrário dos filósofos anteriores a ele, que falaram de um "ego" abstrato ou de um "sujeito" vago, Heidegger adotou o *Dasein*, que significa "ser-aí". O objetivo era lembrar que estou inserido em um mundo, como herdeiro de uma história de possibilidades que abriu esse mundo, se ao menos pudesse evitar ser reduzido a vítima do "papo furado" de "a gente", ou o impessoal (*das Man*). Desse modo, o *Dasein* funcionou como um tipo de santo filosófico abrangente, um exemplo a ser imitado. Poderíamos analisar o *Dasein* "autêntico", desfrutando das possibilidades e resistindo à tentação? Poderíamos aprender a ser mais resolutos, a responder ao chamado do ser, a aproveitar nossas possibilidades mais íntimas — a nos tornarmos o "eu" que cada um está destinado a ser? Como Bakewell observa corretamente, enquanto os existencialistas posteriores descreveriam isso como um convite para "ser você mesmo", para Heidegger era "um chamado para assumir um 'eu' que você não sabia que tinha".[9]

Muito disso transbordava, *in nuce*, no *Ser e tempo*, de Heidegger, que então se tornou um tipo de referência para todos, de Sartre a Walker Percy, de Ingmar Bergman a Terrence Malick, mesmo para os vinicultores rebeldes no

---

[8] Os tradutores posteriores desse livro para a língua inglesa (em 2004) eram ambos membros do meu grupo de doutorado na Universidade Villanova e nos formamos juntos em 1999.
[9] Bakewell, *At the Existentialist Café*, p. 79.

Condado de Napa.[10] O existencialismo penetrou na água pós-guerra e foi disseminado não só nos livros de filosofia, mas também nos filmes e na arte, principalmente em películas que iam de *O sétimo selo* (1957) a *Feitiço do tempo* (1993), até *Huckabees — A vida é uma comédia* (2004). Bakewell compreende a onipresença dessa filosofia invisível em nossa cultura:

> Ideias e atitudes existenciais foram inseridas tão profundamente na cultura moderna que dificilmente as consideramos de todo existencialistas. As pessoas (pelo menos em países relativamente prósperos, onde necessidades mais urgentes não interferem) falam sobre ansiedade, desonestidade e o medo de compromisso. Preocupam-se em ter má fé, mesmo que não usem essa expressão. Sentem-se sobrecarregadas com o excesso de escolha do consumidor e se sentem também menos no controle do que nunca. Um desejo vago de um estilo de vida mais "real" leva algumas pessoas a, por exemplo, participarem de retiros de fim de semana em que seus *smartphones* são confiscados como brinquedos de crianças, para que possam passar dois dias caminhando nas paisagens do campo e se reconectando uns com os outros e com seus "eus" esquecidos. O objeto sem nome do desejo aqui é a autenticidade.[11]

O DNA da nossa busca pela autenticidade aponta para o legado de Heidegger e do existencialismo.

O que transformou a publicação de 1995 de um volume obscuro das obras de Heidegger em algo de interesse particular foi o fato de ela ter revelado a história por trás de *Ser e tempo,* que parecia ter surgido do nada em 1927. Na verdade, Heidegger havia aperfeiçoado seus conceitos e ideias há uma década. E no ano em que cheguei a Villanova para estudar o jovem Heidegger nesta universidade agostiniana, o volume 60 de suas obras completas ofereceu sua própria revelação bombástica. O livro inclui anotações de aulas para dois cursos que o jovem Heidegger ministrou na Universidade de Friburgo, que parecem um primeiro rascunho de *Ser e tempo*. Mas também nos mostram a

---

[10] Veja o perfil envolvente de Adam Gopnik sobre Randall Graham, vinicultor com inclinações filosóficas, que começa com um parágrafo sobre Heidegger: "Bottled dreams", *New Yorker*, 21 de maio de 2018, p. 66-73.
[11] Bakewell, *At the Existentialist Café*, p. 317.

origem inesperada desses conceitos de autenticidade, conformidade e o chamado a ser.

No semestre de inverno de 1920-1921, Heidegger ensinou "Introdução à Fenomenologia da Religião". Depois de uma pesquisa habitual de outros estudiosos, a maior parte do curso é dedicada, de forma quase desconcertante, a uma leitura filosófica das cartas do apóstolo Paulo aos tessalonicenses. Aqui percebemos que o que posteriormente, em *Ser e tempo*, se tornará o "ser-para-morte" do *Dasein*, encontra sua articulação na aproximação de Heidegger com os avisos do apóstolo Paulo sobre a segunda vinda de Cristo. Ainda mais significativamente, vemos que alguns dos conceitos existenciais essenciais de *Ser e tempo* — noções centrais como angústia, "decadência", "estar-lançado" e cuidado — aparecem pela primeira vez no curso do semestre de verão de Heidegger, em 1921, sobre (isso mesmo, você adivinhou!) Agostinho.

O conceito de inautenticidade que será tão importante para o diagnóstico do existencialismo de nosso mal-estar tem origem na reação química da leitura de Heidegger de *Confissões*, de Agostinho. O que Heidegger mais tarde chamará de "decadência", nossa tendência a "cair nas garras" da sociedade de massas "da gente", o impessoal (*das Man*), é algo que ele descobriu no relato de Agostinho da nossa "absorção" no mundo. A aversão à inautenticidade que inunda nossa postura cultural é um reflexo da crítica de Agostinho ao amor desordenado. Trabalhando com esse texto em alemão recém-escrito quando era um jovem estudante de doutorado, comecei a me dar conta: somos mais agostinianos do que imaginamos.

A PENSADORA QUE mais recentemente desbravou Agostinho para mim, que me ensinou a lê-lo com novos olhos e a enxergá-lo como um analista profético de nossas próprias ansiedades culturais, foi Hannah Arendt, cujas ideias sobre o totalitarismo receberam uma reconsideração oportuna nos últimos tempos.

Pouco tempo depois da publicação das primeiras aulas de Heidegger sobre Agostinho, a dissertação de doutorado de Arendt intitulada *O conceito do amor em Santo Agostinho: Ensaio de uma interpretação filosófica*, escrita sob a orientação de Karl Jaspers e a tutela informal de Heidegger, foi traduzida para a língua inglesa.[12] Muitos devotos do famoso círculo intelectual de Nova York ficaram surpresos ao saber que Arendt deu seus primeiros passos em filosofia com Agostinho. Igualmente surpreendente foi saber que Arendt, a pensadora política, em vez de focar na *Cidade de Deus*, como seria de se esperar, concentrou-se no tema central do amor de Agostinho em *Da doutrina cristã*, *Confissões* e uma grande variedade de sermões. Foi Arendt quem me mostrou que Agostinho era um cartógrafo do coração.

Até aquele momento, meus encontros com ele mal haviam sido estruturados. Inexplicavelmente (embora não de forma incomum) fui apresentado a ele como um pensador "medieval" que era, acima de tudo, um teólogo. Meu primeiro contato com Agostinho foi por meio de citações em textos de teologia dogmática, e minhas interações posteriores nas aulas de filosofia tinham a tendência de juntá-lo a Tomás de Aquino, o que significava que a escolástica medieval posterior de Tomás — que parecia muito com a lógica redutora da filosofia analítica — era a lente por meio da qual eu li de forma retrógrada Agostinho, como se ele estivesse fazendo a mesma coisa. Fui ensinado a lê-lo para entender doutrinas, dogmas e afirmações proposicionais sobre o pecado, Deus e a salvação. Só mais tarde percebi como essa visão era uma farsa — não apenas pelo modo como domesticou um protoexistencialista, mas também pela maneira como desumanizou um viajante como eu.

Esse foi o motivo pelo qual Arendt surgiu em um ponto crítico e me apresentou novamente a Agostinho pela primeira vez. O eixo central foi um movimento metodológico ousado no começo da obra: ela tentaria revelar o gênio único de Agostinho, a firmeza do que poderíamos chamar de sua percepção "psicológica", agrupando as preocupações doutrinárias. Ela não se fixaria no *por que* Agostinho disse *x*, e sim em se e como *x* se mostrou esclarecedor para a nossa experiência. Com o propósito de tentar entender as visões de Agostinho por dentro, por assim dizer, para ter uma ideia do dinamismo de

---

[12] Minhas anotações em minha cópia mostram que li Arendt em junho de 1997, provavelmente logo depois ou simultaneamente à minha primeira leitura da *Fenomenologia da vida religiosa*, de Heidegger.

seu pensamento, sua interpretação de Agostinho "não era dogmaticamente vinculada".[13] Essa não era uma tentativa de eviscerá-lo ou recriá-lo à nossa imagem secular. Ela queria dizer que leria Agostinho como, digamos, fenomenologista, filósofo da experiência, um protoexistencialista que, *como um filósofo*, tinha algo a nos mostrar sobre nós mesmos.[14]

Nunca olhei para trás. Era como se caíssem escamas dos meus olhos. Um Agostinho humano surgiu da caricatura plana e bidimensional para a qual eu estava olhando. A sugestão de Arendt, ao lado da reformulação de Heidegger, tornaram *Confissões* um novo livro para mim. Não sendo mais um mero disfarce narrativo para a doutrina ou as tramas torturadas de um antigo puritano, Agostinho foi reestruturado no cânone filosófico da minha imaginação — foi tirado dos "As" medievais, ao lado de Aquino e Anselmo, e jogado na prateleira com os livros cheios de orelha e cópias manchadas de café de Pascal, Kierkegaard e Nietzsche, ao lado de Heidegger, Arendt e Camus. Eles não ficaram nem um pouco surpresos em vê-lo.

Os CAFÉS E teatros da França pós-guerra foram as incubadoras do existencialismo porque eram um encontro de correntes da Alemanha e da África, especialmente da Argélia, país que hoje ocupa a região que Agostinho chamava de lar. O interessante é que, enquanto Sartre bebia inconscientemente de fontes agostinianas por meio de Heidegger, seu amigo e colaborador Albert Camus lutava de forma independente com o legado de Agostinho em sua dissertação,

---

[13] Hannah Arendt, *Love and Saint Augustine*, ed. Joanna Vecchiarelli Scott e Judith Chelius Stark (Chicago: University of Chicago Press, 1996), p. 4. [No Brasil, *O conceito do amor em Santo Agostinho: Ensaio de uma interpretação filosófica* (São Paulo: Instituto Piaget, 1997)].

[14] Isso pode ter sido algo que ela percebeu tendo como base o envolvimento de Heidegger com Agostinho. Como Heidegger aconselhou seus alunos quando eles liam o livro X de *Confissões*: não reduzam as observações de Agostinho aos "meros reflexos arrepiantes de um moralizador pedante". Martin Heidegger, *Phenomenology of Religious Life*, trad. Matthias Fritsch e Jennifer Anna Gosetti-Ferencei (Bloomington: Indiana University Press, 2004), p. 155. [No Brasil, *Fenomenologia da vida religiosa*, 2. ed. (Petrópolis: Vozes, 2014)].

A metafísica cristã e o neoplatonismo, apresentada em 1936.[15] Camus enfatizou que sentiu uma solidariedade da parte da Agostinho como um mediterrâneo.[16] O primeiro eco foi geográfico. Eles compartilhavam o mesmo céu, o mesmo sol, o mesmo mar. Essas eram ressonâncias geográficas que ambos sentiram.

A dissertação de Camus nos dá uma visão do cristianismo que ele mesmo disse que não podia acreditar. Após a Segunda Guerra Mundial, em 1948, Camus deu uma palestra em um mosteiro dominicano em Latour-Maubourg, no qual fez uma concessão interessante: "Nunca partirei do pressuposto de que a verdade cristã é ilusória, mas meramente do fato de que eu não poderia aceitá-la".[17] Na biografia que escreveu sobre Camus, Olivier Todd relata um episódio em que Camus e um amigo estavam caminhando pela vila de Le Chambon. Ao passarem por um pôster do Exército de Salvação que dizia: "Deus está procurando você", Camus brincou: "Ele não estaria me procurando se ainda não tivesse me encontrado".[18]

Porém, além da questão da existência de Deus, existe um tema persistente que tem um eco agostiniano profundo e abre caminho para o *corpus* de Camus. Ele poderia receber diferentes nomes: exílio, alienação, estranheza. Sartre percebeu isso na primeira leitura de comparação do romance de Camus, *O estrangeiro*, e seu ensaio sobre o absurdo, *O mito de Sísifo*. "Camus poderia muito bem ter escolhido o título de uma das obras de George Gissing, *Born in exile*."[19] Isso é algo como o "estar-lançado" de Heidegger, ou como uma

---

[15] Albert Camus, *Christian Metaphysics and Neo-platonism*, trad. Ronald D. Srigley (South Bend, IN: St. Augustine's Press, 2015). A dissertação de Camus foi aprovada com uma nota de 28/40. Porém, devido à sua saúde (ele sofreu de tuberculose durante toda a vida), Camus não conseguiu se manter sentado para a prova de *agrégation* que lhe tornaria um professor. Talvez isso tenha confirmado o que um dos examinadores da dissertação apontou: "mais escritor do que filósofo". Para o contexto da escrita deste texto, cf. Srigley, "Translator's introduction", in Camus, *Christian Metaphysics and Neo-platonism*, p. 1-7.

[16] Sartre descreveria Camus como detentor de "um temperamento clássico, um homem do Mediterrâneo". Jean-Paul Sartre, "Camus 'The Outsider", in *Literary and Philosophical Essays*, trad. Annette Michelson (Nova York: Collier, 1962), p. 28, disponível em http://www.autodidactproject.org/quote/sartre_camus02.html.

[17] In Camus, *Resistance, Rebellion, and Death*, trad. Justin O'Brien (1960; repr. Nova York: Vintage, 1974), p. 69-71.

[18] Olivier Todd, *Albert Camus: A Life* (Nova York: Knopf, 1997), p. 296. [No Brasil, *Albert Camus: Uma vida* (Rio de Janeiro: Record, 1998)].

[19] Sartre, "Camus 'The Outsider", p. 29.

queda agostiniana sem o Éden ou *eschaton*. Somos estrangeiros no mundo, mas também para nós mesmos. Isso não está relacionado ao conceito inicial de Camus do absurdo, uma sensação de estar cumprindo obrigação, mas sem significado ou lógica, sem esperança de redenção. É uma tragédia o tempo inteiro, e ainda assim podemos ser santos (ímpios). É aqui que questionamos se a própria noção de absurdo de Camus não é assombrada por alguém como Agostinho. Como David Bellos destacou:

> Tem sido apontado com frequência que o conceito de absurdo de Camus é bastante absurdo por si só. Por que alguém deveria achar interessante — ou ainda mais estranho, lamentável — o fato de não existir significado transcendente para os atos humanos? As coisas certamente seriam muito piores se o contrário fosse verdade. Se o mundo não fosse um completo absurdo, no sentido defendido por Camus, as coisas em geral e os atos específicos seriam dotados de "significado". E isso tornaria o mundo um lugar realmente muito estranho e desumano.[20]

Desse modo, pode-se questionar se o projeto de Camus não é orientado — ou pelo menos seguido — por algo como a visão de Agostinho, um mundo que *deveria* ter significado, onde o mal é derrotado e a tragédia não tem a última palavra, ainda que Camus conclua que ele não é verdadeiro. Conor Cruise O'Brien, por exemplo, argumenta que o romance de Camus, *A queda*, "é profundamente cristão em sua forma confessional, em suas imagens e, principalmente, em sua mensagem abrangente de que é somente por meio do reconhecimento pleno de nossa natureza pecaminosa que podemos ter esperança pela graça. É claro que a graça não chega e o romance termina com o que aparentemente é uma observação pessimista. Porém, o nome do narrador [Jean-Baptiste Clamence] — o do precursor — sugere, mesmo que em tom provocativo, a possibilidade de uma sequência".[21] Agostinho representa o

---

[20] David Bellos, introdução de *The Plague, The Fall, Exile and Kingdom, and Selected Essays*, por Albert Camus, ed. David Bellos (Nova York: Everyman's Library, 2004), p. xv.
[21] Conor Cruise O'Brien, *Camus* (Glasgow: Fontana, 1970), p. 81. O'Brien destaca a confirmação de Camus desta leitura: "Em uma resenha no *The Spectator* da versão em língua inglesa de *A queda*, quando enfatizei sua tendência cristã, Camus escreveu para seus editores em inglês [...] confirmando que essa abordagem do romance era sensata" (p. 81).

cristianismo em que Camus não acredita, o que pode torná-lo mais agostiniano do que ele se dá conta — e *nos* tornar mais agostinianos ainda. No entanto, um agostiniano sem a graça pode ser uma porta de acesso.

MUITOS ANOS ATRÁS, quando estava em Paris, saí da universidade para a Place de la Sorbonne. Eu estava indo para a livraria Presses Universitaires de France (que, infelizmente, não existe mais), mas parei em frente a uma livraria menor do outro lado da rua, a igualmente famosa Librairie Philosophique J. Vrin. Ali, em meio ao centro intelectual da França do século XXI, havia uma vitrine inteira dedicada a Agostinho. Naquele lugar, ao lado dos salões sagrados da Sorbonne — na terra da *liberté, égalité, fraternité* e da desconstrução —, havia uma celebração das obras filosóficas, tanto antigas quanto contemporâneas, dedicadas a um bispo católico de províncias africanas.

Eu nem deveria ter ficado surpreso. No final do século XX, o interesse em Agostinho continuou a ser incentivado por intelectuais franceses da África colonial. Após Camus, vieram os argelianos Jacques Derrida e Jean-François Lyotard. A modesta, divertida e até um tanto sacrílega *Circumfession* [*Circonfissão*] foi escrita por Derrida em seu apartamento em Santa Mônica enquanto era professor visitante na Universidade da Califórnia, e sua mãe, Irvine, morria na costa do Mediterrâneo, em Nice, na mesma época. Derrida usa os paralelos com seu velho antepassado norte-africano (ele cresceu na Rue St. Augustin, em Argel) para lutar contra sua própria identidade, como um exílio de sua terra natal (mesmo em sua pátria) e para mostrar como ele "se passa por um ateu".[22] Da mesma maneira, Lyotard também revisitou profundamente Agostinho em uma obra póstuma. Depois disso, Jean-Luc Marion, professor da Sorbonne, publicou seu próprio livro sobre o africano.[23] Não pre-

---

[22] Geoffrey Bennington e Jacques Derrida, *Jacques Derrida* (Chicago: University of Chicago Press, 1999), p. 155. [No Brasil, "Circonfissão", em *Jacques Derrida* (Rio de Janeiro: Jorge Zahar, 1996)].
[23] Cf. Jean-François Lyotard, *The Confession of Augustine*, trad. Richard Beardsworth (Stanford, CA: Stanford University Press, 2000); e Jean-Luc Marion, *In the Self's Place: The Approach of Augustine*, trad. Jeffrey L. Kosky (Stanford, CA: Stanford University Press, 2012).

cisamos "tornar" Agostinho pós-moderno: o pós-moderno já é agostiniano. Já somos agostinianos, simplesmente não sabíamos disso.

Agostinho é nosso contemporâneo. Ele moldou de forma direta e indireta o modo como entendemos nossas buscas, o chamado à autenticidade. De certa maneira, colocou-nos na estrada em que estamos. É por esse motivo que ele continua a nos fascinar.

Em uma análise da biografia de Robin Lane Fox sobre Agostinho, Mark Lilla resume em poucas palavras a escolha que está diante de nós:

> Por um milênio, o perfil de Agostinho serviu como modelo para o cultivo próprio na civilização cristã. O ideal era a imitação de Cristo, mas aqueles que não conseguissem alcançar essa meta poderiam recorrer às *Confissões* para receber ajuda para tal. Foi durante o Renascimento que essa concepção de si mesmo passou por sérios desafios, mais poderosamente nos *Ensaios*, de Montaigne, que zombavam da ideia de pecado e pregavam a autoaceitação. Quanto à admissão ansiosa de Agostinho de que ele era um problema para si, Montaigne simplesmente respondeu: Então, qual é o problema? Não se preocupe, seja feliz. Sendo pessoas modernas, escolhemos Montaigne em vez de Agostinho. Trocamos o autocultivo piedoso por uma autoestima bem pouco exigente. Porém, o amor por si mesmo é realmente o bastante para ser feliz? Você tem a resposta para isso, querido leitor. E Agostinho também tinha.[24]

Fazemos os questionamentos de Agostinho há um século. Talvez seja a hora de levar em conta sua resposta.

---

[24] Mark Lilla, resenha de Agostinho por Robin Lane Fox, *New York Times*, 20 de novembro de 2015, https://www.nytimes.com/2015/11/22/books/review/Agostinho-conversions-to-Confissões-by-robin-lane-fox.html.

UMA ESPIRITUALIDADE PARA REFUGIADOS

Como viver numa posição intermediária

Cultivamos a indiferença como se fosse um casulo. Fazemos da ironia um hábito, pois a segurança de manter uma distância segura funciona como um mecanismo de defesa. Se você não encontrar o que importa, conclua que nada importa. Se a fome pelo lar é sempre e apenas frustrante, decida que "a estrada é vida".

Essa concessão é a postura desenvolvida por Meursault, o anti-herói no centro do romance *O estrangeiro*, de Albert Camus. Ele demonstra um desinteresse estranho desde o começo. Não é capaz de lembrar em que dia sua mãe morreu. Um dia depois de receber o telegrama, ele está rindo e brincando com Marie no mar Mediterrâneo. Intrigada ao ver que ele usava gravata preta, Marie pergunta em tom de brincadeira se ele está de luto.

> Eu contei a ela que mamãe havia morrido. Ela queria saber há quanto tempo isso tinha acontecido, então respondi: "Ontem". Ela tomou um pequeno susto, mas não disse nada. Senti vontade de dizer a ela que não era minha culpa, mas não o fiz porque lembrei que já havia dito isso ao meu chefe. Não significava nada. Além disso, você sempre se sente um pouco culpado.[1]

E é.

Em um momento posterior do romance, com sua culpa bem estabelecida, Meursault é preso, mas isso é somente uma intensificação de como ele

---

[1] Albert Camus, *The Stranger*, trad. Matthew Ward (Nova York: Everyman's Library, 1993), p. 19. [No Brasil, *O estrangeiro* (Rio de Janeiro: Record, 1979)].

sempre vivenciou o fardo da vida. Assim como Sócrates se preparando para morrer, Meursault passou a vida aprendendo involuntariamente a se sentir culpado, negando sua própria liberdade.

> Quando fui preso pela primeira vez, o mais difícil era que meus pensamentos ainda eram os de um homem livre. Por exemplo, repentinamente eu sentia vontade de estar na praia e caminhar em direção à água. Enquanto imaginava o som das primeiras ondas sob meus pés, meu corpo entrando na água e a sensação de alívio que isso me traria, subitamente me lembrei do quanto estava cercado pelas paredes da minha cela. Mas isso durou apenas alguns meses. Depois, meus únicos pensamentos passaram a ser os de um prisioneiro.[2]

Quando tudo o que você vê é este quintal murado, decida que andar dentro dele é a única jornada que pode lhe fazer feliz. Quando seu único visitante for seu advogado, convença-se de que o inferno são as outras pessoas. Quando a felicidade se esquivar de você, acredite que evitá-la o faz feliz. Você pode aprender a reprimir as sugestões insistentes de outra forma, assim como Meursault aprendeu. Durante o incessante zumbido do seu julgamento, e "todos os dias e horas intermináveis que as pessoas passaram falando sobre a minha alma", ele diz:

> Eu conseguia ouvir através da vastidão das salas e tribunais um vendedor de sorvete tocando sua trombeta de lata na rua. Fui tomado por lembranças de uma vida que não era mais minha, mas que tinha as alegrias mais simples e duradouras: os cheiros do verão, a parte da cidade que eu amava, certo céu noturno, os vestidos de Marie e a maneira que ela ria. A inutilidade completa do que eu estava fazendo tomou conta da minha garganta e tudo o que eu queria era acabar com aquilo, voltar para a minha cela e dormir.[3]

Contanto que ele pudesse esmagar esses murmúrios do que poderia ser, enquanto pudesse se convencer de que isso era realmente tudo o que ele queria, esse estrangeiro conseguiria criar um lar fora do exílio: "Abri-me para a

---

[2] Camus, *The Stranger*, p. 73.
[3] Camus, *The Stranger*, p. 100.

indiferença gentil do mundo. Considerando isso muito parecido comigo — verdadeiramente como se fosse um irmão —, senti que tinha sido feliz e que estava feliz novamente".[4]

Essa renúncia — o consolo da alienação — é a nota grave do *corpus* de Camus que faz sua obra soar contemporânea. Se Camus considerou isso uma condição humana, sua experiência como um expatriado da Argélia também ecoou, um emigrante que nunca encontrou descanso em Paris. Sarah Bakewell nos lembra da "experiência deslocada de Camus como argelino francês, preso entre dois países, sem jamais se sentir em casa em nenhum dos dois". Ela continua: "Camus passou boa parte de sua vida na França, mas sempre se sentiu um estrangeiro ali, perdido, sem o sol branco brilhante do Mediterrâneo".[5]

Não é surpreendente que essa experiência seja eternizada em um romance sobre *l'étranger* — o estrangeiro, o estranho, o forasteiro.[6] Também não é de se admirar, então, que a condição humana seja considerada na linguagem da estadia. Porém, para Camus, a questão não é peregrinação; é sobre *exílio*. Em seus cadernos, Camus uma vez escreveu: "Viajamos para desenvolver nosso instinto mais particular, que é o da eternidade". Somos levados a buscar um lar. O que torna isso absurdo é o fato de nunca termos tido um.

A jornada é um dos nossos tropos mais antigos na aventura de ser humano. Em muitos casos, o modelo é uma odisseia: partida e volta, aventura e retorno à casa, de *Boa viagem* a *Seja bem-vindo de volta ao lar*.[7] Até o lamento de *You Can't Go Home Again* [Você não pode ir para casa novamente], de Thomas Wolfe, ensaia o itinerário da odisseia ao tentar voltar. Mas a aventura do exílio de Camus não é relacionada à *Odisseia*, e sim a Sísifo. A alegria é fundamentada na impossibilidade da chegada.

Em *O mito de Sísifo*, Camus descreve a experiência daquele de quem as ilusões da racionalidade foram arrancadas: "Em um universo repentinamente privado de ilusões e luzes, o homem se sente um forasteiro, um estranho. Seu

---

[4] Camus, *The Stranger*, p. 116-17.
[5] Sarah Bakewell, *At the Existentialist Café: Freedom, Being, and Apricot Cocktails* (Nova York: Other Press, 2016), p. 147-48. [No Brasil, *No café existencialista: O retrato da época em que a filosofia, a sensualidade e a rebeldia andavam juntas* (São Paulo: Objetiva, 2017)].
[6] Extraído de uma versão mais recente: Camus, *The Stranger*, trad. Sandra Smith (Londres: Penguin, 2013).
[7] Cf. Daniel Mendelsohn, *An Odyssey: A Father, A Son, And An Epic* (Nova York: Knopf, 2017).

exílio é irremediável, já que ele é desprovido da memória de um lar perdido ou da esperança de uma terra prometida".[8] O mundo é desumano, indiferente a nós, e existem dias, momentos, estações em que sua estranheza desinteressada aumenta para nossa visão e experimentamos uma vertigem, como olhar para o Mediterrâneo em um dia nublado e ver o horizonte desaparecer num tom cinza brilhante. "Se o homem percebesse que, assim como ele, o universo pode amar e sofrer", diz Camus, "ele seria reconciliado".[9] Porém, o mundo se recusa.

Essa estranha insatisfação penetra o meu interior se eu ficar parado tempo o suficiente. "Da mesma maneira, o estranho que em certos momentos vem nos encontrar no espelho, o irmão familiar e ao mesmo tempo alarmante que encontramos em nossas próprias fotografias também é absurdo."[10] "Um estranho para mim e para o mundo, armado unicamente com um pensamento que nega a si mesmo e tão logo se afirma, qual é essa condição em que só posso ter paz se me recusar a saber e viver, em que o apetite pela conquista colide com muros que desafiam seus ataques?"[11]

A condição é exílio, e a felicidade é abraçá-lo. Deixando de lado qualquer nostalgia do lar e qualquer esperança de chegada, o "absurdo" é aquele que consegue exilar o que sempre desejou. A proeza, o truque, é aprender a "viver sem apelo".[12] O exílio é o reino: "Este inferno do presente é o seu Reino".[13]

Imagine Sísifo como um peregrino preso em um ciclo, a chegada sempre o evitando, a realização constantemente enfraquecida. Sísifo é o herói absurdo de Camus porque segue essa peregrinação perpétua de futilidade. "É durante

---

[8] Albert Camus, *The Myth of Sisyphus*, in *The Plague, The Fall, Exile and Kingdom, and Selected Essays*, ed. David Bellos (Nova York: Everyman's Library, 2004), p. 497. [No Brasil, *O mito de Sísifo* (Rio de Janeiro: Record, 2018)].
[9] Camus, *The Myth of Sisyphus*, p. 506.
[10] Camus, *The Myth of Sisyphus*, p. 504.
[11] Camus, *The Myth of Sisyphus*, p. 509. Para Camus, o absurdo não está "presente" no mundo, digamos assim. É forçado no espaço entre nós e o mundo, essencialmente relacional: "O que é absurdo é o confronto desse desejo irracional e selvagem de clareza cujo chamado ecoa no coração humano. O absurdo depende tanto do homem quanto do mundo" (p. 509). Posteriormente: "O absurdo não está no homem (se essa metáfora pudesse ter um significado), nem no mundo, mas na presença de ambos juntos" (p. 517). Não consigo evitar de pensar em *Being and Time*, de Martin Heidegger, trad. John Macquarrie e Edward Robinson (Nova York: Harper & Row, 1962), §44: Não existe verdade além do Dasein. (E somente o Dasein pode estar sozinho.) [No Brasil, *Ser e tempo* (Petrópolis: Vozes, 2015)].
[12] Camus, *The Myth of Sisyphus*, p. 535.
[13] Camus, *The Myth of Sisyphus*, p. 534.

essa volta, essa pausa, que Sísifo me interessa", Camus admite. Quando a pedra rola *de novo*, Camus elogia Sísifo por sua grande marcha até a montanha. Deixado no pé do monte, com a pedra recuando diversas vezes, Sísifo encontra alegria no esforço: "Toda a alegria silenciosa de Sísifo está contida ali. Seu destino pertence a ele. Sua rocha é dele também".[14] Ele nunca chegará ao outro lado ou o alcançará, nunca ficará no topo da montanha. Mas "a própria luta em direção às alturas é o bastante para preencher o coração de um homem. Deve-se imaginar Sísifo feliz".[15]

Deve-se?

Assim como Camus, às vezes tentamos transformar o desespero em alegria. Como nunca nos sentimos em casa, transformamos nossa distância em uma filosofia: "A estrada é vida" é um lema que você tenta convencer a si mesmo que é verdade quando nunca se sente em casa consigo mesmo. No entanto, é difícil diminuir a fome de lar que até Camus admite ser um impulso.

Mas imagine a filosofia de Camus como uma mensagem para os reais migrantes, aqueles que arriscam a vida hoje em barcos, submersos pelas amuradas, transportando refugiados esperançosos pelo tão precioso Mediterrâneo de Camus, muitas vezes sem conseguir completar o percurso. Ou imagine pais jovens, crianças pequenas a reboque, fazendo a jornada angustiante da sanguinária Honduras para a fronteira sul dos Estados Unidos, sedentos e esgotados pelo percurso do deserto, tentando atravessar essa lendária linha para pedir asilo, apenas para serem rejeitados e terem de voltar diversas vezes. *Eles* veem Sísifo como o herói? Os corações dos refugiados devem se tranquilizar toda vez que pisam em outro bote cheio, entregando-se às ameaças do Mediterrâneo, imaginando se, dessa vez, alcançarão a terra ou morrerão? Seria o pular da cerca repetidamente o lugar onde deveriam determinar que encontrarão a felicidade?

Ou será que essas filosofias sísifas — que "a estrada é vida" — acabam sendo luxos burgueses trazidos por pessoas seguras o bastante para fingir que isso é tudo o que existe? Será que a fome e a esperança do migrante nos mostram algo mais essencialmente humano? Talvez nosso desejo pelo descanso, pelo refúgio, pela chegada e pelo lar seja uma fome que não pode ser alterada

---

[14] Camus, *The Myth of Sisyphus*, p. 592.
[15] Camus, *The Myth of Sisyphus*, p. 593.

— o coração é um pergaminho obstinado que sugere que pode existir um caminho alternativo. Se há um mapa inscrito no coração humano que mostra onde é o lar, o fato de ainda não termos chegado lá não o torna uma ficção. Pode significar apenas que há um caminho ainda não percorrido. Talvez Camus tenha desistido cedo demais. Pode ser que Agostinho, seu companheiro africano, seja um guia melhor.

A ALIENAÇÃO É verdadeira. O sentimento de frustração, futilidade, de jamais chegar e de nunca se sentir firme consigo — esses não são fruto da imaginação a serem amenizados com afirmações piedosas sobre a volta para casa. O fim da experiência de ser ferido, disperso e constrangido em sua própria pele não acontece pela redescrição sísifa nem por um salto para além dos caprichos da condição humana. Se existir uma saída, um caminho para casa e para si mesmo, há de ser uma estrada que *atravesse* aquilo que Camus confronta.

É claro que a forma mais popular de sufocar esse sentimento preocupante de *infamiliaridade* é tentar nos sentir em casa no mundo, ainda que isso pareça nos distrair da verdade inquietante de nossa alienação. Como diria Heidegger — de uma forma que aprendeu com Agostinho —, sou absorvido pela "cotidianidade"; entrego-me aos "produtores de atividades agitadas" que ficam mais do que felizes em tirar o fardo da individualidade de minhas mãos.[16] Aprendemos a esquecer nossa alienação, deixando-nos levar pelas distrações, pelos entretenimentos e pelas conversas do mundo. Trocamos um tipo de autoalienação por outro que dá a ilusão de consolo acolhedor: "Esse é o seu lugar" é a mentira contada a nós por todos, da Disney a Las Vegas. Tentamos encobrir o fato de não sabermos quem somos, deixando que todos nos vendam uma identidade, ou ao menos uma distração da necessidade de uma.

---

[16] Cf. Martin Heidegger, *Phenomenology of Religious Life*, trad. Matthias Fritsch e Jennifer Anna Gosetti-Ferencei (Bloomington: Indiana University Press, 2004 [no Brasil, *Fenomenologia da vida religiosa*, 2. ed. (Petrópolis: Vozes, 2014)]), p. 157-84, onde vemos que o que será analisado como "queda" em *Ser e tempo* surge aqui primeiro como "ruína", seu relato sobre tentação nas *Confissões*, de Agostinho.

Por essa razão, a honestidade de Camus é um presente. Ele nomeia — e dá permissão para expressar — os extravasamentos que desestabilizam esse acordo que mediamos com a cotidianidade. Assim como nas reuniões de negócios no final da tarde, onde todos à volta da mesa se tornam estranhos que detestamos ou que não somos capazes de entender, e nos cansamos da monotonia inútil de tudo isso, questionando-nos: por que se importar? Ou a forma como um aeroporto mostra a tristeza do mundo e nos deixa impressionados com a falta de sentido dos esforços impulsivos de todos esses mamíferos iludidos e autossuficientes que correm pelo terminal, uma alegoria do cosmos.

Camus é honesto em relação ao que Heidegger chama de *angústia*, a ansiedade que surge nesses momentos, colocando em discussão tudo o que consideramos como falso consolo acolhedor de nossa absorção no mundo. Na verdade, o próprio Heidegger, fazendo alusão a Freud, descreve essa ansiedade produtiva e reveladora como *Unheimlich*, "estranha", mas ainda mais literalmente, "infamiliar". Quando nos enganamos pensando que estamos em casa com distrações, levados a nos sentir "estabelecidos" apenas porque vendemos nossa fome de lar por prazeres, então o rompante de estranheza, uma sensação de não estar em casa, se torna um presente que cria uma abertura para mais uma vez encarar a questão de quem somos. A revelação perturbadora da *angústia* da falta de sentido é um caminho a ser percorrido: ela abre as portas para a possibilidade de encontrar a si próprio. A infamiliaridade pode ser o lugar de onde você finalmente ouve o *chamado* para ser você mesmo. Se Camus nos aconselha a despertar de nossa absorção e aprender a viver *sem apelo*, Heidegger sugere que o chamado a acordar da ansiedade pode ser como aprendemos a ouvir "o Apelo" que vem além de nós, uma transcendência nos chamando para algo — para nós mesmos.[17]

A ESTRANHEZA DA ansiedade, a sensação perturbadora de infamiliaridade, poderia ser um presente, seu tipo próprio de convite para descobrir algo sobre nós

---

[17] Em suas observações do curso de Agostinho, Heidegger vê "o Apelo" como a alternativa à "tentação" que nos leva ao cotidiano mundano (*Phenomenology of Religious Life*, p. 202).

mesmos. O fato de não podermos controlá-la desafia a resposta sísifa de Camus, que aconselha basicamente: "Não existe lar. Não há chegada. Alegre-se!". E o fato de tal conselho banalizar as frustrações fatais dos migrantes nos leva a questionar se não há um cosmopolitismo burguês por trás dessa celebração de nunca chegar ao destino. O pensamento de Bakewell sobre o conceito de intencionalidade de Sartre é revelador: "Não temos uma casa aconchegante: estar na estrada empoeirada é a maior definição do que somos".[18] A filosofia "a estrada é vida" é entusiasmante quando você desfruta do conforto de um café parisiense.

E se a condição humana fosse considerada não odisseica (um retorno simples e organizado) ou sisífica (aprendendo a deixar de lado sua esperança por um lar), e sim a experiência de um refugiado? E se ser humano significa ser um emigrante cósmico — vulnerável, exposto, inquieto, desesperado, em busca de um lar no qual nunca esteve antes? Os desejos do refugiado — fugir da fome, da violência e da experiência diária de sofrer privações para encontrar segurança, prosperidade e liberdade — são bons e precisos por serem tão profundamente humanos. Eles até sinalizam algo sobre nossa condição espiritual: que nossas esperanças inabaláveis de escapar de um vazio da alma e encontrar a segurança em casa não são absurdas. A exaustão que experimentamos pela busca eterna, o cansaço de tentar viver como se "a jornada fosse vida", os momentos em que caímos na estrada simplesmente desejando que alguém pudesse nos encontrar e nos levar para casa — a persistência dessa esperança quase nos faz pensar se isso poderia acontecer.

Essa experiência do refugiado, a existência delicada de alguém obrigado a fugir e a perambular, é retratada de forma comovente nas memórias de Stefan Zweig, *The World of Yesterday* [no Brasil, *O mundo que eu vi*]. Zweig foi um emigrante judeu nascido no final do século XIX em Viena, mas expatriado por tensões e monstruosidades que aconteceram na Europa no começo do século XX: a Primeira Guerra Mundial, a Revolução Russa e até mesmo o fantasma do nazismo de Hitler (Zweig faleceu em 1942). A autobiografia é em grande parte um relato de sua vida desarraigada na estrada, percorrendo o continente, migrando para Londres e, por fim, para o Brasil. Zweig mostra como é ser um emigrante.

---

[18] Bakewell, *At the Existentialist Café*, p. 47.

> Inevitavelmente, por causa de sua natureza, toda forma de emigração tende a abalar seu equilíbrio. Você perde — e isso também precisa ser vivenciado para ser compreendido — algo de seu suporte firme se não tiver mais o solo da sua própria terra debaixo dos seus pés; você se sente menos confiante, mais desconfiado de si mesmo. E não deixo de confessar que, desde o dia em que tive de viver com documentos ou passaportes essencialmente estrangeiros, não sinto mais que pertenço completamente a mim. Alguma parte da minha identidade natural foi destruída para sempre com o meu ser original e real. Tornei-me menos expansivo do que me convém, e hoje, eu — o ex-cosmopolita — continuo com a sensação de que precisaria fazer um agradecimento especial por cada suspiro meu em um país estrangeiro.[19]

Existe mais de um modo de estar na estrada. É claro que nessa experiência há certa vulnerabilidade — uma exposição, o que Zweig descreve como um tipo de dependência pela qual ele se ressente, um sentimento de que sua existência é um benefício concedido por outros, de que mesmo o ar que ele respira é algo pelo qual ele precisa agradecer. Mas o que significa "pertencer completamente a mim mesmo"? O autocontrole é o caminho para encontrar segurança? Ou até essa experiência poderia ser uma porta para uma maneira diferente de ser, na qual minha dependência não seria algo que eu lamente, e sim algo que aprendi ser a condição de criatura? Embora isso possa ser uma ameaça à minha autonomia, talvez seja minha própria autonomia a fonte da minha indisposição, não a sua solução. E se a dependência for um dom, uma vez que significa que não estou sozinho? E se as boas-vindas que vivencio em outros lugares forem a forma como aprendo a ser humano?

Igualmente à experiência estranha do absurdo, o *Unheimlich*, o infamiliar, pode ser seu próprio tipo de alerta, a experiência da imigração pode abrir uma parte do eu e abalar os hábitos que nos imergiram no anonimato do impessoal, como Heidegger gostava de afirmar. Zweig relata:

> Tentei intencionalmente evitar me sentir permanentemente estabelecido em Viena, bem como criar laços sentimentais com um determinado lugar. Por

---

[19] Stefan Zweig, *The World of Yesterday*, trad. Anthea Bell (Lincoln: University of Nebraska Press, 2013), p. 438-39. [No Brasil, *O mundo que eu vi* (Rio de Janeiro: Record, 1999)].

muitos anos pensei que meu próprio treinamento ponderado para sentir que tudo era temporário era uma falha minha, mas, posteriormente, quando fui obrigado diversas vezes a deixar para trás todos os lares que construí para mim e vi tudo ao meu redor desmoronar, a sensação misteriosa e duradoura de não pertencer foi útil. Foi uma lição que aprendi cedo e facilitou as perdas e despedidas para mim.[20]

Imagine a espiritualidade de um refugiado, uma compreensão do desejo e estranhamento humano que não só honra essas experiências de infamiliaridade, mas também confirma a esperança de encontrar um lar, de encontrar a si mesmo. O imigrante está vindo para uma casa em que nunca esteve antes. Chegará a uma terra estranha e, de forma surpreendente, acabará dizendo: "Aqui estou em casa", principalmente porque lá existe alguém para cumprimentá-lo e falar: "Bem-vindo ao lar". O objetivo não é voltar para casa, e sim ser bem recebido em um local em que você não nasceu, chegando a uma terra estranha e ouvindo as palavras: "Você pertence a este lugar".

Mas isso significaria que a condição humana está impregnada de uma tenacidade, presa a algo além da nossa esperança, mas que não alivia magicamente as provações da jornada. A ilusão de "se estabelecer" no dia a dia, ajustando-se aqui, é uma maneira de tentar acreditar que você chegou. Porém, tal ideia está fadada à decepção se você tiver sido feito para outra costa. Não é uma questão de se acomodar às loucuras do presente ou de aceitar o que você pode encontrar, e certamente não se trata de conviver com os medos e as injustiças que alimentam a fome por outros lugares. É saber *como* realizar a jornada, como adotar a postura do refugiado que viaja tranquilamente.

Pode-se ver uma ilustração um tanto torta disso quando Zweig aprende a viajar com tranquilidade. Vivenciamos a tristeza da sua estadia forçada, mas vemos também dicas de como pode ser uma jornada generosa. Zweig lembra sua coleção de manuscritos: uma página do caderno de desenho de Leonardo, as ordens de Napoleão a seus soldados em Rivoli; folhas de um romance de Balzac, sendo "cada página um campo de batalha de correções"; uma cantata

---

[20] Zweig, *The World of Yesterday*, p. 184.

de Bach; uma ária de Handel. Ele esperava deixar a coleção para uma instituição que concordasse em continuar ampliando-a. "Então não seria algo morto, e sim um organismo vivo que se aprimoraria e ganharia mais itens por cinquenta ou cem anos após a minha morte, tornando-se um todo cada vez mais bonito."[21]

> Mas não é garantido que a nossa geração tão provada possa fazer esses planos para o futuro. Quando o tempo de Hitler começou e eu fui embora da minha casa, meu prazer em colecionar acabou e desapareceu também qualquer certeza de que algo do que eu havia feito pudesse durar. Durante um período, guardei partes da coleção em cofres nas casas de amigos, mas, lembrando-me do aviso de Goethe de que museus e coleções ossificariam se não continuassem se desenvolvendo, decidi que, em vez disso, já que não poderia me dedicar a aperfeiçoar minha coleção, eu diria adeus a ela. Entreguei parte dela à Viennese National Library quando fui embora, principalmente os itens que recebi como presentes por amigos e contemporâneos. Parte dela eu vendi, e o que tenha acontecido ou esteja acontecendo agora com o restante dela não me interessa mais. Diverti-me em criar a coleção mais do que me diverti com a coleção em si. Desse modo, não choro pelo que perdi, pois se existe uma nova arte que tivemos que aprender, nós que fomos caçados e exilados em uma época hostil a todo tipo de arte e de coleção, foi a arte de dizer adeus a tudo o que antes era nosso orgulho e alegria.[22]

A espiritualidade dos refugiados não faz falsas promessas para o presente. Não é um evangelho de prosperidade, de paz e alegria no presente. Ele avisa sobre o fascínio de imaginar que alguém poderia se estabelecer e se acomodar no presente. Uma espiritualidade de emigrante é honesta sobre o que não é concedido à nossa geração, digamos assim — o que não é oferecido à condição humana neste vale de lágrimas. A esperança é encontrada em certa maneira de se despedir, mas também em vislumbrar o dia em que alguém nos receberá com um "Bem-vindo ao lar" — e ao saber navegar nesse meio tempo.

---

[21] Zweig, *The World of Yesterday*, p. 378.
[22] Zweig, *The World of Yesterday*, p. 378.

Assim como Camus, Agostinho era um africano que se aventurou na Europa procurando fazer seu nome — "chegar lá" em ambos os sentidos da palavra, garantindo assim sua identidade. E também como Camus, ele encontrou ali somente uma nova sensação de distanciamento. Sendo um provinciano nos centros de influência cultural (primeiro em Roma, depois em Milão), ele percebeu os limites de sua acolhida nos altos escalões do poder. Como nos recorda seu biógrafo, Peter Brown: "Até o africano totalmente latinizado do século IV permaneceu um tanto alheio. A opinião do mundo exterior era unânime: para eles, a África havia sido mal aproveitada pelos africanos".[23] Seu sotaque é suspeito, uma auréola de simplicidade obstinada em volta de sua oratória.[24] Mesmo quando consegue um trabalho na corte do imperador, ele se cerca de velhos amigos da África, que lhe oferecem um posto avançado em Tagaste em meio ao caos de Milão. Aqui ele nunca estará em casa.

Porém, quando volta para a África, ele descobre que agora é suspeito lá também. Sua ascensão rápida pelos canais romanos de poder é, para alguns compatriotas africanos (berberes e donatistas), um sinal de que ele passou para o outro lado. Ele é contaminado pelo "estrangeirismo", mesmo estando agora em seu lar. Desse modo, ele fica entre mundos, entre classes, caindo pelas rachaduras do pertencimento em virtude de sua emigração e retorno. Ele poderia realmente ser descrito da forma como Zweig descreve um companheiro de viagem: um "anfíbio entre dois mundos".[25]

Para Agostinho, essa experiência acaba sendo uma chave interpretativa para a condição humana, um lugar do qual ele leu a Bíblia, entendeu a si mesmo e percebeu algo sobre a permanência cósmica da humanidade. Em

---

[23] Peter Brown, *Augustine of Hippo: A biography* (Berkeley: University of California Press, 1967), p. 22. [No Brasil, *Santo Agostinho: Uma biografia* (Rio de Janeiro: Record, 2005)].

[24] Posteriormente, em sua carreira como bispo e polemista, Juliano, o pelagiano, fez insultos raciais contra Agostinho, usando palavras dele mesmo para menosprezar o "africano", o "numidiano teimoso", o "polemista não confiável". Além disso, acusou Agostinho de ser maniqueísta (François Decret, *Early Christianity in North Africa*, trad. Edward Smither [Cambridge: James Clark, 2011], p. 179-80). Muito tempo depois, Barack Obama, norte-americano de ascendência africana, reconheceu esse tipo de tática.

[25] Zweig, *The World of Yesterday*, p. 299.

uma proposta provocativa e criativamente anacrônica, o historiador Justo González vê em Agostinho as características de um mestiço e sugere que essa experiência de leve hibridez era tanto um fardo quanto um recurso para a criatividade teológica. González resume o conceito:

> Ser mestiço é pertencer a duas realidades e, ao mesmo tempo, a nenhuma delas. Um mexicano-americano criado no Texas entre pessoas da cultura euroamericana ouve repetidamente que é mexicano, ou seja, que ele realmente não pertence ao Texas. Mas se esse mexicano-americano cruzar a fronteira na esperança de encontrar a sua terra e seu povo, logo se decepcionará e será rejeitado, ou ao menos criticado, como se fosse um tanto americanizado, ou, como diriam os mexicanos, um *pocho*.[26]

"A inquietação de Agostinho", observa González, "não era causada apenas pela sua distância de Deus, como ele nos conta em suas *Confissões*, mas também pelas lutas internas de uma pessoa inserida em duas culturas, dois legados e duas visões de mundo que se chocavam e se misturavam — em poucas palavras, um mestiço".[27] Até o lar de Agostinho era híbrido, o que o preparou para suas experiências posteriores de emigração e retorno, informando uma teologia de vida cristã de migração, uma busca por um lar que ninguém nunca se viu. A alegria está em chegar ao lar em que nunca esteve.

Esse conceito paradoxal — uma terra natal onde nunca se viveu — pode ser encontrado em uma carta a Nectarius, em que Agostinho o elogia por sua dedicação à sua *pátria*, sua cidade natal, mas o aconselha a procurar outro país, uma "cidade muito melhor", "certo lugar além". O belo paradoxo é que essa cidade celestial está esperando ser descoberta por Nectarius como *outra* "terra natal", pronta para lhe dar as boas-vindas, assim como deu ao seu pai.[28] Sua cidade natal é o lugar para a qual você foi feito, e não simplesmente de onde você veio. Sua cidade natal — onde a alegria é encontrada — é aonde

---

[26] Justo L. González, *The Mestizo Augustine: A Theologian Between Two Cultures* (Downers Grove, IL: IVP Academic, 2016), p. 15.
[27] González, *Mestizo Augustine*, p. 9.
[28] Carta 91.1-2, in Augustine, *Political Writings*, ed. E. M. Atkins e R. J. Dodaro (Cambridge: Cambridge University Press, 2001), p. 2-3.

você chega e imediatamente se sente "em casa", mesmo que nunca tenha estado ali antes. Não é a mera alegria do retorno; é a alegria do refugiado que encontrou um lar. Para Agostinho, essa não é a situação somente do exilado, é a condição humana. Nós, viajantes, navegando em nossa infamiliaridade *e* em nossa fome embutida por um lar, alternando entre o conforto aqui no mundo e a vontade de estar em qualquer lugar, menos aqui, criados para outro mundo, mas imersos neste, perguntamos diversas vezes: "Já chegamos?" e *"Precisamos* ir?".

Essa posição intermediária, como Agostinho imagina, é um espaço dinâmico de movimento. Sou levado a duas direções diferentes, e a questão é como navegarei no sentido que estou aqui (Heidegger teria usado a palavra "lançado"), mas com um desejo inexplicável de estar em outro lugar. Aqui sou um forasteiro, embora o "aqui" seja o único lugar em que já vivi.[29] Em contraste com a felicidade fabricada por Sísifo — imaginando seu castigo *como* alegria, acomodando-se com a situação em que ele se encontra —, Agostinho imagina a condição humana como igual à do emigrado em busca não só da segurança de um lar, mas de paz, descanso e alegria. Um dos indicadores próprios da vida feliz encontrada em Deus é uma alegria e um prazer que não poderiam ser conquistados de outro modo — um descanso e uma satisfação que resultam do ato de *ser encontrado*. "A vida feliz autêntica", Agostinho conclui, é "depositar a alegria em ti, baseada em ti e causada por ti. Essa é a melhor parte, e não há outra".[30] Aqueles que Deus encontrou descobrem nele "a alegria que [Deus] mesmo é para eles".

Agostinho classifica essa procura como uma busca, uma peregrinação ao país chamado alegria, onde temos paz e tranquilidade, pois nos encontramos no Deus que nos acolhe em casa. Assim como o refugiado exausto, cansado da vulnerabilidade, o que almejamos é *descanso*. "Tu nos criaste para ti mesmo e

---

[29] Cf. Jacques Derrida, *Monolingualism of the Other*, trad. Patrick Mensah (Stanford, CA: Stanford University Press, 1998): "Tenho somente um idioma, e mesmo assim não é o meu" (p. 2). Mas "quando disse que o único idioma que falo não é o meu, não o disse que era estranho para mim" (p. 5). [Em português, *O monolinguismo do outro ou a prótese de origem* (Porto: Campo das Letras, 1996)].

[30] Agostinho, *Confessions* 10.22.32, trad. Henry Chadwick (Oxford: Oxford University Press, 1991), p. 198. [No Brasil, *Confissões* (São Paulo: Paulus, 1997)].

nosso coração fica inquieto até repousar em ti."[31] Tal percepção no parágrafo inicial de *Confissões* reverberou no final do livro 13: "'Senhor, tu estabeleces a paz para nós; tudo o que alcançamos, fizeste-o para nós' (Isaías 26:12), a paz do sossego e do sabá".[32] A fome da alma pela paz é um desejo de um tipo de descanso da ansiedade e das buscas desenfreadas — é descansar *em* Deus. E para Agostinho, encontrar esse sossego — confiar em quem nos sustenta — é encontrar *alegria*: "Em teu presente está a nossa tranquilidade". Agostinho conclui: "Aí está nossa alegria. Nosso descanso é nossa paz".[33] Para Agostinho, a alegria é caracterizada por uma quietude que é o oposto de ansiedade — a expiração de alguém que está prendendo o fôlego por medo, preocupação ou insegurança. É o repouso feliz de alguém que percebe que não precisa mais realizar algo; é amado. Encontramos alegria na graça de Deus precisamente porque, para ele, não precisamos provar nada. Mas também é a expiração de alguém que chegou, que pode finalmente respirar depois de passar pela experiência causadora de ansiedade da passagem pela fronteira, buscando refúgio, sujeito aos impulsos instáveis de um mundo e um sistema que podem se voltar contra ele a qualquer momento. O que se espera não é uma fuga da criatura, e sim da experiência inquietante e dolorosa de ser humano em um mundo destruído. O que esperamos é um lugar onde o Senhor soberano possa nos garantir: "Você está seguro aqui".

Não é que o mundo material e temporário seja estrangeiro para mim, como se eu fosse um anjo caído que foi castigado por ser encarnado (que é mais próximo do platonismo que Agostinho finalmente rejeitou). É que fui criado para o encantamento. O mundo material, personificado e terreno, que é tudo o que eu conhecia, seria "natural" para mim se eu não tivesse uma tendência a tratá-lo como um fim em si mesmo. É exatamente quando tento tornar a criação o meu lar — quando perco o encanto dela como um fim em si mesma — que ela se torna um país estrangeiro, a "terra distante" da peregrinação do pródigo: árida, improdutiva, uma região vazia, mesmo que seja repleta de prazeres mundanos. Como o teólogo francês Henri de Lubac

---

[31] *Confessions* 1.1.1 (trad. Chadwick, p. 3).
[32] *Confessions* 13.35.50 (trad. Chadwick, p. 304).
[33] *Confessions* 13.9.10 (trad. Chadwick, p. 278).

explicaria mais tarde, somos feitos com um desejo natural pelo sobrenatural.[34] Quando tento me convencer de que a "natureza" é tudo de que preciso — quando eu, assim como Camus, tento me persuadir de que o exílio é natural e que qualquer outro lar é uma ficção —, estou eliminando um desejo embutido. E a eliminação e o desvio desse desejo geram todo tipo de maquinações frustrantes de abnegação. Para Agostinho, esses momentos de "estranhamento" — da infamiliaridade *Unheimlich* — são como cartões postais da pessoa que você é chamado para ser.

A questão é se essa tensão intermediária se torna um estimulador da peregrinação — levando-me, assim como Abraão, a atender o chamado de "Vai!" — ou se tento escapar para aquele país distante, transformando meu exílio em chegada, reprimindo minha sensação de que deve existir algo mais, que outra costa está chamando. Para Agostinho, grande parte de nossa inquietação e decepção resulta da nossa tentativa de nos convencer que já estamos em casa. A alternativa não é a fuga, é uma espiritualidade refugiada — instável, mas esperançosa, delicada, mas intensa, ansiosa por encontrar a cidade onde nunca estivemos.

Assim como sua espiritualidade realista, a espiritualidade de refugiados de Agostinho é um relato de como é a vida cristã. O discípulo, igual a qualquer um, encontra-se *numa posição intermediária*, a caminho, cansado, mas esperançoso. O batismo não é uma cápsula que nos transporta para o final da estrada. A conversão não é uma chegada ao nosso último destino: é a aquisição de uma bússola.

Sob a deslumbrante Catedral de Milão, existe uma área arqueológica em que os visitantes podem ver os restos da pia batismal onde Ambrósio batizou Agostinho durante a Vigília Pascal de 387. O formato octogonal da grande pia está ligado à esperança de renovação do "oitavo dia" — a esperança de que os

---

[34] Essa é a tese principal de Henri de Lubac, *The Mystery of the Supernatural* (Nova York: Herder & Herder, 1998).

catecúmenos, ao surgir da "sepultura" aguada, fossem uma nova criação em Cristo (2Coríntios 5:17). Ainda que Ambrósio tenha acabado com o ceticismo intelectual mais profundo de Agostinho sobre o cristianismo, este nos conta haver encontrado em Ambrósio um pai que demonstrou bondade, acolheu-o e o envolveu.[35] Instável e ansioso, Agostinho, um forasteiro africano em Milão, foi recebido por Ambrósio como um embaixador do país para o qual foi criado, pelo qual vinha suspirando todos esses anos. Talvez seja por isso que enquanto eu estava na catedral, tenha me fascinado pelo monograma de Ambrósio, preservado na parede do santuário (cf. Figura 4). Construído a partir do Chi Rho (um símbolo formado pelas duas primeiras letras da palavra grega para Cristo) e do Alfa e o Ômega de Apocalipse 22:13, percebi o quanto a figura parecia uma bússola e como Ambrósio conduziu Agostinho para aquele que é "o Caminho", colocando-o na estrada com uma nova direção. Ele emergiu das águas do batismo como um emigrante com um novo passaporte declarando sua cidadania celestial (Filipenses 3:20). Tinha quilômetros a percorrer antes de dormir, mas agora sabia onde era seu lar.

O cristão não é simplesmente um peregrino, e sim um refugiado, um migrante em busca de refúgio. A vida cristã não é apenas uma peregrinação, mas uma jornada de emigração. Em seus escritos, Agostinho usava a palavra latina *peregrinatio* para se referir à vida cristã, e a maioria das traduções de sua obra traz os cognatos da *peregrinatio* no sentido de peregrinação. Porém, isso não se encaixa na jornada que Agostinho está descrevendo. A peregrinação costuma ter um itinerário odisseico: uma viagem para um lugar sagrado, para depois voltar para casa. Isso reproduz a jornada neoplatônica da alma "retornando" a Ele. Mas o *peregrinus* de Agostinho não está em uma viagem de volta, está partindo, como Abraão, para um lugar em que nunca esteve.[36] Não somos meros peregrinos em uma marcha sagrada a um lugar religioso, e sim

---

[35] *Confessions* 5.13.23.
[36] M. A. Claussen afirma que Agostinho deixa de associar *peregrinatio* com *reditus* (o conceito neoplatônico da "volta" da alma) exatamente na época em que começa a escrever *A cidade de Deus*, quando percebe que "não se poderia, em nenhum sentido significativo, viajar a um lugar onde já se tivesse estado." Claussen, "'Peregrinatio' and 'Peregrini' in Augustine's *City of God*'", *Traditio* 46 (1991):72-73. Em termos da estrutura pródiga citada acima, Agostinho diria que agora, depois da Queda, já nascemos exilados, em um país distante, em fuga (pecado original).

migrantes, estrangeiros, forasteiros residentes a caminho de uma pátria, uma terra natal em que nunca estivemos. Deus é o país que estamos procurando, "o lugar onde encontramos o verdadeiro consolo para nossa migração".[37]

É realmente importante que, como *peregrini*, somos *nós*, e não apenas *eu*, o migrante solitário. O *peregrinatio* é um evento social. Para Agostinho, "a característica principal do verdadeiro cristão é seu *status* de peregrino, como parte da uma *societas peregrina*".[38] Assim como Israel, como os migrantes em todo lugar, jamais poderíamos enfrentar sozinhos essa estrada traiçoeira. A conversão é se juntar a essa caravana, não sair por conta própria. Como um estudioso sugeriu recentemente, essa comunidade, essa *civitas Dei*, essa *societas peregrina*, é um alojamento, um campo de refugiados em fuga.[39] É uma cidade, uma *civitas*, argumenta Sean Hannan, mas talvez fosse melhor buscar um modelo de tal cidade não em Nova York ou Milão, mas nos campos de refugiados do mundo atual, cada uma com sua própria metrópole: "Pense em Dadaab no Quênia (população: 245 mil), Bidi-Bidi em Uganda (285 mil) e (um pouco mais perto da Tagaste de Agostinho) os campos saharauis no Magrebe da Argélia (50 a 100 mil, dependendo da autoridade que você consultar)".[40] Cada uma é uma *civitas*, estruturada, organizada e governada de certa forma, mas sua tenda talvez seja um lembrete melhor dos *peregrini* do que as imensas catedrais de pedra.

A cidade de Deus como alojamento, como campo de refugiados, fala da vulnerabilidade e do risco da vida de fé, enfatizando um aspecto essencial da compreensão de Agostinho da nossa jornada. Se olharmos para a sua visão sobre a *peregrinatio* com base nos sinônimos usados em sua pregação, vemos um retrato árduo da vida cristã, segundo M. A. Claussen: "É cheia de esforço e obrigações, é incerta e longa, é fome e sede, caos e tentação, um deserto

---

[37] Carta 92A, in *Letters*, trad. Roland Teske, SJ, ed. Boniface Ramsey, 4 vols., The works of Saint Augustine II/1-4 (Hyde Park, NY: New City, 2001-2005), 1:375 (levemente alterado).

[38] Claussen, "'Peregrinatio' and 'Peregrini'", p. 48.

[39] Meu pensamento sobre essas questões foi bastante influenciado por uma apresentação do dr. Sean Hannan, da MacEwan University, intitulada "Tempus Refugit: Reimaginando a peregrinação com migração em *A cidade de Deus*, de Agostinho", no encontro anual da American Academy of Religion, em Boston, Massachusetts, novembro de 2017. Meus agradecimentos ao dr. Hannan por compartilhar uma cópia de sua aula comigo.

[40] Hannan, "Tempus refugit", p. 8.

repleto de suspiros, lágrimas, lamentações e dificuldades".[41] Está muito longe da farsa que Joel Osteen vende como *O momento é este*. Se queremos uma foto instantânea da vida cristã, não podemos prestar atenção nos "shoppings e estádios das megaigrejas", como Josh Ritter diz em sua música *Golden Age of Radio*, e sim no sofrimento esperançoso em Calais, França, ou em McAllen, Texas. É uma vulnerabilidade que Zweig retrata:

> Só no momento em que, após algum tempo na sala de espera dos candidatos, fui recebido no escritório britânico que lida com essas questões, eu realmente entendi o que significava trocar meu passaporte por um documento que me descrevia como estrangeiro. Eu tinha direito ao meu passaporte austríaco. Todo funcionário consular ou policial austríaco tinha o dever de me considerar cidadão austríaco com plenos direitos civis. Porém, tive que pedir o favor de receber este documento em inglês que me foi emitido enquanto forasteiro, e era um favor que poderia ser revertido a qualquer momento. De um dia para o outro, desci mais um degrau na escala social. Ontem eu ainda era um hóspede estrangeiro com o *status* de um cavalheiro, gastando aqui dinheiro ganho internacionalmente e pagando seus impostos, mas agora eu era um emigrante, um refugiado.[42]

Zweig destaca indiretamente o que Agostinho vê como uma característica da cidade migrante de Deus: está bem ciente de sua *dependência*. Se esses alojamentos nos lembram da fragilidade da família migrante que é o corpo de Cristo, lembram-nos também de que a alma migrante é aquela que tem consciência de sua dependência e é movida pela esperança.

González enxerga nas experiências de Agostinho o combustível para sua imaginação teológica: "Agostinho combinou tudo isso com sua própria mestiçagem — pois era africano e italiano, portanto era ambos e nenhum dos dois — para desenvolver uma filosofia da história, uma visão da ação de Deus que não dependia da civilização romana, e em que até os visigodos tinham seu lugar".[43] A alma migrante, uma estranha na cidade terrena, cidadã

---

[41] Claussen, "'Peregrinatio' and 'Peregrini,'" p. 63.
[42] Zweig, *The World of Yesterday*, p. 435.
[43] González, *Mestizo Agostinho*, p. 166.

da cidade celestial, vive tranquilamente. Como não está em casa em lugar nenhum, buscando o lar que é o refúgio da cidade de Deus, o cristão também pode, com um tipo de desinteresse santificado, conseguir armar sua tenda em qualquer lugar. Essa indiferença não é silenciosa ou esquiva. A verdade é que vale observar que Agostinho era bastante sensível àqueles que buscavam refúgio em um sentido muito concreto, temporário. Ele preservou a basílica como um santuário e se enganou ao oferecer abrigo, mesmo quando era um risco. Como ele declarou uma vez em sua congregação: "Existem três tipos de pessoas que se refugiam na igreja: os bons que fogem dos maus, os maus que fogem dos bons e os maus que fogem dos próprios maus. Como esse nó pode ser desfeito? É melhor dar abrigo a todos".[44] É correto que Deus ordene que seu povo peregrino seja especialmente sensível ao destino dos vulneráveis: viúvas, órfãos e estrangeiros.

Os ANTROPÓLOGOS DISCUTEM o que chamam de "valor mais estranho": "Ainda que para os especialistas seja difícil ver o mundo de qualquer outro ponto de vista que não seja o deles, o pária não tem posição fixa, nem território a defender, nem interesse a proteger. Como visitante e viajante, alguém que está sempre em movimento, ele é muito mais livre do que o bom cidadão para se colocar no lugar de outro".[45] O peregrino e o viajante têm *status* de forasteiros que trazem o dom da percepção. Baseando-se em Hannah Arendt, o antropólogo Michael Jackson discute essa "imaginação visitante" como "a obra dos exilados": "A arte da etnografia é transformar essa desterritorialização em algo bom, tornar em virtude o fato de não se sentir em casa no mundo".[46]

Meu objetivo no restante deste livro é apresentar você a Agostinho como um etnógrafo antigo de nosso presente, de *nós* — alguém que tem um "valor mais estranho", tanto por ser um cidadão que migra para o reino, que nunca

---

[44] Agostinho, *Sermon Guelfer* 25, citado em Decret, *Early Christianity in North Africa*, p. 168.
[45] Michael Jackson, *Lifeworlds: Essays in Existential Anthropology* (Chicago: University of Chicago Press, 2013), p. 263.
[46] Jackson, *Lifeworlds*, p. 263, 262.

está em casa no mundo, quanto por ser um estranho ao nosso tempo que, ainda assim, parece ter lido nossas mensagens, por assim dizer. Em *On the Road*, Sal pensou que Dean era "o cara perfeito para a estrada porque ele realmente nasceu nela". De certo modo, Agostinho também nasceu na estrada. Na verdade, ele acredita que todos nascemos assim, a caminho do exílio voluntário, procurando lar em todos os lugares errados. A diferença entre Dean e Agostinho não é sua experiência na estrada, e sim o que eles fazem disso. Se você ainda considera a busca emocionante, ainda está convencido de que "a estrada é vida", se a vida para você parece um passeio alegre à procura da próxima experiência, euforia e conquista, então Dean provavelmente poderá ser seu guia e exemplo.

Mas se a estrada tiver destruído você, se as atrações tiverem se tornado previsíveis e cansativas, se em algumas noites você olhar para seus amigos no carro e se perguntar "Que diabos estamos fazendo? Por favor, me deixem sair daqui" e se estiver exausto da busca, desgastado pela jornada, esgotado de decepção, atormentado pela sensação de que gostaria de encontrar algum descanso, não na realização, mas no acolhimento, então Agostinho pode ser o estrangeiro com quem você pode viajar durante um tempo. Não por lhe dar falsas esperanças e contar histórias para você se sentir bem, nem porque vai incentivá-lo a descansar (cuidado com os religiosos que aparecem em um DeLorean em uma viagem no tempo promissora para um passado nostálgico ou um futuro puro). Agostinho é o cara perfeito para a estrada porque ele está nela e é solidário a toda a nossa angústia pelo caminho. Não há quase nada que você diga a ele que ele ainda não tenha ouvido. Você se surpreenderá com o quão paciente ele é como ouvinte. Ele nasceu na estrada e é bem visto pela filosofia "a estrada é vida". Ele sabe quem é, a quem pertence e para onde está indo, e quase tudo o que escreve é uma tentativa de ajudar os companheiros migrantes em direção a encontrar uma orientação que traga paz. Você pode pensar em Agostinho como se ele oferecesse um guia do caroneiro para o cosmos para corações peregrinos.

DESVIOS NO CAMINHO PARA MIM MESMO

Aqui embarcamos, em busca de nós mesmos, visitamos as estações intermediárias de uma alma faminta, imaginamos aonde tudo isso pode levar e se nossa luta terá um fim.

LIBERDADE: *Como fugir*

O que desejo quando quero ser liberto?

A estrada é memorável porque é o símbolo da libertação. De *Na estrada* a *Sem destino* a *Thelma e Louise*, ela é uma linha que se afasta das convenções, das obrigações e da opressão doméstica. A felicidade se parece com a capota abaixada, os cabelos balançando ousadamente ao vento, recusando-se a serem constrangidos, a caminho de espaços bem abertos (*Wide Open Spaces*, de Dixie Chicks). É pegar a estrada e seguir para o oeste, carregar o carro e ir embora para a faculdade, tomar um ônibus para Nova York, aventurar-se de mochila pela Europa ou viajaar de carona para Memphis.

Embora a modernidade tenha tornado esse mito quase universal, a mitologia é muito potente nos Estados Unidos, terra das pessoas livres, país nascido de uma luta pela independência, que depois engoliu um continente com uma rede de ferrovias e rodovias interestaduais. Quando você atinge a Toano Range na 1-80 e as planícies salgadas de Utah se estendem a mais de 160 quilômetros à sua frente, pode parecer que o imenso horizonte é uma extensão da possibilidade que se desdobra sob o céu abobadado. Sua alma cresce profundamente. É por isso que conquistar a carteira de motorista é um rito de passagem cobiçado, um dos poucos que restam em nossa cultura. Colocar a chave na ignição e sair de casa é a rampa para a independência. Na estrada, existe espaço para se movimentar, sem estar preso entre as paredes e, mais importante, sem as restrições impostas pelas regras "deles", longe do olhar atento e observador do Homem, de sua mãe e do Sr. Wilson da casa ao lado. Se adoramos o automóvel é por ele ser o deus brilhante que nos traz a nossa liberdade. Desse modo, construímos altares para o Corvette, o Mustang e a motocicleta como veículos que nos libertam, símbolos de nossa autonomia.

"Aqui estão as chaves" é um pronunciamento quase sagrado que lhe permite finalmente ser você mesmo. A rodovia é o meu caminho.

É CLARO QUE a estrada já é a ideia de outra pessoa sobre para onde você deve ir. A rodovia não é um quadro em branco, e sim uma rede de canais organizados que muitos outros já percorreram antes. A ironia é que, mesmo quando você está sozinho na estrada aberta, está seguindo alguém. Responder ao chamado do asfalto é seguir "essas pessoas". Mas estamos nos precipitando.

AGOSTINHO NOS RECORDA como a identificação de liberdade com a partida é antiga. Muito antes de existirem Mustangs Shelbys, a Rota 66 e os rebeldes sem causa, o pródigo desejava se libertar da desconfiança de seu pai e da repreensão de sua mãe. Se a liberdade é a ausência de restrição, jamais será encontrada em casa.

A chegada de Agostinho a Cartago como estudante prevê muito tumulto de fraternidades e irmandades nos próximos séculos. Desenfreado, com espaço para seus cotovelos (e muitos outros apêndices), ele incha para preencher mais espaço, buscando todo tipo de novas oportunidades e prazeres. Ele lembra que "se apaixona pelo amor": "Joguei-me precipitadamente no amor, pelo qual estava ansioso para ser preso".[1] É engraçado como podemos considerar sermos aprisionados como "liberdade", contanto que essa escolha parta de nós, como todas as vezes em que clicamos em "concordo" e nos entregamos voluntariamente aos caprichos do Google e da Apple.

Assim, o jovem Agostinho usa sua liberdade recém-descoberta para se dedicar a buscas que o prenderão. Seus apetites se tornam intensos. Ele será

---

[1] Agostinho, *Confessions* 3.1.1, trad. Henry Chadwick (Oxford: Oxford University Press, 1991), 35. [No Brasil, *Confissões* (São Paulo: Paulus, 1997)].

conquistado por espetáculos teatrais, entregando-se a entretenimentos que o escravizarão em suas próprias paixões. Ele se apaixona pelo amor, mas também pelo sofrimento, não muito diferente da forma como gostamos de nos lamentar nas redes sociais.[2] Liberdade é o direito de ser estimulado, entretido, absorvido, tudo isso nos termos de alguém. Liberdade é se libertar de *algo*, e a maneira de se libertar de *algo* é partir.

Esse conceito de liberdade é o único que conhecemos agora: a liberdade como autodeterminação. A possibilidade de decidir o que é bom para mim foi confirmada na opinião majoritária pronunciada pelo juiz Anthony Kennedy no caso "Planned Parenthood *versus* Casey", de 1992: "No coração da liberdade está o direito de definir o seu próprio conceito de existência, de significado, de universo e do mistério da vida humana".[3] Liberdade significa: "Deixe comigo, estou no controle. Eu sei o que eu quero". Saberei que sou livre quando puder decidir o que é bom para mim, quando toda escolha for uma página em branco de oportunidades e possibilidades.

De fato, chamamos essa liberdade de "autenticidade" e nem percebemos o quanto isso é um efeito multiplicador de filósofos existencialistas como Heidegger e Sartre. Na prosa cansativa de *Ser e tempo*, Heidegger esboça os contornos de muitos roteiros futuros de Hollywood. Afogado pelo peso teutônico de ser-para-a-morte, o que realmente interessa a Heidegger é a forma como meu confronto com a morte pode revelar *possibilidades* de modo que jamais considero quando estou imerso nos hábitos cansados da sociedade de massa (o que Heidegger chama de "a gente", ou o impessoal [*das Man*], assim como no que sempre dizem que você deveria fazer). A questão não é se concentrar na morte ou tentar imaginar como é morrer (segundo Heidegger isso seria impossível), e sim encarando a minha morte, ter a possibilidade de perceber que nada está escrito em pedra para mim — o horizonte de opções é infinito. Segundo Heidegger, viver focado na morte é viver em antecipação, rumo à possibilidade.[4] É a descoberta de que o que é possível depende de mim e somente de mim (minha possibilidade "mais própria", como expõe

---

[2] *Confessions* 3.2.2-4.
[3] "Planned Parenthood *versus* Casey", 505 U.S. 833 (1992).
[4] Martin Heidegger, *Being and Time*, trad. John Macquarrie e Edward Robinson (Nova York: Harper & Row, 1962), §50. [No Brasil, *Ser e tempo* (Petrópolis: Vozes, 2015)]. Ele resume:

Heidegger): tenho potencial para ser, basta perceber e atender o "chamado".[5] Mas essa ligação não vem de outra pessoa. Não é simplesmente outra forma de conformidade. Estou chamando a mim mesmo. Isso é ser autêntico: perceber *alguma* possibilidade em meus próprios termos.[6] Não importa o que você escolhe, e sim o fato de você escolher. A liberdade começa a organizar o que conta como um Bem para você.

NADA DO QUE Agostinho pensava que era a liberdade é diferente de quando foi para Cartago e depois para Roma. O que ele não imaginava e tentava ignorar enquanto vivia era o quão isso tudo era exaustivo. O que ele previa como liberdade — a eliminação de restrições — começou a parecer uma punição. A diminuição dos limites soava como uma libertação para o jovem Agostinho, mas ele se sentia dissolvendo no amorfismo resultante. Quando você está nadando em uma pequena piscina elevada na casa de seu primo e continua esbarrando nas paredes, começa a desejar que elas não estivessem lá. Mas em sua tempestuosidade, quando você consegue derrubá-las, percebe que a piscina não aumentou o tamanho: ela simplesmente desapareceu. Você ficou nos escombros encharcados. Agostinho confessa em retrospecto: "Fui atingido pela tempestade, fluindo, jorrando de todas as maneiras, espumando ar nas minhas questões imundas".[7] A liberdade de ser eu mesmo começa a dar a sensação de que estou me perdendo, dissolvendo, como se minha própria identidade escorregasse entre meus dedos.

O que aparece aqui não é apenas uma admissão de falha, mas também o problema de conseguir exatamente o que você deseja. Na reformulação de suas experiências, Agostinho chega a uma forma radicalmente diferente de

---

"Ser-para-a-morte como uma antecipação de uma possibilidade é o que primeiro torna tal possibilidade possível e a liberta como possibilidade."
[5] Heidegger, *Being and Time*, §§56-58.
[6] "A antecipação é a possibilidade de entender o potencial mais pessoal e extremo de alguém, ou seja, a possibilidade da existência autêntica". Heidegger, *Being and Time*, p. 307.
[7] Agostinho, *Confessions* 2.2, trad. Sarah Ruden (Nova York: Modern Library, 2017), p. 35.

pensar sobre a liberdade. Quando você foi consumido pela sua própria liberdade e entende que a perda da balaustrada só significava que você acabaria na sarjeta, começa a imaginar se a liberdade é tudo o que há — ou se ela pode ser algo além da ausência de restrições e da multiplicação de opções. Para Patty Berglund, no romance *Liberdade*, de Jonathan Franzen, essa ilusão de liberdade é enfraquecida em um momento de autopiedade. "De onde ela surgiu? E seu volume desordenado? Por quase qualquer padrão, sua vida era considerada luxuosa. Ela tinha o dia todo, todos os dias, para descobrir um modo decente e satisfatório de viver e, no entanto, tudo o que pareceu conseguir com todas as suas escolhas e liberdade foi se tornar mais miserável. O autor da autobiografia é quase obrigado a concluir que ela teve pena de si por ser tão livre".[8]

O luxo da agência irrestrita, junto à multiplicação de opções, deve ser uma fórmula para a libertação. Mas Patty, como tantos outros, acredita que isso só leva a um tipo diferente de sofrimento. Por muito tempo, os prazeres proporcionados por tal "liberdade" podiam oferecer o fascínio da plenitude. Imaginando-nos sendo negados por tanto tempo, as novas possibilidades abertas ao abandonar o jugo parecem a concretização de um novo potencial — como se fosse *disso* que se trata, para o que somos criados, qual é a sensação de liberdade. Mas então, assim como uma criança em uma excursão se aproximando do bufê do jantar sem a mãe controlar seu apetite, ele chega aos poucos ao ponto em que sua liberdade parece náusea. Saturado, ele repensa suas escolhas. Do outro lado dessa liberdade, às vezes a um longo caminho de distância, está o arrependimento. A sombra projetada por esse tipo de liberdade pode ser muito sombria. "Amei meus próprios caminhos, não os teus", Agostinho se deu conta. "A liberdade que eu adorava era meramente a de um fugitivo."[9] Caçada, assombrada, perseguida, exausta: parece um tipo feio de liberdade.

Na verdade, essa liberdade costuma voltar à sua própria forma de escravização. Em sua revelação em Cartago, Agostinho deu lugar "às correntes da

---

[8] Jonathan Franzen, *Freedom* (Nova York: Farrar, Straus and Giroux, 2010), p. 181. [No Brasil, *Liberdade* (São Paulo: Companhia das Letras, 2011)].
[9] *Confessions* 3.3.5 (trad. Chadwick, p. 38).

satisfação e ficou amarrado a esses laços dolorosos".[10] Essa dinâmica da liberdade perdida — principalmente aquela vivenciada *como se* fosse libertação — preencheria Agostinho pelo resto de sua vida. De fato, quando ele se lembra da transformação da sua conversão, da revolução do amor trazida pela graça, isso se resume a uma questão de liberdade, pois ele definitivamente se viu acorrentado. Se ele esperava encontrar a si mesmo — e a liberdade — ao fugir das restrições de casa, quando está em Milão, Agostinho se dá conta de que é seu pior mestre. Sua única esperança é escapar, mas ele conclui que isso não é possível. Ele é Sísifo. Mas se entregou à pedra.

É terrível e assustador saber o que você quer ser e então perceber que você é o seu único obstáculo: desejar com cada fibra de sua alma ser alguém diferente, fugir da pessoa que você tem se tornado, apenas para voltar ao "eu" que você odeia repetidas vezes. Depois da euforia da independência e das experiências de autorrealização, bebendo o tão falado "poder-ser" até o fim, quando a exaustão começa a se instalar e acaba se transformando em um tipo de autoaversão, você pode chegar a um ponto em que *sabe* que deseja uma vida diferente, mas está acorrentado àquela que criou.

Essa foi a situação a que Agostinho finalmente chegou. Quando vislumbrou um modo de vida diferente, vendo o exemplo de companheiros que escolheram o Caminho e renunciaram ao poder, privilégio e sucesso para seguir Aquele que foi humilhado na cruz, ele descobriu novos desejos borbulhando dentro de si. "Suspirei após tal liberdade", ele recordou, "mas não fiquei preso por um ferro imposto por mais ninguém, e sim um ferro da minha própria escolha".[11] Voltou a se sentir preso, limitado, constrangido. Mas agora a culpa não era de sua mãe ou do homem: *c'est moi*. A liberdade que ele buscava era uma corrente disfarçada. O que Agostinho oferece agora é uma releitura de pretensa liberdade.

Como sua liberdade acabou se tornando uma prisão? Agostinho identifica os elos da corrente que parecem uma crônica da estrada que ele está percorrendo. "A consequência de uma vontade distorcida é a paixão. Pela servidão à paixão, o hábito é criado, e o hábito ao qual não há resistência se torna necessidade. Por meio desses elos, por assim dizer, ligados um ao outro (daí o meu

---

[10] *Confessions* 3.1 (trad. Ruden, p. 52).
[11] *Confessions* 8.5.10 (trad. Chadwick, p. 140).

termo corrente), uma servidão severa me manteve sob restrições."[12] O primeiro elo na cadeia que o prende é sua própria liberdade de escolha. A trajetória aqui parecerá familiar: na noite em que fez essa escolha, ele sentiu gosto pelo sangue, um gosto de carne, uma paixão que o levou a tentar mais uma vez. Por fim, essa satisfação da paixão se estabelece na previsibilidade de um hábito — provavelmente acerca da época em que já não era mais um prazer. A lua de mel acabou. A emoção perdeu o brilho da novidade. Um golpe não é suficiente. Desse modo, quando o hábito se torna uma necessidade, o que quero é um ponto questionável: é isso que seguirei, pois é do que preciso.

No começo, parece que ele está culpando outra pessoa. "O inimigo controlou minha vontade e fez uma corrente para me manter prisioneiro." Mas isso só acontece porque ele deu a chave ao inimigo. "Fui responsável pelo fato de que o hábito se tornou muito assustador contra mim, pois foi com meu próprio consentimento que cheguei a esse lugar em que não queria estar."[13] Sou meu próprio carcereiro.

O QUE AGOSTINHO descreve é a "liberdade" do viciado. O hábito que se torna uma necessidade, o suspiro em busca de uma liberdade impossível, o desejo por uma nova vontade, o desespero de sempre superá-la. Realmente, ele continua retratando alguém que não consegue sair da cama e soa muito como uma ressaca existencial: "O peso do mundo me sobrecarregou com uma doce sonolência, como acontece geralmente durante o sono". Ele se sentiu como "aqueles que gostariam de se levantar, mas são vencidos pelo sono profundo e dormem novamente". Ele se odeia por fazer isso, mas, ao mesmo tempo, "está feliz por demorar um pouco mais".[14] Mas então ele percebe que isso não é meramente preguiça, e sim um tipo de paralisia involuntária, como acordar e sentir seus membros pesados, diferentes, sem reagir aos seus desejos. Incapaz

---

[12] *Confessions* 8.5.10 (trad. Chadwick, p. 140).
[13] *Confessions* 8.5.10; 8.5.11 (trad. Chadwick, p. 140).
[14] *Confessions* 8.5.12 (trad. Chadwick, p. 141).

de dizer o que você quer, até mesmo seus gritos são internos e você imagina se alguém o encontrará e o livrará do túmulo que é sua cama. Isso é o que a banda Fleet Foxes chama de "melancolia desamparada".

Ler Agostinho no século XXI é alcançar um ponto de vista que faz toda nossa liberdade parecer um vício. Quando imaginamos a liberdade apenas como algo negativo[15] — liberdade *de* restrições e intervenções, liberdade restrita para escolher o que quero —, então nossa pretensa liberdade está, na verdade, propensa ao cativeiro. Quando a liberdade é mera voluntariedade, sem orientações ou outros objetivos, minha escolha é apenas outro meio pelo qual tento encontrar satisfação. Enquanto continuo em busca desse prazer nas coisas finitas e criadas — sexo ou adoração, beleza ou poder —, ficarei preso em um ciclo em que me decepciono cada vez mais com essas coisas *e* me torno mais dependente delas. Continuo escolhendo coisas com retornos decrescentes e, quando isso se torna comum e até necessário, mostra que perdi minha capacidade de escolher. A coisa me tem agora.

Em seu marcante livro *The Recovering*, Leslie Jamison traz um relato interno do vício (e recuperação), bem como uma antologia com curadoria de como os escritores testemunharam sobre seu cativeiro. Segundo a autora, o vício "é sempre uma história que já foi contada, pois se repete inevitavelmente, já que ele esmaga — por fim, a todos — e leva à mesma essência demolida, redutora e reciclada: *deseje. Use. Repita*".[16] Como um clínico descreveu mais tarde para ela, o vício sempre acaba como uma "redução de repertório": a vida adquire uma fixação naquilo que você não pode viver sem, e o ritmo de um dia e uma vida é projetado para garantir algo que nunca satisfaz, que nunca é suficiente.[17] A vergonha disso tem sua própria ilusão distorcida: o orgulho de um viciado no brilhantismo necessário para satisfazer um vício.

Mas você não pode se ajudar a si mesmo a sair disso. Todo viciado que se liberta dessa escravidão chega a essa conclusão. Jamison observa: "O *Livro grande do AA* era inicialmente chamado de *A saída*. Saída do quê? Não só das

---

[15] Cf. a discussão clássica de Isaiah Berlin em "Two Concepts of Liberty", em *Liberty*, ed. Henry Hardy (Oxford: Oxford University Press, 2002), p. 166-217.
[16] Leslie Jamison, *The Recovering: Intoxication And Its Aftermath* (Nova York: Little, Brown, 2018), p. 9.
[17] Jamison, *The Recovering*, p. 112.

bebidas, mas também do espaço minúsculo e claustrofóbico do eu".[18] Chegar ao fim de si mesmo é a porta de saída da liberdade caótica. E a ironia é que minha liberdade de escolha me leva ao ponto em que preciso que alguém me dê realmente a possibilidade de ser livre. E não meramente livre para escolher, já que foi isso que me trouxe aqui em primeiro lugar — mas livre para escolher o que é bom. Se a liberdade é mais do que meramente ser livre *de algo*, se é o poder de ser livre *para algo*, então preciso trocar autonomia por um tipo diferente de dependência. Chegar ao fim de mim mesmo é a percepção de que sou dependente de alguém que não seja eu mesmo se eu for ser verdadeiramente livre. Quanto a isso, Jamison lembra sua própria epifania: "Eu precisava acreditar em algo mais forte que minha força de vontade". A sua própria vontade era insuficiente para garantir sua libertação. "Essa força de vontade era uma máquina afinada, feroz e que cantarolava e havia feito muitas coisas — ajudou-me a tirar boas notas, preencheu meus papéis, levou-me a treinos de corridas em outros países —, mas, quando eu a usava para beber, a única coisa que sentia era que estava transformando minha vida em um pequeno punho fechado e sem nenhuma alegria." O ponto decisivo da recuperação foi quando ela chegou ao fim de si mesma, voltando-se para fora e para cima, para o que AA chama simplesmente de Poder Superior: "O Poder Superior que tornou a sobriedade algo mais do que privação simplesmente *não era eu*. Isso era tudo que eu sabia".[19]

Uma reflexão de Agostinho aqui é comovente e encorajadora: "Desejar o auxílio da graça é o começo da graça".[20] Se você chega ao fim de si mesmo, imagina se há ajuda e se surpreende ao se encontrar, às vezes, esperando por uma graça do além, é um sinal de que a graça já está operando. Continue pedindo. Você não precisa acreditar para pedir. É o seguinte: você também pode pedir ajuda para acreditar. Desejar ajuda é sua própria confiança nascendo. O desejo da graça é a primeira graça. Chegar ao fim de sua autossuficiência é a primeira revelação.

---

[18] Jamison, *The Recovering*, p. 328.
[19] Jamison, *The Recovering*, p. 304.
[20] Agostinho, *On Reprimand and Grace* 1.2, em *On the Free Choice of the Will, On Grace and Free Choice, and Other Writings*, ed. e trad. Peter King (Cambridge: Cambridge University Press, 2010), p. 186. [No Brasil, *A correção e a graça*, in *A graça* (II) (São Paulo: Paulus, 2014, vol. 13)].

Essa virada para fora e para cima é agostiniana. É a postura de uma dependência que liberta, uma confiança que alivia. Depois de entender que você precisa de alguém que *não você*, consegue ver também as restrições de forma diferente. O que parecia serem paredes o cercando agora parecem andaimes o segurando. Se a liberdade era semelhante à alegria sem obrigações da autorrealização, quando essa liberdade irrestrita se torna sua própria escravidão, você vê os deveres como uma restrição que lhe dá um propósito, um equilíbrio, o vergalhão da identidade. Quando Agostinho lembra novamente do modo como seu "eu" mais jovem derramou sua alma na areia, ele chora: "Se alguém tivesse imposto um limite ao meu caos, isso teria transformado as experiências passageiras de beleza nessas coisas mais baixas e colocado limites à compreensão em seus encantos". Em vez disso, "no meu sofrimento segui a força motriz dos meus impulsos, abandonando a ti. Passei de todos os limites estabelecidos por tua lei".[21]

Podemos nos surpreender com quantas pessoas esperam que alguém lhes imponha limites — o presente da restrição —, canalizando seus desejos e, dessa maneira, fortalecendo o senso de si. Na verdade, pode haver uma dinâmica geracional nisso, onde os *boomers* — cuja revolução da liberdade negativa transformou o mundo — imaginam as gerações mais jovens desejando a mesma coisa, mas, em vez disso, ouvem tais jovens pedindo o presente da restrição, a caridade dos limites.[22]

Isso não é diferente da frustração de Agostinho com seu pai. Em vez de incentivar o filho a direcionar melhor seus desejos, o pai de Agostinho só incentivou sua desintegração com "o tipo de alegria embriagada em que este mundo triste se esqueceu de ti, seu Criador, e se apaixonou por algo que criaste. Isso vem do vinho invisível de uma vontade própria distorcida e jogada nas profundezas".[23] Ele estava sendo cuidado por alguém ainda bêbado de liberdade negativa, que ainda não havia chegado a ponto de perceber que isso não

---

[21] *Confessions* 2.2.3-4 (trad. Chadwick, p. 25).
[22] Ouça, por exemplo, *The Kids Don't Wanna Come Home*, de Declan McKenna.
[23] *Confessions* 2.6 (trad. Ruden, p. 38-39).

era liberdade de jeito nenhum. Como ele escreverá mais tarde para alguns monges do norte da África: "O livre-arbítrio é suficiente para o mal, mas não para o bem".[24] *O livre-arbítrio me colocou nessa confusão,* ele se dá conta, *mas não pode me tirar dela.*

Agostinho precisa de ajuda. A esperança mais revolucionária seria uma nova vontade — uma não apenas dotada de desejo, mas com o *poder* de escolher o bem. Mas a ajuda que Agostinho precisa não pode vir de qualquer pessoa, tem de vir de Alguém capaz de lhe dar esse poder, Alguém que tenha a misericórdia de compartilhar, Alguém que seja um doador. Ele precisa de alguém como o pai do pródigo, doador desde o começo. E assim, mais uma vez de volta a um jardim, ele pode ver a casa de uma longa distância.

> Mas para chegar a esse destino não se usa navios, carruagens ou pés. Não era necessário nem mesmo percorrer a distância que percorri de casa até onde estávamos sentados. A única condição necessária — que significava não apenas ir, mas também chegar lá — era ter vontade de ir, desde que tal vontade fosse forte e incondicional, sem mudanças bruscas de ideia, de primeiro querer de uma maneira, depois de outra, da vontade metade enfraquecida, lutando com uma parte subindo e a outra parte caindo.[25]

Agostinho precisa da ajuda de alguém que possa ressuscitar uma vontade e presenteá-lo com uma liberdade que ele nunca teve. Ele tentou a alternativa e está exausto: "Sem ti, o que sou para mim mesmo além de um guia para minha própria autodestruição?".[26] Você realmente confia si mesmo a si mesmo?

O relato de Agostinho honra a complexidade da nossa experiência. Ele reconhece que *saber* o que fazer não é o bastante. Menciona a experiência de se sentir dividido, como se existissem dois (ou mais!) de mim. "O 'eu' que desejava servir era idêntico ao 'eu' que não estava disposto. Era eu. Eu não estava totalmente disposto, nem indisposto. Assim, estava em conflito comigo mesmo e fui dissociado de mim." Mas até essa dissociação e autoalienação

---

[24] *On Reprimand and Grace* 11.31 (trad. King, p. 212).
[25] *Confessions* 8.8.19 (trad. Chadwick, p. 147).
[26] *Confessions* 4.1.1 (trad. Chadwick, p. 52).

"aconteceram contra a minha vontade".[27] Em uma de suas primeiras obras, logo após sua conversão, Agostinho classificou isso como o paradoxo da nossa infelicidade: "Como alguém vive uma vida infeliz por vontade própria, já que absolutamente ninguém deseja ser infeliz?".[28] Eles não são infelizes porque escolhem ser, mas porque sua vontade está em uma condição que não pode optar pelo que os fará felizes.

Ele está "despedaçado" por essa condição dolorosa. "Amores antigos" o restringem. "A força esmagadora do hábito me dizia: 'Você pensa que pode viver sem eles?'" Seu coração é um campo de batalha de amores, manifestando-se em um corpo contorcido e em prantos.[29] Existe uma *saída*, como o programa de recuperação declara?

A GRAÇA É a resposta para essa pergunta. É a resposta para o pedido de ajuda. Não é só perdão, uma cobertura, uma liberação. É uma infusão, um transplante, uma ressurreição, uma revolução da vontade e dos desejos. É a mão de um Poder Superior que criou você e ama que alcance sua alma com o dom de uma nova vontade. Graça é liberdade.

Mas o paradoxo (ou a ironia) — principalmente para aqueles que são condicionados pelo mito da autonomia e que só conseguem imaginar a liberdade como liberdade *de algo* — é que essa infusão graciosa de liberdade vem envolvida no presente da restrição, no dom da lei, uma ordem que nos chama à existência.[30] Essa foi a experiência de Agostinho: naquele famoso jardim, ele ouve crianças cantando uma canção curiosa: "Pegue e leia, pegue e leia". O momento fatídico é hermenêutico: "Eu a *interpretei* unicamente como uma

---

[27] *Confessions* 8.10.22 (trad. Chadwick, p. 148).
[28] Agostinho, *On the Free Choice of the Will* 1.14.30, in *On the Free Choice of the Will, On Grace and Free Choice, and Other Writings*, ed. e trad. Peter King (Cambridge: Cambridge University Press, 2010), p. 25. [No Brasil, *O livre-arbítrio* (São Paulo: Paulus, 1997)].
[29] *Confessions* 8.10.24; 8.11.26 (trad. Chadwick, p. 150, 151). Cf. 8.10.24-8.11.27, 8.8.20.
[30] Para saber mais sobre essa dialética e dança, cf. James H. Olthuis, Be(com)ing: Humankind as Gift and Call, *Philosophia Reformata* 58 (1993):153-72.

ordem divina".³¹ A alma torturada será chamada para uma nova vida, obedecendo a um comando. E que comando foi esse? Ler. Então Agostinho, de forma quase caricatural, pega o volume das cartas de Paulo que está mais perto, abre-o e lê o primeiro verso que vê — que, como era de se esperar, também é um mandamento: "Comportemo-nos com decência, como quem age à luz do dia, não em orgias e bebedeiras, não em imoralidade sexual e depravação, não em desavença e inveja. Ao contrário, revistam-se do Senhor Jesus Cristo" (Romanos 13:13-14). Agostinho lembra: "Eu não desejava nem precisava ler mais. Imediatamente, ouvindo as últimas palavras dessa frase, foi como se uma luz de alívio de toda ansiedade inundasse meu coração".³²

Agostinho desconstrói nossas falsas dicotomias entre a graça e a obediência, a liberdade e o constrangimento, pois tem uma concepção completamente diferente de liberdade que esquecemos na modernidade: a liberdade não como permissão, mas como poder, de "empoderamento" da graça, a liberdade *para algo*. Essa liberdade não cresce com a eliminação de fronteiras ou a redução de restrições. Pelo contrário, floresce quando a boa vontade é canalizada para o bem por restrições que são presentes. Esse não é o modelo de uma vida entediante de quem segue regras. É um convite a uma vida segura o suficiente para arriscar, centrada o bastante para ser corajosa, como os trilhos de uma montanha-russa que permitem dar uma volta atrás da outra. É a graça que protege o seu ser, o presente que lhe devolve a si mesmo. É por isso que o pai exclama com a volta do pródigo: "Pois este meu filho estava morto e voltou à vida" (Lucas 15:24).

ESSE É UM escândalo para o nosso senso autônomo de legitimidade: essa nova vontade, essa liberdade honrada é pura dádiva. Ela não pode ser conquistada ou alcançada, o que é uma afronta às nossas emoções meritocráticas. "O desejo humano não alcança a graça por meio da liberdade, e sim o inverso".³³ Se

---

³¹ *Confessions* 8.12.29 (trad. Chadwick, p. 152-53, grifo nosso).
³² *Confessions* 8.12.29 (trad. Chadwick, p. 153).
³³ *On Reprimand and Grace* 8.17 (trad. King, p. 200).

Agostinho passou metade da vida lutando contra a heresia do pelagianismo — a pretensão de que a vontade humana era o bastante para escolher o seu bem — é porque ele o via como a grande mentira que deixava as pessoas acorrentadas às suas vontades desfeitas. E ninguém é mais pelagiano do que nós, pessoas modernas.

Mas é um longo caminho desde o jardim até o reino futuro. Agostinho tem muitos quilômetros para percorrer antes de dormir. Se em um primeiro momento ele possa ter se entusiasmado com alguma conquista atual da perfeição, posteriormente sua própria experiência e as realidades do cuidado pastoral o dissuadiram de qualquer ilusão de que essa luta teria acabado. O que vemos em suas cartas, sermões e escritos seguintes é um entendimento da liberdade renovada que reflete a jornada temporal da alma peregrina. A história da alma ainda está se revelando. A graça transforma o fogo, não o extingue. *Não sou mais quem eu era. Estou a caminho de ser quem fui chamado para ser, mas ainda não cheguei lá*, Agostinho aconselha. Seu realismo espiritual não abriga ilusões sobre a chegada precipitada, mesmo que ela alimente sua esperança incansável de alcançar o destino.

A alma agraciada com a liberdade ainda está a caminho, suspirando depois de uma libertação definitiva das partes de mim que odeio e escondo. Para Agostinho, esse desejo é escatológico — uma fome do reino que está por vir: "O que pode ser mais livre do que o livre-arbítrio quando ele é incapaz de ser escravizado pelo pecado?".[34] Não é que nada tenha mudado. A graça dá um poder que eu não encontraria em mim. Então agora estou nessa estrada entre a Queda e a Segunda Vinda. Estou melhor do que Adão, mas ainda não cheguei ao lar. "Portanto, a primeira liberdade foi ser capaz de não pecar. A liberdade final será muito maior: não ser capaz de pecar."[35] Minha liberdade agraciada em Cristo agora é melhor do que a "primeira liberdade" concedida na criação, embora essa primeira fosse baseada na graça.[36] Uma "segunda graça [...] mais

---

[34] *On Reprimand and Grace* 11.32 (trad. King, p. 213).
[35] *On Reprimand and Grace* 12.33 (trad. King, p. 214).
[36] "Deus não queria que Adão, a quem ele havia concedido a livre escolha, ficasse sem a sua graça", então deu um "apoio" original que a humanidade abandonou. No entanto, "esta é a primeira graça que foi dada ao Primeiro Adão" (*On Reprimand and Grace* 11.31 [trad. King, p. 212]). Não deixe que a linguagem de Adão o distraia muito aqui. Para um relato que apresenta nosso entendimento evolutivo das origens humanas, cf. James K. A. Smith, "What stands on

potente" tornou possível para mim, mesmo agora, escolher o bem: uma graça "pela qual alguém também deseja, e deseja tanto, com um ardor tão forte, que vence".[37] Mas ainda espero uma liberdade "final", quando os vestígios do meu antigo desejo são esvaziados e não existem mais manhãs quando acordo me odiando, envergonhado, ainda que "saiba" que estou perdoado. Essa graça já começou a surgir como um amanhecer. Estou esperando o esplendor de sua luz do meio-dia que nunca acaba e que as sombras do meu antigo "eu" desapareçam.

A vida cristã é uma peregrinação de esperança. Vivemos entre a primeira e a última liberdade: ainda estamos a caminho. Agradecidos pela segunda graça, esperamos a final.[38] E somos incentivados no caminho em nossa espera pelo exemplo dos mártires. Eles nos dão esperança de que podemos encontrar o poder de escolher bem.

> Na verdade, a liberdade maior é necessária contra muitas grandes tentações que não existiam no Paraíso. Uma liberdade defendida e fortalecida pelo dom da perseverança, para que este mundo, com todos os seus amores, terrores e falhas, possa ser vencido. O martírio dos santos nos ensinou isso. No final, usando o livre-arbítrio sem medo e, melhor ainda, contra a ordem do Deus assustador, Adão não permaneceu firme em sua grande felicidade, em sua capacidade de não pecar. No entanto, os santos martirizados se mantiveram firmes em sua fé, apesar do mundo — não afirmo que esse os "atormentasse", mas que os agredia violentamente — para que não continuassem firmes [...] De onde isso vem, senão do dom de Deus?[39]

Esses mártires nos dão esperança porque são realmente como nós: embora suas vontades tivessem sido escravizadas, foram "libertos por aquele que declarou: 'Portanto, se o Filho os libertar, vocês de fato serão livres'[João 8:36]".[40]

---

the Fall? A Philosophical Exploration", in *Evolution and the Fall*, ed. William Cavanaugh e James K. A. Smith (Grand Rapids: Eerdmans, 2017), p. 48-65.
[37] *On Reprimand and Grace* 11.31 (trad. King, p. 212).
[38] Essa esperança pela "segunda graça" é encontrada em *Fly*, de Nick Drake, que é a trilha sonora lamentosa da viagem de ônibus pós-suicida de Richie Tenenbaum para casa no filme *Os excêntricos Tenenbaums*, de Wes Anderson. Voltaremos a falar sobre o filme no capítulo "Pais".
[39] *On Reprimand and Grace* 12.35 (trad. King, p. 215).
[40] *On Reprimand and Grace* 12.35 (trad. King, p. 215).

Como será viver com essa esperança no caminho? Exige prática. É uma vida caracterizada pelo autoconhecimento de olhos abertos, para início de conversa. Agostinho aprendeu isso com Ambrósio. Ele escreveu para um grupo de monges em Marselha, citando o bispo de Milão: "Nossos corações e pensamentos não estão em nosso poder. Todo aquele que é humilde e verdadeiramente religioso reconhece que isso é totalmente verdade."[41] No final do trato, ele volta a essa percepção de Ambrósio com mais conselhos práticos, mostrando que a mesma pessoa que disse "nossos corações e pensamentos não estão em nosso poder" também questiona "Quem é tão feliz como alguém que sempre se eleva em seu coração? E sem o apoio divino, quem pode fazer isso acontecer?".[42] E onde aprendemos a elevar nosso coração?

A linguagem seria bastante familiar: este é o *sursum corda*, a oração inicial da Eucaristia: "Elevai os corações. Ao Senhor os elevamos!". Onde aprendemos a viver nessa liberdade enquanto no caminho? Onde aprendemos sobre a dependência agraciada que nos liberta? Agostinho aconselha: não é mágica. Olhem para "os sacramentos dos fiéis".[43] As cadências de adoração são os ritmos em que aprendemos a ser livres.

Liberdade requer prática. A libertação da dependência tem seus próprios roteiros. Isso não tem nada a ver com os aprendizados ritualísticos, muito menos com alguma força de vontade de baixo para cima da nossa parte. Pelo contrário, a questão dos sacramentos é que eles são condutos da graça que alimentam novos hábitos.[44] Podemos ver o eco dessa percepção no relato de Jamison sobre as reuniões do AA:

---

[41] Agostinho, *On the Gift of Perseverance* 8.19, in *On the Free Choice of the Will, On Grace and Free Choice and Other Writings*, ed. e trad. Peter King (Cambridge: Cambridge University Press, 2010), p. 231, citando Ambrósio, *The escape from the world* 1.2. [No Brasil, *O dom da perseverança*, in *A graça* (II) (São Paulo: Paulus, 2014)].

[42] *On the Gift of Perseverance* 13.33 (trad. King, p. 244), citando Ambrósio, *Escape from the world* 1.2.

[43] *On the Gift of Perseverance* 13.33 (trad. King, p. 245).

[44] Para uma discussão mais detalhada, cf. James K. A. Smith, *Você é aquilo que ama: o poder espiritual do hábito* (São Paulo: Vida Nova, 2017).

As reuniões funcionavam de muitas formas diferentes. Algumas tinham um palestrante que contava sua história e, em seguida, outras pessoas respondiam compartilhando suas experiências. Outras começavam com todos se revezando para ler parágrafos da história de um alcoólatra do *Livro grande* ou com alguém escolhendo um tema: vergonha. Sem esquecer o passado. Raiva. Mudanças de hábitos. Comecei a entender por que era importante ter um roteiro, um conjunto de ações que você seguiu: primeiro, faremos essa invocação. Depois, leremos este livro. Por fim, levantaremos as mãos. Isso significava que você não precisava construir os rituais de comunhão do zero. Você morava nas cavernas e nos buracos que funcionaram tempos atrás.[45]

Um pouco como seguir um caminho que alguém já percorreu para você. Na estrada, você sempre está seguindo alguém. A pergunta é: quem você segue e para onde ele está indo?

Isso desconstrói o mito da autenticidade associado à liberdade negativa. Nessa história, sou autêntico se for "sincero" e sou sincero apenas se agir como se estivesse inventando coisas do zero, expressando algo de "dentro" de mim que seja só meu. Agostinho e Jamison estão virando esse conceito de cabeça para baixo. Você *faz* para *ser*. Jamison percebeu que a dependência aprendida com um Poder Superior exigia a tarefa estranha e confusa de se ajoelhar para orar. "Entendo organizar meu corpo em uma determinada posição duas vezes por dia como uma forma de articular compromisso, em vez de uma mentira corporal, uma falsa pretensão."[46] Ela precisou superar sua mania desagradável de pensar que não deveria dizer aquilo que já não acredita.

> Anos depois, a recuperação virou esse conceito de cabeça para baixo, levando-me a começar a acreditar que eu podia fazer as coisas *até* acreditar nelas, que a intencionalidade era tão autêntica quanto o desejo que não é bem-vindo. A ação poderia convencer a crença, em vez de testemunhá-la. David Foster Wallace ouviu uma vez em uma reunião: "Eu pensava que você precisava acreditar para orar. Agora sei que entendi isso de forma confusa". Participar de uma reunião, de um ritual, de uma conversa: esse era um ato que poderia ser

---

[45] Jamison, *The Recovering*, p. 196-97.
[46] Jamison, *The Recovering*, p. 301.

verdade, independentemente do que você sentisse ao fazê-lo. Realizar algo sem saber se você acreditava nisso era prova de sinceridade, e não da ausência dela.[47]

Como você pratica seu caminho para a liberdade, dependendo da graça de Deus, que o ama, transbordando e elevando o coração? Junte-se à comunidade de práticas que é o corpo de Cristo, elevando o coração para Aquele que se entregou por você. Você se surpreenderá ao ver como o ato de se comprometer com esse ritual, mantendo essa obrigação, resulta em liberdade e libertação.

No filme *Lady Bird: A hora de voar*, de Greta Gerwig, conhecemos uma moça que encarna a busca pela liberdade enquanto foge. Cansada da cidade retrógrada e entediante que é Sacramento, aborrecida com a autoridade irritante de sua mãe, envergonhada da falta de ambição de seu pai, a jovem heroína rejeita até o nome que recebeu. O fato de exigir ser chamada de "Lady Bird" é apenas um de seus atos desafiadores, enquanto ela tenta escapar para cursar a faculdade em qualquer lugar que não seja Sacramento. (O professor pergunta a ela: "Esse é o seu nome?". Ela responde: "Eu dei a mim mesma. Foi dado a mim e por mim." Liberdade é receber presentes de si mesmo.)

Mas, no final do filme, ela "chega a casa" sem sair do campus da faculdade. Ela liga para os pais e deixa uma mensagem de voz: "Olá, mamãe e papai. Sou eu, Christine. É o nome que vocês me deram. É um nome bom". Afinal de contas, talvez a imposição tenha sido um presente. Talvez ser nomeado sem você mesmo escolher o nome seja um sinal de que você é amado.

Então ela fala mais diretamente com sua mãe. Enquanto o faz, imagens de Sacramento banhadas em uma luz dourada são mostradas, acompanhadas pela trilha sonora de *Reconcile*, de Jon Brion. "Ei, mãe, você se sentiu emocionada na primeira vez que dirigiu em Sacramento? Senti e queria lhe contar, mas não estávamos nos falando quando aconteceu. Todas essas curvas a vida toda, as lojas e... tudo."

---

[47] Jamison, *The Recovering*, p. 302-3, citando David Foster Wallace.

Em seguida, vemos imagens de Christine dirigindo por Sacramento, silenciosamente deslumbrada e agradecida, ao lado de imagens de sua mãe fazendo a mesma coisa. "Gostaria de dizer. Eu te amo. Obrigada. Eu estou... obrigada."

O que vemos é que os "limites" de Sacramento foram os andaimes que lhe deram uma identidade. Foi sua escola católica que a tornou solidária. Foi o amor "dominador" de sua mãe que lhe deu confiança para ser ela mesma. Seu lar a libertou.

Agostinho encontrou um Pai esperando por ele depois de ter fugido. "Só tu estás sempre presente até mesmo para aqueles que se afastaram de ti [...] depois de percorrer muitos caminhos difíceis", ele testemunha. "E gentilmente enxugas suas lágrimas e eles choram ainda mais e se alegram [...] Onde eu estava quando procurava por ti? Tu estavas lá antes de mim, mas me afastei de mim mesmo. Eu não conseguia encontrar nem a mim, muito menos a ti."[48] Assim, ser livre não é ir embora, é ser encontrado.

Gabriel Marcel, um cristão entre os existencialistas, analisou nossa fome de estrada. Marcel descreveu a humanidade como *homo viator*, "homens itinerantes". Mas foi profundamente crítico em relação à visão de liberdade de Sartre. A liberdade não é cavar um túnel para escapar, ele aconselhou; é cavar dentro de si mesmo. Em uma palestra de 1942, Marcel recorre à sabedoria de Gustave Thibon, amigo de Simone Weil.

> Você sente que está preso; sonha em escapar, mas tenha cuidado com miragens. Não corra ou voe para longe para se libertar: em vez disso, cave o lugar estreito que lhe foi dado; você encontrará Deus ali e tudo mais. Deus não flutua no seu horizonte, ele dorme na sua substância. A vaidade foge, o amor cava. Se você fugir de si mesmo, sua prisão escapará com você e o alcançará por causa do vento do seu voo; se você mergulhar profundamente em si mesmo, desaparecerá no paraíso.[49]

Ou, como um rabino itinerante declarou uma vez: "Quem perde a sua vida por minha causa a encontrará" (Mateus 10:39).

---

[48] *Confessions* 5.2.2 (trad. Chadwick, p. 73).
[49] Citado (sem referência) por Gabriel Marcel em *Homo viator: Introduction to the Metaphysics of Hope*, trad. Emma Crawford e Paul Seaton (South Bend, IN: St. Agostinho's Press, 2010), p. 22.

AMBIÇÃO: *Como desejar*

O que desejo quando quero ser notado?

A ambição é algo muito esplendoroso e muito difamado. Sua visão depende de quais demônios você está tentando exorcizar. Se você está cercado por egomaníacos orgulhosos e sedentos de poder, inclinados a se destacar por meio de ações babelianas, a ambição parece feia, monstruosa e dominadora. Porém, se você está rodeado de pessoas tranquilas, passivas, que dançam conforme a música, tímidas, que deixam presentes não utilizados em cima da mesa e deixam de responder ao seu chamado, a ambição parece ser fidelidade. Em alguns momentos a ambição é feia; em outros, a crítica a ela é mais feia, como quando homens brancos poderosos se preocupam com a possibilidade de que outras pessoas (mulheres negras, por exemplo) possam estar se tornando "arrogantes".

A ambição não é uma coisa simples. Não pode ser simplesmente celebrada ou demonizada. Uma coletânea recente de meditações sobre ambições de escritores e poetas mostra suas muitas facetas. Se pensássemos na ambição como uma joia, poderíamos imaginar esses diferentes escritores usando suas lupas para analisá-la de ângulos distintos, abordando o fenômeno com base em suas próprias histórias pessoais. Alguns veem um brilho sedutor, como na meditação de Jeanne Murray Walker sobre o dom de incentivar a ambição em mulheres jovens, levando em conta sua própria experiência quando ela era jovem. "A ambição da minha mãe era que seus filhos fossem ambiciosos. Minha ambição é escrever poesia que derrote o tempo...", ela recorda. "Esse desejo não é uma busca por poder no mundo, é mais como uma jornada movida pela curiosidade." Essa é uma ambição que deve ser guiada e intensificada. "Ou somos chamados para a grandeza", Scott Cairns observa, "ou sequer somos chamados".[1]

---

[1] Walker, "*Troy, Betty Crocker, and Mother Mary: Reflections on Gender and Ambition*", em Luci Shaw e Jeanne Murray Walker, eds., Ambition (Eugene, OR: Cascade, 2015), p. 72, 74, 77; Scott Cairns, *Introduction to Ambition*, org. Shaw e Walker, p. xi.

Outros se aproximam e veem impurezas, até falsificações — como quando Emilie Griffin olha atentamente para o suposto diamante da ambição e encontra apenas a zircônia de uma fome de fama. Tal aspiração tem um lado sombrio. "Ao refletir", confessa Eugene Peterson, "percebi que havia me tornado ocupado, uma forma inferior de ambição". Do mesmo modo, "A ambição nos leva a lugares terríveis", sugere Erin McGraw (e eu gostaria de encorajá-la a adotar o qualificador "pode"). Luci Shaw evita "celebridade e fama, os filhos bastardos da ambição sem limites", enquanto Griffin nos avisa sobre a "deusa" da fama — avisos muito importantes para uma subcultura evangélica tão propensa ao culto à celebridade.[2]

Se você continuar analisando o fenômeno da ambição, começará a observar algumas características. Primeiro, o oposto da ambição *não* é a humildade, e sim a preguiça, a passividade, a timidez e o comodismo. Às vezes, gostamos de nos consolar imaginando os ambiciosos como orgulhosos e arrogantes, de maneira que aqueles de nós que nunca se arriscam, nunca desejam, nunca se lançam às profundezas usam o manto moralista da humildade. Porém, essa imaginação costuma ser apenas um disfarce fino para a falta de coragem e até a preguiça. Escolher o lado seguro não é ser humilde. Em segundo lugar, é o *télos* da ambição que distingue o bem do mal, separando a aspiração fiel do engrandecimento egoísta. Agostinho nunca deixou de desejar. O que mudou foi o objetivo, a meta e *como* ele lutava. O que amo quando anseio por conquistas? Essa é a pergunta agostiniana.

AGOSTINHO BEBEU A ambição com o leite de sua mãe. Se o provinciano obstinado queria muito chegar a Cartago, depois a Roma, subindo as escadas do reconhecimento até Milão, em grande parte é por ter sido incentivado por seus pais. Como muitos antes e depois dele, seu mapa de objetivos foi desenhado pelos pais. Seus desejos foram impostos pelas expectativas dos pais,

---

[2] Os ensaios e as citações anteriores aparecem em Shaw e Walker, *Ambition*. Eugene Peterson, "Ambition: Lilies that Fester", p. 56; Erin McGraw, "What's a Heaven For?", p. 2; Luci Shaw, "What I Learned in Lent", p. 22; e Emilie Griffin, "The Lure of Fame: The Yearning, the Drive, the Question Mark", p. 31.

que tinham suas próprias ambições. Uma das únicas vezes em que você pode ouvir críticas à mãe dele é quando Agostinho reflete sobre o motivo pelo qual seus pais o enviaram para a escola. "Eles não consideraram que utilidade teriam as coisas que me forçaram a aprender. O objetivo que tinham em vista era somente satisfazer o apetite pela riqueza e pela glória, ainda que tal apetite seja insaciável, a riqueza seja na verdade desprovida de espírito, e a glória seja algo para se envergonhar."[3] Dificilmente se preocuparam se isso colocaria em risco sua alma. "Minha família não tentou me libertar do meu curso impetuoso [...] A única preocupação era que eu aprendesse a falar da maneira mais impressionante possível."[4] Assim como Andre Agassi, que odiava o tênis por ser o sonho de seu pai, Agostinho detestava aprender porque seus pais o tratavam de modo instrumental, como um meio de concretizar suas próprias esperanças de escalada social, vivendo indiretamente por meio do filho, que não teve escolha a não ser suportar.

Quando tinha quinze anos, Agostinho, que estudava em Madauros, foi chamado para voltar a casa a fim de sua família economizar para uma educação melhor — o próximo degrau — em Cartago. Seu relato da situação jorra desdém: "Durante esse tempo foram reunidos fundos direcionados para um afastamento mais distante em Cartago, para o qual meu pai tinha mais entusiasmo do que dinheiro". Muitos ricos não investiam na educação de seus filhos dessa maneira, então os vizinhos elogiaram Patrício. "Mas esse mesmo pai não se importava com o caráter que você estava desenvolvendo, nem com o quão casto eu era, contanto que fosse culto — embora minha cultura significasse realmente um deserto não cultivado por ti, Deus."[5]

Justo González vê nisso uma experiência familiar para crianças imigrantes — uma ambição vicária e imposta: "Podemos ver em Mônica sinais do surgimento de uma mestiçagem social — uma mestiçagem na qual alguns dos 'africanos' tentaram subir na escada social romana, muito como os imigrantes hoje em dia, que, apesar de insistirem no valor de suas culturas de origem, desejam também que seus filhos aprendam a língua do país que adotaram

---

[3] Agostinho, *Confessions* 1.12.19, trad. Henry Chadwick (Oxford: Oxford University Press, 1991), p. 14-15. [No Brasil, *Confissões* (São Paulo: Paulus, 1997)].
[4] *Confessions* 2.2.4 (trad. Chadwick, p. 26).
[5] *Confessions* 2.3.5 (trad. Chadwick, p. 26).

e deixem de lado sua própria cultura, para que possam ter maior chance de sucesso social e econômico."[6] Mônica, a mãe-tigre.

Mas a ambição imposta pode vir de qualquer lugar. Em *Destinos cruzados*, romance microépico sobre dois casais de estudiosos ao longo da vida, Wallace Stegner mostra a ambição que Charity, filha de um importante professor de clássicos, canaliza em seu o marido, Sid, um jovem professor de inglês cujo erro, aos olhos dela, é amar a literatura e não os jogos políticos. Seus melhores amigos, Larry e Sally Morgan, refletem sobre o que essa ambição imposta causou a Sid. "Ele está sempre se comparando ou sendo comparado a outras pessoas", Sally observa. "Às vezes, Charity o compara a você e isso não é justo. Você é um produtor; ele é um consumidor, um tipo de perito."[7] Enquanto Charity reafirma suas expectativas sobre o marido, dando-lhe uma lista ambiciosa de afazeres, que o levariam a passar o verão escrevendo críticas sobre Browning, Sid só quer escrever poesia e aprender italiano o suficiente para ler Dante no original. No fundo, ele é um diletante no sentido mais verdadeiro: seu desejo é se deliciar com essas coisas. Em uma discussão anterior, Larry diz a Sally que os artigos de Sid sobre Browning são banais. "'Qual é o problema deles?', Sally questiona. 'Nada em particular. Tudo em geral. Ele não colocou seu coração nesses artigos. É o coração dela que está ali'".[8]

A parte mais triste da ambição imposta é que, apesar de tudo, ela nos forma. Nosso ressentimento não nos imuniza. Só porque outras pessoas definem o caminho para nossos corações não significa que vamos trilhá-lo.

AINDA QUE A ambição do filho tenha sido originalmente imposta por seus pais, ele acabou tomando-a para si. "Eu queria me distinguir como orador por um propósito condenável e prepotente, ou seja, o prazer da vaidade humana."[9] Em seus vinte anos, a busca era toda dele. Como "professor das artes

---

[6] Justo L. González, *The Mestizo Agostinho: A Theologian Between Two Cultures* (Downers Grove, IL: IVP Academic, 2016), p. 31.
[7] Wallace Stegner, *Crossing to Safety* (Nova York: Penguin, 1987), p. 263. [No Brasil, *Destinos cruzados* (Rio de Janeiro: Best Seller, 1987)].
[8] Stegner, *Crossing to Safety*, p. 187.
[9] *Confessions* 3.4.7 (trad. Chadwick, p. 38).

chamadas de liberais", ele estava realmente em busca de outra coisa: "Buscamos a glória vazia da popularidade, ambiciosos pelos aplausos da plateia no teatro ao entrar em competições de poesia para ganhar uma mera coroa de grama".[10] O que estamos procurando com nossa ambição? O que esperamos encontrar no final de nossas aspirações? Na experiência de Agostinho — assim como na nossa —, a resposta é complicada. Existe um tanto de esperança e de anseios ligados aos nossos desejos, mas muitas vezes eles se resumem aos desejos gêmeos de vencer e serem notados, dominação e atenção, conquistar a coroa e ser vistos fazendo isso.

O mapa de Agostinho desse terreno específico do coração faminto é útil como nunca porque pouca coisa mudou. Quando ele reflete sobre a ambição, mergulha verdadeiramente na dinâmica da *fama*. Poderia existir algo mais contemporâneo? Vivemos em uma época em que todos são famosos. Trocamos a esperança da imortalidade por uma chance de se tornar conhecido. O que é o Instagram, além de uma plataforma de atenção? A música *Creature Comfort,* do Arcade Fire, é uma avaliação assustadora da dimensão em que a busca por atenção quase se tornou sinônimo do *conatus essendi*, nossa razão de existir. E quando não a conseguimos, preferimos não viver.

> Ficam em frente ao espelho
> e esperam pelo *feedback*
> Dizendo: Deus, torne-me famoso
> Se não puder, só faça com que seja indolor.

Mas nomear os sintomas é fácil. O desafio é diagnosticar a doença. A questão é: o que queremos quando desejamos atenção? O que esperamos quando aspiramos a vencer esse jogo de ser notado?

Para Agostinho, a única forma de chegar à raiz desse desejo é entendê-lo como um objetivo espiritual. Essa é a razão pela qual só podemos entender verdadeiramente a ambição confusa se a interpretarmos como um tipo de idolatria. Se nossa ambição se torna um obstáculo à paz, um inibidor que nos

---

[10] *Confessions* 4.1.1 (trad. Chadwick, p. 52).

rouba o descanso e a alegria que buscamos, é porque colocamos algo no lugar do fim para o qual fomos criados.

O objetivo de discutir a ambição em termos de idolatria não é a denúncia, e sim o diagnóstico. Nossa idolatria é menos uma escolha consciente de acreditar em uma falsidade e mais uma disposição adquirida de acreditar no que vai nos decepcionar. Ela não é intelectual, é afetiva — instâncias de amor e devoção desordenados. A idolatria é mais contraída do que ensinada. Praticamos o caminho em direção às idolatrias, as absorvemos da água em que nadamos. Portanto, essa prática costuma refletir o *éthos* do nosso ambiente. Considerar a ambição pela lente da idolatria não é julgar, mas especificar a natureza teológica e espiritual da desordem. Agostinho espera que você analise: e se, enterrado em seu próprio objetivo, houver um desejo por algo a mais, outro alguém? Isso poderia explicar a decepção persistente?

Segundo Agostinho, somos feitos para a alegria. Alegria é outro nome dado ao descanso que encontramos quando nos entregamos Àquele que, pela satisfação que lhe foi proposta, se doou por nós. Ficamos contentes quando procuramos a felicidade de nossa fome no Deus Triúno que nunca nos deixará ou nos abandonará, quando encontrarmos nosso prazer em um Deus imortal, cujo amor é infalível. Esse é o amor e o culto corretamente ordenados.

Então, o que é idolatria? Não é um problema apenas por ser uma adoração "falsa", no registro da verdade ou simplesmente uma transgressão de um mandamento (embora seja ambos). Existencialmente, o problema da idolatria é o fato de ser um exercício de futilidade, uma tendência que termina em profunda insatisfação e infelicidade. Poderíamos dizer que ela não "funciona" — e é por isso que cria corações inquietos. Quando idolatramos, gostamos daquilo que deveríamos usar. Estamos tratando como último o que é meramente penúltimo. Acumulamos expectativas imortais e infinitas em criações temporárias. Estamos nos acomodando em algum aspecto da *criação* em vez de sermos levados, por meio dele, ao *Criador*. Agostinho descreve isso usando a metáfora de uma jornada: o amor desordenado é como se apaixonar pelo barco e não pelo destino.[11] O problema é que o barco não dura para sempre e

---

[11] Agostinho, *Teaching Christianity* 1.4.4. [No Brasil, *A doutrina cristã* (São Paulo: Paulus, 2002)].

logo começa a parecer claustrofóbico. Seu coração foi construído para a outra margem.

Quando nossa ambição decide, por assim dizer, pela atenção ou dominação — quando imaginamos que nosso objetivo é ser notado, ou vencer, ou ambos —, na verdade estamos *baixando* a vista. Estamos apontando para baixo. O arco de nossa ambição abraça a terra e esperamos encontrar satisfação das pessoas que nos olham, por derrotarmos todos os outros nessa batalha por atenção.

Mas o que acontece quando a atenção deles se desvia, fugaz que é? O que acontece após você receber a coroa de louros, a medalha, a bolsa de estudos, a promoção? Quantas "curtidas" são suficientes? Quantos seguidores farão você se sentir valorizado?

E se você se conectar não para ser "curtido", e sim amado, e não por muitos, mas por Um? Isso poderia explicar o motivo pelo qual toda a atenção nunca é suficiente? Ou por que um tipo de depressão pós-parto acontece depois de cada "vitória", toda vez que você chega ao topo do que você pensava ser a montanha da conquista? Por que vencer deixa você tão inquieto?

O QUE EU quero quando desejo ganhar? Às vezes, a ambição é somente uma competição. Então a aspiração se torna apenas outra forma de *libido dominandi*, o desejo de dominar. Em algum momento você para de se importar com as particularidades do que está tentando realizar e só se preocupa em fazê-lo primeiro e melhor do que os outros que estão tentando o mesmo. Ficar no topo do pódio ou sentado no escritório do canto será prova da sua chegada.

Não será?

A história de um passageiro frequente chamado Ben Schlappig poderia ser um conto de advertência sobre esse assunto. Como Ben Wofford relata em um artigo interessante da *Rolling Stone*, Schlappig, que tinha 25 anos na época, "é uma das maiores estrelas de um grupo de elite de passageiros obsessivos cuja missão é superar as companhias aéreas. São competidores autênticos com um objetivo singular: voar de graça o máximo que puderem sem serem pegos".[12] Schlappig é um mestre em hackear viagens, que ele e sua comunidade de acumuladores de milhas chamam simplesmente de "o hobby". "Seus fãs não são apenas leitores de viagens", Wofford observa. "São jogadores, e Schlappig está ensinando-os a vencer."

Em abril de 2014, no final do contrato do aluguel de seu apartamento em Seattle, ele entrou no aeroporto de Sea-Tac e, como Wofford observa ironicamente, "não saiu até agora". No ano passado, "ele voou mais de 600 mil quilômetros, o suficiente para circunavegar o globo dezesseis vezes. Há 43 semanas exaustivas ele não dorme em uma cama que não seja de hotel e passa uma média de seis horas diárias no céu". Porém, Schlappig não se considera um nômade. "No momento que ele sente o cheiro do ambiente sem ar de uma cabine pressurizada, ele está em casa."

Sua paixão por voar nasceu do sofrimento. Quando tinha apenas três anos de idade, Ben perdeu seu irmão mais velho de quatorze anos. Seu irmão foi um substituto de seu pai, que estava sempre ausente, mas agora até ele havia ido embora. Ben estava destruído. Acabou sendo expulso da pré-escola porque não parava de gritar. "Nos piores dias, sua mãe, Barbara, fazia a única coisa que parecia acalmar o filho. Eles dirigiam até o aeroporto e se sentavam juntos em silêncio, assistindo os aviões decolarem e pousarem." O que ele está buscando, lá no ar?

Schlappig se tornou um mestre no jogo de transformar milhas aéreas em moeda, ampliando o retorno do investimento como um gerente de fundos de cobertura de Wall Street. Ele se destacou, reuniu uma base de fãs em seu blog e se tornou milionário. Conhecido em todo o mundo, Schlappig é bem recebido pelos comissários de bordo e é próximo dos anfitriões das salas de espera de primeira classe. Mas Wofford aponta uma ausência reveladora: "Seus relatórios de voo mostram, foto após foto, que ele está totalmente desprovido de companhia humana: salões vazios, cardápios de primeira classe e travesseiros de cetim bordados são símbolos inanimados de uma existência cinco estrelas". Mas ele está vencendo.

---

[12] Ben Wofford, "Up in the Air", *Rolling Stone*, 20 de julho de 2015, https://www.rollingstone.com/culture/culture-news/up-in-the-air-meet-the-man-who-flies-around-the-world-for-free-43961. As citações dessa seção vêm desse artigo.

"Schlappig insiste repetidamente que sua vida pode continuar para sempre assim. Mas anuncia também, verdadeiramente, que deseja se estabelecer um dia." Ele se lembra de forma saudosa das cenas que testemunhou no Aeroporto Internacional Indira Gandhi, de Délhi: "Você vê uma família inteira de vinte pessoas pegando alguém no aeroporto. Pessoas com cartazes, balões, flores. Há algo bonito nisso". Mas, é claro, essas saudações acontecem sempre quando as pessoas são bem-vindas em *casa*.

"'O mundo é tão grande que posso continuar correndo', Schlappig declara. 'Ao mesmo tempo, isso faz você perceber que o mundo é tão pequeno.' Depois de uma longa pausa, ele continua: 'Desejo o que não posso ter e não há nada gratificante nisso [...] Mas ainda gostaria de pensar que sou uma pessoa razoavelmente feliz'. Ele sorri. 'Apesar de tudo'".

A AMBIÇÃO TROUXE Agostinho a Milão, mas foi a conquista que o atormentou. A Milão de Agostinho não é tão diferente da Milão contemporânea. Ou de Londres, Nova York ou Washington, aliás. As cidades de nossa ambição são eternas. São sempre lugares para sermos vistos. Se, nos dias de Agostinho, o objetivo era ser percebido pelo imperador e flagrado esfregando os ombros na corte, a Milão contemporânea não é tão diferente. Como capital da moda e do design, é o lugar que envolve as pessoas de maneira que elas sejam notadas e invejadas. O "bloco de ouro" do distrito da moda é apenas o posto avançado mais recente de nossa arena. A Torre Pirelli é uma manifestação de ambição arquitetônica, rivalizando com a catedral como o centro da cidade. Nesse sentido, os filmes proféticos de Pier Paolo Pasolini, crítico do consumismo da Milão pós-industrial, são quase versões atualizadas de *Confissões*. John Foot resume: "Todos os valores culturais profundos das classes populares foram reduzidos a um modelo cultural: decidir entre sonhar com uma Ferrari ou um Porsche [...] com a pretensão de ser 'livre'".[13]

---

[13] John Foot, *Milan Since the Miracle: City, Culture and Identity* (Oxford: Berg, 2001), p. 21.

Como eles dizem, *plus ça change*. Cada época tem sua própria Milão — os densos centros de nossos desejos e que reúnem ainda mais pessoas para nos ver, as arenas urbanas da atenção. Se parecemos ansiosos para sair das províncias, em grande parte é porque não há ninguém para nos ver em nossas pequenas cidades solitárias.

Agostinho chega a Milão com esse tipo de ambição: "Desejava honras, dinheiro e casamento" — casamento como outro meio de garantir dinheiro — "e tu riste de mim. Por essas ambições, sofri as dificuldades mais amargas. Isso foi por tua misericórdia".[14] A dificuldade não nasceu do fracasso, mas do sucesso. Ele não estava infeliz por não ter conseguido, e sim por onde "conseguiu". E estava com cada vez menos vontade de fingir o contrário.

A consciência de sua própria infelicidade veio à luz no dia de uma de suas conquistas mais esperadas: quando fez um panegírico ao imperador — um discurso público elogioso transmitido por todas as redes, digamos assim. Ele estava muito longe de Tagaste. E conseguiu. Sua mãe não poderia estar mais orgulhosa.

"Como eu estava infeliz!", ele recorda. "A ansiedade da ocasião estava fazendo meu coração palpitar." Enquanto caminhava pelas ruas de Milão antes do evento, suando e passando mal do estômago de tanta preocupação, ele passou por um pedinte na rua. "Acredito que ele já estava bêbado, pois brincava e ria." No dia em que realiza um sonho que acalentou a vida toda, Agostinho é interrompido ao se dar conta de que: "Em todas as nossas ações, como aquelas que me preocupavam, os aguilhões da ambição me levaram a arrastar comigo o fardo da minha infelicidade para torná-la ainda pior. No entanto, não tínhamos outro objetivo além de alcançar uma alegria tranquila. Esse pedinte já havia chegado lá antes de nós e talvez nunca a conquistaríamos."[15] Há o mendigo, um "fracassado", rindo pela manhã, enquanto Agostinho, um "sucesso", é torturado pela ansiedade. "Ele não tinha preocupações. Eu estava muito exaltado." Ele lembra que é engraçado como escolhemos a ansiedade e o medo em vez da simplicidade e da alegria. É como se pensássemos que nossa ambição frenética trará alegria.

---

[14] *Confessions* 6.6.9 (trad. Chadwick, p. 97).
[15] *Confessions* 6.6.9 (trad. Chadwick, p. 97).

Às vezes, Agostinho e seus amigos pensavam: "Que tudo isso vá para o inferno!"[16] Havia uma suspeita filosófica entre eles. Estavam começando a se preocupar com coisas diferentes. Os mais cultos acolheram Ambrósio e até consideraram o cristianismo. Assim como os rapazes da fraternidade de Dartmouth que foram para Wall Street ou K Street, mas são amigos de um estudioso gentil de Platão, havia noites em que pensavam em buscar outras coisas. Uma semente de dúvida foi plantada em seu caminho para o "sucesso". Havia um tipo diferente de ambição borbulhando neles.

Então chegaria a manhã e os velhos hábitos da ambição se reafirmariam sob o disfarce do pragmatismo. Então eles lembrariam um ao outro: "Mas espere".

> Essa questão em si é agradável e tem um pouco da sua própria doçura. Não é simples interromper nossas buscas nessa direção. Seria muito constrangedor voltar a eles. E pense em quanto progresso já houve em relação à nomeação para algum elevado cargo público. O que mais existe para desejar neste mundo? Muitos amigos poderosos nos apoiam. Contanto que dediquemos nosso esforço — muito esforço! — a algo, podemos até receber um governo inferior.[17]

Então Agostinho ouve uma história de outros que realmente recalibram sua bússola de ambição. Ponticiano, também africano, faz uma visita a ele e a seus amigos. Ele percebe uma cópia das cartas de Paulo em cima da mesa de jogos — um pouco como ver uma cópia de *Confissões* de Agostinho em cima de um Xbox, numa fraternidade. Talvez esses jovens sejam mais complicados do que Ponticiano imaginava. Assim, ele lhes conta uma história sobre uma experiência crucial de sua própria vida, de quando ele era um rapaz que morava em Trier, com os mesmos desejos de Agostinho e seus amigos, trabalhando em um segmento especial do governo imperial.[18] Uma manhã, "quando o imperador foi detido por um espetáculo de circo" (indireta lançada!), Ponticia-

---

[16] Agostinho, *Confessions* 6.19, trad. Sarah Ruden (Nova York: Modern Library, 2017), p. 158.
[17] *Confessions* 6.19 (trad. Ruden, p. 159).
[18] Ponticiano trabalhava no setor do governo do imperador que administrava o *cursus publicus*, o sistema de comunicação imperial e suas rotas, os meios de transporte que Agostinho usava para ir de Roma a Milão, graças à sua nomeação imperial.

no e alguns de seus amigos foram passear fora dos muros da cidade. Eles se separaram em duplas, e os outros dois caminharam e encontraram uma casa pequena e humilde que era o lar de alguns monges. Bem recebidos lá dentro, um dos amigos, observando as prateleiras, pegou *A vida de Santo Antão*, uma biografia do monge egípcio escrita por Atanásio. Ele foi imediatamente atraído pelo livro e se sentiu "incendiado".

> De repente, ele se encheu de amor santo e vergonha consciente. Irritado consigo mesmo, voltou os olhos para o amigo e disse: "Imploro que me conte o que esperamos conquistar com todo o nosso esforço. Qual é a nossa meta na vida? Qual é o motivo do nosso serviço no Estado? Podemos esperar uma posição mais alta no palácio do que ser amigos do imperador? E, nesse cargo, o que não é frágil e cheio de perigos? Quantos riscos precisamos correr para alcançar uma posição de risco ainda maior? E quando chegaremos lá? Se eu desejar me tornar amigo de Deus, posso fazê-lo em um instante agora mesmo.[19]

Qual é o nosso objetivo na vida? O que pretendemos quando colocamos em nossa vida alguma aspiração?

O ponto não é *se* temos metas na nossa vida. Nossa existência é como uma flecha em uma corda esticada: será enviada a algum lugar. A questão não é sufocar a ambição ou se "acomodar", como se isso, de alguma maneira, fosse mais virtuoso ou até possível. A alternativa ao desejo desordenado que finalmente surge não é uma letargia santa ou uma passividade piedosa, e sim uma ambição equilibrada que aspira um fim diferente e o faz por diferentes motivos.

Qual é o arco de uma vida cujo desejo é ser amiga de Deus? Que diferença isso faria? Esse jovem lutador já sente uma diferença: essa é a única meta que vem com segurança, com um descanso para a ansiedade de todas as outras ambições, pois todas são frágeis e confusas. A atenção alheia é inconstante. A dominação também é sempre temporária; você não pode vencer para sempre (pergunte a Rocky). A realização é uma deusa que rapidamente vira as costas. No entanto, desejar a amizade com Deus é uma ambição por algo que

---

[19] *Confessions* 8.6.15 (trad. Chadwick, p. 143).

você nunca perderá. É chamar a atenção de alguém que lhe vê e conhece e que nunca deixa de lhe amar. Em poucas palavras, é o oposto da inconstante atenção humana, que é temporal e temperamental. A atenção de Deus não se baseia em seu desempenho. Você não precisa captá-la com sua tela. Ele não é um pai que você precisa chocar para desviar sua atenção do jogo, implorando: "Olhe para mim! Olhe para mim!". O interesse de Deus é um lugar onde você encontra descanso e onde, "no colo do pai", como Agostinho mais tarde coloca, você não precisa se preocupar em chamar a atenção de mais ninguém.[20] Pode simplesmente descansar.

No fim de seu livro emocionante de memórias, Andre Agassi relembra uma cena que aconteceu antes de sua última partida profissional no US Open de 2006. A história é de ambição imposta e de uma vida de alienação de seu pai, que o obrigou a jogar tênis. Agora, prestes a se aposentar:

> Estou mancando pelo saguão do Four Seasons na manhã seguinte, quando um homem aparece repentinamente e agarra meu braço.
> — Desista! — ele diz.
> — O quê?
> É o meu pai ou um fantasma do meu pai. Ele parece cinzento, como quem que não dorme há semanas.
> — Papai? Do que você está falando?
> — Simplesmente desista. Vá para casa. Você já conseguiu. Acabou.[21]

Nossa cultura de ambição tem somente duas opções: vencer ou desistir. Mas talvez nosso desejo de vencer seja uma fome de ser notado, talvez até uma fome desarticulada que dure a vida toda de ser percebido por um pai, para ouvi-lo dizer: "Muito bem. Você conseguiu".

Mas não é por isso que ele ama você. Você não precisa vencer, mas também não pode desistir, só deve parar de agir e de imaginar que seu amor é

---

[20] Sobre o "colo do pai" cf. *Homilies on the Gospel of John* 3.17, in *Homilies on the Gospel of John* 1-40, trad. Edmund Hill, OP, ed. Allan D. Fitzgerald, OSA, *The works of Saint Augustine* III/12 (Hyde Park, NY: New City, 2009), p. 80.

[21] Andre Agassi, *Open: An Autobiography* (New York: Knopf, 2009), p. 375. [No Brasil, *Agassi: uma autobiografia* (Rio de Janeiro: Intrínseca, 2019)].

conquistado. Você pode descansar, mas não precisa sair, só tem que mudar a motivação do seu jogo.

MAS É CLARO que você não pode mudar seu jogo da noite para o dia. Os hábitos de dominação sedutora possuem raízes profundas e, muitas vezes, nossas tentativas de nos livrarmos delas, mesmo com a graça do Espírito, não parecem arrancá-las. Elas continuam brotando.

Um dos motivos pelos quais mais amo Agostinho é sua honestidade sobre suas lutas contínuas com a ambição e o orgulho único que se alimentam de ser notados e de receber elogios. O lado sombrio da ambição é um companheiro constante da aspiração reordenada nesta vida mortal. Blaise Pascal, um agostiniano posterior, usou o tipo de autoconhecimento para dar nome a isso. "A vaidade está tão ancorada no coração humano", ele observou, "que um soldado, um cadete, um cozinheiro e um porteiro da cozinha se vangloriam e desejam ter admiradores. Até os filósofos os querem, e aqueles que escrevem contra eles querem o prestígio de ter escrito bem, e aqueles que os leem querem o prestígio de tê-los lido, e eu, escrevendo isso, talvez tenha esse desejo, bem como aqueles que lerão isso...".[22]

Esse é o tipo de dúvidas pessoais que aborreceria quem ousasse escrever algo como *Confissões*. Ele admite. O risco de autoengrandecimento é uma preocupação constante para Agostinho.[23] É por isso que, no livro 10, a virada do passado para o presente é estranhamente encorajadora, pois aqui temos o bispo Agostinho confessando suas lutas e tentações contínuas — seu amor ainda se apaixonando por ouro de tolo, seu objetivo ainda instável, enquanto ele está se preparando para alvos terrestres.

Meditando sobre a ordem de João de evitar amores mundanos — "a cobiça da carne, a cobiça dos olhos e a ostentação dos bens, que não provêm do Pai,

---

[22] Blaise Pascal, *Pensées and Other Writings*, trad. Honor Levi (Oxford: Oxford University Press, 1995), §520, p. 124. [No Brasil, *Pensamentos* (São Paulo: Edipro, 2019)].
[23] Cf., por exemplo, *Confessions* 10.3.3.

mas do mundo [*ambitio saeculi* na Vulgata de Agostinho]" (1João 2:16) —, o bispo Agostinho confessa que ainda tem a tendência de cair na terceira tentação: o "desejo de ser temido ou amado pelas pessoas sem motivo algum além da alegria que tem origem nesse poder, que [agora ele percebe] não é alegria de forma nenhuma. É uma vida miserável". É o tipo de vida que lhe esvazia, sugando cada grama de sua energia para a superfície a fim de manter o verniz que chama a atenção. De fato, nessa idolatria, somos propensos a nos tornar os ídolos: "Torna-se nosso prazer ser amado e temido não em razão de ti, mas em vez de ti".[24] Tornamo-nos pequenos deuses, mesmo sendo vítimas da mentira de que a atenção dos outros nos fará felizes.

Se o cristão ainda é inclinado a isso, quanto mais é o padre ou pastor — um papel requer um tipo de publicidade, um papel que exige que ele ou ela seja visto(a), ouvido(a) e exerça influência? Mas Agostinho não está disposto a se dar a tranquilidade de simplesmente se desculpar da liderança para evitar essa tentação, como se a forma de evitar o lado sombrio da ambição fosse renegando a excelência ou o poder que vem da influência pública. "Se mantivermos certos cargos na sociedade humana, será necessário sermos amados e temidos pelas pessoas." Abandonar a posição para evitar a tentação é em si um pecado de irresponsabilidade, uma evasão como a de Jonas ao chamado na vida de alguém. Agostinho aponta que o segredo é desejar o ofício de alguém e sua excelência nele, sem deixar que elogios pelo seu desempenho sejam o objetivo principal da sua ambição. "Sê nossa glória", ele ora. "Que sejamos amados por tua causa." E se nossa excelência na busca do chamado de Deus em nossa vida gerar elogios proverbiais dos homens, que possamos aprender a recebê-los como um presente. "Se a admiração é o acompanhamento habitual e correto de uma boa vida e de boas ações, não podemos renunciar a ela mais do que a boa vida que ela acompanha."[25]

O realismo espiritual de Agostinho é representado aqui: o respeitado bispo admite que ainda precisa de louvor e adoração. Nem sempre ele pode ter certeza de que está fazendo a coisa certa pela razão certa. Expondo de forma diferente, ele está bastante confiante de estar fazendo as coisas pelos dois

---

[24] *Confessions* 10.36.59 (trad. Chadwick, p. 213-14).
[25] *Confessions* 10.36.59-10.37.60 (trad. Chadwick, p. 214-15).

motivos ao mesmo tempo. Se você perguntasse a ele: "Você está fazendo isso por Deus ou pela sua própria vaidade?", a resposta de Agostinho seria um "sim" honesto. Na verdade, você pode senti-lo constantemente perguntando a si mesmo: "Por que estou escrevendo essas *Confissões*? O que estou esperando? Busco a atenção de quem?". Se ele estivesse vivo hoje, admitiria todo o tempo que passa postando no Instagram sobre seu próximo livro a ser lançado sobre o tema da humildade. Mas ele se arriscaria, confiante não em sua própria pureza, mas na graça de um Deus, que pode se empenhar da melhor maneira possível, apesar de seus motivos.

Descansar no amor de Deus não esmaga a ambição, e sim a alimenta com um fogo diferente. Não preciso me esforçar para que Deus me ame. Como ele me ama incondicionalmente, sou livre para correr riscos e me lançar às profundezas. Fui liberto para desejar usar meus dons em gratidão, envolvido na missão de Deus pelo bem do mundo. Quando você for encontrado, estará livre para falhar.

SEXO: *Como se conectar*

O que desejo quando quero intimidade?

O famoso (familiar?) filósofo francês Jacques Derrida está sentado em sua sala de estar. Anoitece em Ris-Orangis, o subúrbio parisiense a que ele chama de lar. Derrida parece cansado, mas continua paciente e atento. Amy Ziering Kofman, produtora e diretora do documentário *Derrida*, faz uma pergunta difícil: "Se você assistisse a um documentário sobre um filósofo — Heidegger, ou Kant, ou Hegel —, o que gostaria de ver?".

Após uma longa pausa pensativa, Derrida responde de forma breve e decisiva: "A vida sexual deles".

Kofman é obviamente pega de surpresa, então Derrida explica: "É um assunto sobre o qual eles não falam. Eu adoraria ouvir sobre algo que se recusam a falar. Por que os filósofos se apresentam de maneira assexuada em seu trabalho? Por que apagam a vida particular de suas obras?". O interesse dele não é evasivo (ele esclarece: "Não estou falando de fazer um filme pornô sobre Hegel ou Heidegger"). É uma questão de amor. "Não existe nada mais importante na vida particular do que o amor [...] Quero que falem sobre o papel que o amor cumpre na vida deles."

Algum filósofo fez isso de forma mais categórica, vulnerável ou transparente que Agostinho? Ele não relata apenas suas aventuras passadas; é um bispo que admite seus contínuos sonhos eróticos.[1] E confirmando a hipótese de Derrida, Agostinho conclui que o que estava acontecendo em sua vida sexual, mesmo que de maneira confusa, era realmente baseado no *amor*: "O único desejo que dominava minha busca por prazer era amar e ser amado".[2]

---

[1] Agostinho, *Confessions* 10.30.41-42. [No Brasil, *Confissões* (São Paulo: Paulus, 1997)].
[2] *Confessions* 2.2.2, trad. Henry Chadwick (Oxford: Oxford University Press, 1991), p. 24.

Há traços de eufemismo aqui, bem como talvez um pouco de sublimação (mesmo sendo quinze séculos antes de Freud) — um hábil desvio que é o conteúdo dos filmes de Woody Allen. Embora Derrida estivesse procurando um filósofo disposto a falar sobre sua vida sexual, ele poderia ter reclamado que Agostinho passou um pouco do ponto. Ele poderia ter deixado mais para a imaginação.[3]

Mas o que poderíamos aprender sobre o sexo com o chamado "inventor" do pecado original, esse repreensor do celibato e antigo misógino?[4] Libertos da repressão, o que poderíamos aprender com um monge?

Sem dúvida, viajar com Agostinho nessas questões é como uma viagem estranha até a casa dos avós com um tio-avô que você mal conhece. Depois de uma hora de percurso, você percebe que ele tem opiniões que lhe parecem obscuras e até revoltantes. Ele parece irrelevante para o mundo em que você vive. Porém, cerca de quatro horas de viagem, ele deixa escapar um *insight* que você nunca considerou e que inexplicavelmente deixa o mundo caótico e leva você a quase odiar o fato de estar repensando as coisas. Há algo de esquisito nas metáforas cafonas dele: dizem respeito à sua experiência. Você entende que ele também já foi jovem e que o mundo dele não é tão diferente do seu. Após seis horas, depois de discutir e vociferar com ele, sabedor de todos os seus enganos, você ouve, na opinião dele, os sinais de uma alma que sabe algo sobre decepção e consequentemente sobre felicidade por causa disso. Quando você chega ao chalé, na felicidade do entardecer do verão, com sua grande família animada à beira do lago e gargalhando nas cadeiras do acampamento, você agradece ao seu tio-avô por ter mais que uma viagem.

---

[3] Quando Kofman pergunta a Derrida: "Você gostaria que as pessoas lhe fizessem essa pergunta?", ele fica mais relutante: "Eu nunca disse que responderia a esse questionamento". Mas como ele aponta, não é como se seus livros não incluíssem esses temas. Na verdade, ele fala bastante sobre o assunto em "*Circumfession*" (em Geoffrey Bennington e Jacques Derrida, *Jacques Derrida* [Chicago: University of Chicago Press, 1999]), a mesma obra em que ele acompanha Agostinho. [No Brasil, "Circonfissão", em *Jacques Derrida* (Rio de Janeiro: Jorge Zahar, 1996)].

[4] Para uma análise aberta desse tipo de crítica e caricatura de Agostinho, cf. *Feminist Interpretations of Augustine*, ed. Judith Chelius Stark (University Park: Pennsylvania State University Press, 2007).

Tenho minhas próprias discordâncias e frustrações com Agostinho em relação a esse assunto. Ainda me lembro do momento em que nossas diferenças profundas vieram à tona — e por que viajar com ele nem sempre é o mesmo que concordar com ele. Enquanto doutorando da Universidade Villanova, investigando as dívidas de Heidegger com Agostinho, tive a oportunidade de aprender com o padre Robert Dodaro, pesquisador agostiniano, então presidente do Instituto Patrístico Augustinianum em Roma. O padre Dodaro ministrou cursos de verão em Villanova, que foram grande parte do meu mergulho na bolsa de estudos patrística de Agostinho. Foi tal padre quem me ensinou a ler os sermões e as cartas, não somente os tratados. Então, enquanto me preparava para o meu ano de dissertação, criamos um plano para que eu passasse o ano em Roma, com minha família, estudando no Augustinianum. Comecei a solicitar fundos e a organizar a logística. Lembro-me de uma visita fascinante à embaixada italiana South Philadelphia, onde todos os agentes estavam protegidos por vidro grosso à prova de balas, e foi como se sombras de filmes de Scorsese invadissem minha imaginação. A burocracia foi trabalhosa e quase me fez desistir.

Mas outra surpresa foi o que viria a desviar o plano. Ainda me lembro da tarde em que Deanna chegou à casa do trabalho e me contou: "Estou grávida". Seria o nosso quarto filho, e imediatamente soubemos que isso significava que Roma estava fora de cogitação. Porém, nós dois estávamos perfeitamente bem com isso, gratos e animados por essa expansão tão inesperada de nossa crescente família.

Naquela primavera, o padre Dodaro estava de volta à Filadélfia para uma conferência em Villanova, então pude lhe contar as notícias pessoalmente. Pedi desculpas e disse que não poderia passar o ano no Augustinianum porque tínhamos acabado de saber que esperávamos nosso quarto filho. Lembro-me de seus olhos se arregalando, embora com um leve sorriso que mostrava sua própria avaliação daquele contexto. Os mundos estavam colidindo: o estudioso agostiniano celibatário e o jovem protestante "fértil". É como se eu provasse que Agostinho estava certo: sexo, casamento e as "questões do mundo" distraem a atenção dos bens maiores. Meu apreço e de minha esposa pelo prazer físico e um pelo outro estavam roubando a oportunidade de me concentrar nos assuntos da mente.

Não me arrependi de nada. Não dei espaço a nenhum complexo de inferioridade. Atendi a um chamado e foi Agostinho quem me ensinou a ouvir atentamente o choro inesperado das crianças.[5]

Às vezes, aprender com Agostinho significa desconstruí-lo. Já estávamos na estrada há tempo suficiente para reunir coragem para destacar alguns de seus erros. Mas ao longo do caminho desde então, continuei a apreciar o quanto esse sacerdote celibatário tinha para me ensinar sobre sexo.

O QUE QUEREMOS quando desejamos fazer sexo? De maneira mais crua: o que esperamos quando imaginamos que a felicidade parece estar ligada a praticar o máximo de sexo possível? Em que história entramos quando acreditamos em uma narrativa dominante que nos diz que a satisfação está relacionada à multiplicação de orgasmos? Como é viver nessa história?

O apetite sexual vem naturalmente e tem seu próprio complexo de desejos nele embutidos. Desejamos uma intimidade que ofusque os limites entre amante e amado. Queremos nos entregar e nos perder em um emaranhado de membros e dobras, falar do nosso amor em línguas, e assim por diante.[6] Ao mesmo tempo, é uma fome que precisa ser satisfeita. Nosso "eu" tem o maior interesse, pois busca a excitação das terminações nervosas que costumam ficar adormecidas em nossa vida diária. Ansiamos pelo alívio, pela exceção, pela explosão que esperamos soltar faíscas no mundo em que vivemos o resto do tempo. O sexo é essa combinação paradoxal de vulnerabilidade e afirmação, em que desistimos de nós e desejamos ainda mais.

Quando Agostinho era um jovem estudante em Madauros, tudo isso foi previsto além do horizonte, como se ele tivesse ouvido rumores de possibilidades que seu corpo já conhecia. A sedução do sexo foi coroada com a aura do desconhecido, do misterioso, como muitas vezes acontece na adolescência,

---

[5] *Confessions* 8.12.29.
[6] Muitas vezes, isso é mais bem realizado na poesia, por exemplo: Michael Donaghy, "Pentecostes" e Heather McHugh, "Coming", ambos em *Joy: 100 Poems*, ed. Christian Wiman (New Haven: Yale University Press, 2017).

levando-nos a derramar nele ainda mais esperança e expectativa. Tal fome estava na água, por assim dizer, e ele nadava como todo mundo. Não era de admirar, então, que "os impulsos borbulhantes da puberdade" se confirmassem.[7] O que ele mais tarde descreveria como uma "luxúria lunática" assumiu o controle. Ela "passou a me dominar depois que me rendi completamente".[8] Da mesma forma, quando sua família finalmente economizou dinheiro para enviá-lo para a universidade em Cartago, "ao meu redor sibilou um caldeirão de amores ilícitos" e Agostinho ficou mais do que feliz em bebê-lo. "Eu me apaixonei pelo amor", ele recorda.[9] Olhando para trás, ele reconhece uma fome que surgiu de certo tipo de jejum. A fome da alma pelo transcendente, o resplandecente e o misterioso foi desviada para o sensual, o físico, o estremecimento reverberante do clímax. O desejo inato de se entregar desistiu de seu corpo. Ignorando a beleza infinita, ele buscou belezas finitas ainda mais. Trocou o cósmico pelo orgástico.

Era capaz de reconhecer o que Leslie Jamison chama de "estreitamento do repertório", que ironicamente vem com expectativas cada vez maiores. Isso ajudou a explicar sua decepção e exaustão. Como a satisfação da fome sexual era realmente uma forma de tentar saciar uma fome mais importante e transcendente, isso significava que ele estava sempre esperando muito, pedindo ao sexo que fizesse algo que ele nunca poderia fazer. E assim, a aura de mistério e deleite que o sexo tinha quando Agostinho chegou às margens da puberdade começou a parecer diferente alguns anos depois, quando vista do outro lado da decepção, através da névoa cansada de um mal-estar por ter esperado mais. A promiscuidade não cumpriu suas promessas.

Essa não é a conclusão de um quadro isolado, o desejo de um celibatário que nunca fez nada em relação a isso ou de um nerd virgem dizendo ao playboy que sexo não é tão importante em algum filme imaginário de John Hughes. Pelo contrário, Agostinho fala "por experiência própria", como dizemos. E sua conclusão, ainda que desvie de uma cultura libertina (como a dele mesmo, podemos acrescentar), não é diferente de outras pessoas que

---

[7] *Confessions* 2.2.2 (trad. Chadwick, p. 24).
[8] *Confessions* 2.4, trad. Sarah Ruden (Nova York: Modern Library, 2017), p. 37.
[9] *Confessions* 3.1.1 (trad. Chadwick, p. 35).

tentaram encontrar algo mais na busca sexual. Inclusive, alguém pode se surpreender com alguns paralelos marcantes entre Agostinho e um contemporâneo como Russell Brand. Tendo conquistado a fama por uma vida de flerte, pela qual ele se tornou mais famoso, Brand olhou novamente para seu apetite sexual quando se libertou de outros vícios em sua vida. Em uma conversa em podcast com Joe Rogan, Brand faz sua própria leitura introspectiva do que ele buscava em sua promiscuidade: "O grande presente da promiscuidade", ele contou a Rogan, "é que você experimenta muita intimidade com todos esses estranhos e parece excitante. E o tipo de sexualidade que sempre tive é mais relacionada a adoração do que a qualquer tipo de dominação. Eu adoro, adoro, sabia?".[10] Esse reconhecimento de um aspecto quase litúrgico do desejo sexual não surpreenderia Agostinho. Mas como Brand continua questionando: Quem estou adorando nisso? A que estou me entregando? Isso é devoção ou um sacrifício?

Brand confessa o isolamento que vivenciou nessa busca. Ele declara que você conquista "todas essas experiências e encontros maravilhosos, mas [...] por dentro, esse tipo de solidão contínua, não ignorável". Quando ele não pode mais ignorar, começa a ser honesto ao analisar o que está ganhando com isso:

> Além de tudo, é isso que acontece quando você faz o que sua cultura diz que deveria estar fazendo e experimenta essas coisas agora que sabe que pode parar de tentar alcançar o inalcançável, pois já deu uma mordida nela e a sensação é de "espere um minuto: isso é bobagem". É difícil entender, porque qualquer coisa que leve a um orgasmo ao final traz certo grau de prazer. Mas leva um tempo para reconhecer o custo emocional em mim, o custo espiritual em outras pessoas, o fato de isso estar me impedindo de ser pai, marido, de me estabelecer, de criar raízes, de ser realmente inteiro, de me tornar um homem, de me conectar. Demora um tempo até descobrir isso. Acredito que muitas pessoas não têm a oportunidade de romper esse padrão. Eu jamais teria percebido se não tivesse sido viciado em heroína e dissesse: "Espere um minuto, você está fazendo aquilo de novo". O mesmo vale para a fama e o culto às

---

[10] "Joe Rogan Experience #1021—Russell Brand", YouTube, 5 de outubro de 2017, https://youtu.be/iZPH6r_ZDvM. As citações desse parágrafo foram extraídas desse podcast.

celebridades [...]. Como tive o modelo e as experiências: "Ó, isso é um vício. Você espera que faça você se sentir melhor".

Como todos os nossos vícios, a promiscuidade não oferece o que pedimos dela.

A DOR É o meio que o corpo usa para nos mandar parar, diminuir a velocidade, resolver um problema. A frustração, a tristeza e a mágoa são as dores de uma vida que corre contra a maré. O que é tanto triste quanto infinitamente hábil de modo diabólico é a dimensão em que podemos negar a dor, reprimi-la com explicações e racionalizações, silenciá-la com música mais alta e mais parceiros. Somos mestres da dissimulação. Podemos interpretar quase tudo como se fosse prazeroso para nos convencer a sermos felizes. Somos grandes fingidores.

Esses superpoderes do autoengano aumentam quando a sociedade nos diz que a dor é prazer, que nossa decepção é felicidade, que estamos vivendo o sonho. Tirar o imperador de suas roupas é a nova mentira de que todos somos cúmplices, mesmo que isso nos mate, isole e nos deixe mais sozinhos do que nunca. Não meramente compramos a farsa, nós a fornecemos.

Essa dinâmica foi ilustrada em um episódio da série dramática *Succession*, da HBO. A história gira em torno do drama familiar shakespeariano de um império da mídia semelhante ao de Murdoch, presidido pelo patriarca impiedoso e frio, Logan Roy. Um dos agregados do clã é Tom Wamsgans (interpretado maravilhosamente por Matthew Macfadyen). Um homem nascido no meio-oeste que, de alguma maneira, se apaixonou pela filha de Logan, Siobhan ("Shiv"), Tom é constantemente excluído, buscando aprovação, esperando subir a escada dos negócios da família, mas está sempre sentindo os irmãos de Shiv pisando nele toda vez que tenta alcançar o próximo degrau. Mas ele é dedicado a Shiv e consegue convencê-la a se casar com ele.

Sua despedida de solteiro foi o tema de um episódio triste e sombrio, apesar do brilho e das luzes da boate. Roman Roy, que não se importava nem um pouco com Tom, assumiu a organização, principalmente como canal para um acordo comercial. Sua equipe é levada para o submundo de Nova York, para um clube sexual exclusivo, com sombras das histórias que saíram do Vale do Silício nos últimos tempos.[11] Levando o ritual da despedida de solteiro para outro nível, o clube é uma Disneylândia da luxúria, onde o sonho de todo homem pode se tornar realidade. Percebe-se facilmente que Tom está tentando se convencer a comprar essa história, tornando esse sonho seu. Ele diz a si mesmo: se é isso que todo mundo sonha, então olhe para mim, sou o cara mais sortudo do mundo. Mas você não acredita nele e sabe que nem ele acredita em si, independentemente de quantas vezes continue dizendo a si mesmo, em voz alta, várias e várias vezes. Na verdade, ele não para de chamar Siobhan, assegurando-a, precisando dela, desejando ouvir sua voz, querendo que ela lhe diga o que ele *não* pode fazer, até porque ele realmente não quer de qualquer forma.[12] Mas Shiv simplesmente autoriza tudo. Os rituais da despedida de solteiro são sacrossantos; o bezerro ritualístico deve ser sacrificado ao deus do prazer.

Quando ele finalmente sente que precisa se afundar na perversão, dirige-se ao seu futuro primo, relata o ato sexual repugnante em que acabou de se envolver e continua dizendo a todos, mas de forma pouco convincente: "Foi tão sexy!" Quando vê Shiv na manhã seguinte, ele sente vergonha de beijá-la com a boca que usou na noite passada.

Agostinho conta que houve um sofrimento que acompanhou seus prazeres e que durante muito tempo ele o ignorou. Mas "tu sempre estiveste comigo", ele diz, olhando para trás, "castigando-me misericordiosamente, tocando todos os meus prazeres ilícitos com amargura".[13] Sintonizar-se com essa dor foi como uma primeira revelação, um incentivo que lhe dava permissão para dizer como Brand: "Espere um minuto: isso é bobagem!".

---

[11] Emily Chang, "Oh my God, This Is So Fucked up': Inside Silicon Valley's Secretive, Orgiastic Dark Side", *Vanity Fair*, fevereiro de 2018, https://www.vanityfair.com/news/2018/01/brotopia-silicon-valley-secretive-orgiastic-inner-sanctum. Esse artigo é uma adaptação de Emily Chang, *Brotopia: Breaking up the Boys' Club of Silicon Valley* (Nova York: Portfolio, 2018).
[12] Vale lembrar o grito silencioso de Agostinho: "Se ao menos alguém pudesse ter imposto restrições no meu caos!". *Confessions* 2.2.3 (trad. Chadwick, p. 25).
[13] *Confessions* 2.2.4 (trad. Chadwick, p. 25).

O que Agostinho nos oferece é uma lente nova e estranha para olharmos com cuidado para a história pela qual fomos atraídos. É como o relato de vício de Brand, mas ele mergulha ainda mais fundo em um diagnóstico espiritual. Não é apenas por eu ser viciado e precisar de uma mudança ou de depender excessivamente de estímulos externos para tentar conquistar a felicidade (e, portanto, ser condenado à decepção por causa da lei do retorno decrescente).[14] Isso tudo pode ser verdade e, mesmo assim, um diagnóstico incorreto do que realmente está acontecendo se não reconhecermos que a insaciabilidade da minha fome não é uma leve falha, e sim uma característica — um sinal de que desejo algo infinito. O fato de almejar mais não é o problema, e sim onde eu continuo procurando.

Agostinho nos convida a olhar para a nossa promiscuidade pelas lentes da idolatria, não para nos induzir à vergonha, mas para mostrar a profundidade da fome e o significado da sua desordem. O problema não é o sexo, e sim o que espero dele. A dificuldade com a promiscuidade não é (só) que ela transgride a lei ou que mastiga as pessoas e as cospe como se fossem sobras. Não é simplesmente o fato de que me esvazia e me reduz a meus órgãos e glândulas, como uma forma pervertida de alimentar a fome da alma. A questão básica da promiscuidade é que ela não funciona e está fadada ao fracasso. Agostinho finalmente ouviu a senhora Continência falando. "Você não pode chegar lá partindo daqui". E a essa altura, depois de dizer a si mesmo por anos que "isso é tão sexy", Agostinho está pronto para ouvir. O falatório incessante de seus lombos e o constante incentivo aos seus velhos hábitos "colocam agora a questão sem o menor entusiasmo". O volume dessas paixões havia diminuído o suficiente para que ele pudesse ouvir outra voz: a dos "dignos e da casta senhora Continência, serena e alegre, sem bebida, seduzindo-me de forma honrosa a vir e a não hesitar".[15] Exausto por suas buscas, Agostinho tinha uma tendência a ser atraído por uma direção diferente de seus amores. A restrição parecia uma libertação da busca desenfreada em que ele estava. Se a fome da alma que tentava se deliciar com o que é passageiro pudesse ser alimentada

---

[14] No entanto, as "Confissões" do próprio Brand pagam a leitura. Cf. Russell Brand, *Recovery: Freedom From Our Addictions* (Nova York: Henry Holt, 2017).
[15] *Confessions* 8.11.27 (trad. Chadwick, p. 151).

pelo eterno, então suas expectativas não seriam continuamente frustradas. Ele estava sendo seduzido pela castidade.

Porém, a promiscuidade não é sinônimo de sexo. Como tudo, os bens criativos são dons quando desfrutados da maneira correta. Quando paro de olhar para algum aspecto da criação finita para alimentar a fome pelo infinito, não preciso rejeitar ou odiar a criação. Pelo contrário, de certa forma, recebo de volta como um presente, como algo a ser desfrutado (com "d" minúsculo) como uma maneira de Desfrutar (com "d" maiúsculo) o Criador que o fez. É quando paro de ter tanta expectativa em relação à criação que ela se torna algo que posso segurar com a mão aberta, de modo leve, mas grato.

Se Agostinho corrige demais, é porque seus próprios demônios o levaram a confundir a promiscuidade com o sexo. O resultado é uma tendência a diminuir sua conversão para responder ao chamado do celibato. A luta existencial no jardim se apresenta como uma questão de entender se ele está disposto ou se é capaz de ser celibatário pelo resto de sua vida. Podemos dizer que senhora Continência recebe mais falas que Jesus. A infusão da graça é o dom de que ele precisava para dar o "salto".[16]

Embora ele possa ter superado seus velhos hábitos carnais, seus antigos hábitos mentais persistiram. Às vezes, a visão da sexualidade saudável que Agostinho exalta — priorizando o celibato — parece ser simplesmente uma inversão da promiscuidade e sugere seu fracasso em imaginar um apetite sexual que floresce com o grão de uma boa criação. (Esse privilégio do celibato seria o principal alvo de reforma quando um movimento de renovação agostiniano posterior chamado Reforma Protestante revisitaria a questão.)[17]

---

[16] *Confessions* 8.11.27 (trad. Chadwick, p. 151).
[17] Sobre a Reforma como movimento agostiniano de renovação dentro da Igreja Católica, cf. James K. A. Smith, *Letters to a Young Calvinist* (Grand Rapids: Brazos, 2010), p. 38-41 [no Brasil, *Cartas a um jovem calvinista* (Brasília: Monergismo, 2017)]. Além disso, cf. Charles Taylor, *A Secular Age* (Cambridge, MA: Harvard University Press, 2007 [no Brasil, *Uma era secular* (São Leopoldo, RS: Unisinos, 2010)]), p. 62-66, sobre as duas camadas do cristianismo.

O colapso dos dois — identificando sexo com pecado — é, de certo modo, compreensível. Isso resulta em parte de seus próprios demônios e em parte de uma persistente desvalorização platônica do corpo em voga na época, o que Kyle Harper descreve como os "grandes experimentos ascéticos que são uma característica tão maravilhosa do fim da Idade Antiga", um movimento "que teve origem no deserto e depois se projetou no Mediterrâneo".[18] E é claro que isso também é fruto de um esforço honesto com as Escrituras, com o exemplo de Jesus solteiro e os conselhos do apóstolo Paulo que privilegiam a virgindade e o celibato em 1Coríntios 7. Na leitura da Carta de Paulo aos Coríntios, Agostinho transformou o que era uma prioridade *escatológica* estratégica — "o tempo é curto" (1Coríntios 7:29) — em uma hierarquia metafísica carregada de desprezo biológico. Como resultado, ele se volta para histórias estranhas sobre a procriação no jardim do Éden: a falta de paixão, relações sexuais sem excitação, órgãos genitais copulando como mãos trêmulas. Ele imagina que as partes do corpo simplesmente obedecerão à vontade sem o caos do desejo.[19] Mas isso acaba demonizando a criatura propriamente dita. Até mesmo quando Agostinho defende os bens do matrimônio em um dos primeiros textos, o ritmo que ele recomenda parece leve como o de um mosteiro. Na verdade, em uma discussão posterior, ele castiga Juliano por incentivar os casais a "pularem na cama toda vez que forem dominados pelo desejo, às vezes sem nem mesmo esperar a noite chegar".[20] Não há prazer à tarde na visão de Agostinho do desejo sexual legítimo.

Como Agostinho se sentia menos no controle diante de seus desejos sexuais e por causa de sua recuperação abstêmia, ele confirma uma abordagem de tudo ou nada que reflete um tradicionalismo emergente na época — uma visão que permaneceria, na maior parte do tempo inquestionável, até a Reforma Protestante. Mas podemos objetar a isso e ainda aprender muito com ele.

---

[18] Kyle Harper, *From shame to Sin: The Christian Transformation of Sexual Morality in Late Antiquity* (Cambridge, MA: Harvard University Press, 2013), p. 137. Além disso, cf. Peter Brown, *The body and Society: Men, Women and Sexual Renunciation in Early Christianity*, 2. ed. (Nova York: Columbia University Press, 2008).
[19] Agostinho, *City of God* 14.22-23. [No Brasil, *A cidade de Deus* (Petrópolis: Vozes, 2015)].
[20] Agostinho, *Against Julian* 14.28, citado em Peter Brown, *Augustine of Hippo: A biography* (Berkeley: University of California Press, 1967), p. 393. [No Brasil, *Santo Agostinho: Uma biografia* (Rio de Janeiro: Record, 2005)].

Não deixe que o desacordo sobre o celibato acabe com a oportunidade de ouvir a sabedoria no relato provocador de Agostinho sobre a castidade, que pode ser exatamente o tipo de opinião peculiar sobre sexo que precisamos ouvir.

O que Agostinho nos oferece é uma inclinação ao desapego, um reconhecimento do poder do desejo sexual com uma resistência a deixá-lo *definir* alguém.[21] "Continência" — o termo técnico latino de Agostinho que Sarah Ruden traduz como "autocontrole" — não se refere somente ao celibatário. Na verdade, continência não se aplica apenas ao sexo. Essa palavra diz respeito a um princípio geral de se manter junto em vez de disperso, ter um centro em vez de se dissolver em um milhão de ações famintas.[22] A continência sexual — a castidade — fora do celibato parece um relacionamento que não idolatra o sexo, não deixa que ele nos defina, nem que se torne uma fome que pode nos comer vivos. Em outras palavras, o dom da castidade nos treina para não *precisarmos*. Ele nos concede integridade, independência e iniciativa diante de vários impulsos e fomes.

Enquanto Agostinho destaca a procriação como o fim do sexo, ele abre relutantemente espaço para um tipo de vida sexual reparatória além da procriadora, outro aspecto do seu realismo pastoral.[23] Como ele reconhece em *Dos bens do matrimônio*, os casais "terão relações sexuais além do propósito de gerar filhos". Ele diz que o sexo "não é praticado por causa do casamento, mas perdoado por causa dele". É como "um serviço mútuo de sustentar a fraqueza um do outro".[24] Embora eu resista a essa forma de classificá-lo, posso ver o conselho da sabedoria incorporado no argumento de Agostinho: parte de uma sexualidade saudável se recusará a deixá-lo me consumir. Existe uma liberdade que resulta do fato de não ser escravo da minha libido. Na verdade, também é um dom para o meu parceiro aprender a não precisar, nem

---

[21] Cf. Jenell Williams Paris, *The End of Sexual Identity: Why Sex Is Too Important to Define Who We Are* (Downers Grove, IL: InterVarsity, 2011).
[22] Cf. *Confessions* 6.11.20.
[23] Cf. A discussão de Kyle Harper sobre o "cristianismo pastoral" como um acolhimento gracioso às realidades em que os cristãos se encontravam (*From Shame to Sin*, p. 177-90).
[24] Agostinho, *On the Good of Marriage* 6, in *A Select Library of Nicene and Post-Nicene Fathers of the Christian Church*, vol. 1, ed. Philip Schaff e Henry Wace, 14 vols. (1890-1900; repr., Peabody, MA: Hendrickson, 1994), 3:401. [No Brasil, *Dos bens do matrimônio*, em *Santo Agostinho*, vol. 16 (São Paulo: Paulus, 2014)].

impor uma fome caótica ao nosso relacionamento — uma fome que, mesmo no contexto de um casamento, pode ser (se formos honestos) voraz. Como aponta Joseph Clair: "Ao declarar que são pecaminosos todos os atos conjugais que não têm como objetivo a prole, Agostinho pretende destacar o quão difícil é atingir a intimidade sexual no casamento sem momentos fugazes de egoísmo — seja na forma de autossatisfação ou de domínio".[25]

Tenho pensado muito nisso, pois minha esposa e eu nos empenhamos para navegar pela realidade da menopausa. Ainda me lembro da manhã em que Deanna me explicou, entre lágrimas, sua experiência com essa estação natural da vida de uma mulher — a forma como seu corpo parecia um estranho, rebelde, comportando-se de maneiras que ela não sabia prever e de que não gostava; o modo como ela se ressentia com essa diminuição do desejo, mesmo enquanto lidava com sua realidade química; o modo como ela se preocupava com que isso me frustrasse e corroesse os laços entre nós. Fiquei imediatamente envergonhado de toda a minha socialização como ser sexual masculino e admirado por sua coragem e transparência. Senti-me tocado por sua honestidade e aflito por sua tristeza, enquanto ela lamentava seu próprio corpo e ritmos que viríamos a estimar (o que, confesso a Agostinho, incluía sua porção de prazer à tarde). E naquele momento os conselhos de Agostinho ganharam uma nova relevância para mim, quando percebi que, nessa fase do nosso casamento e da estrada, o tipo de distanciamento que ele incentivava — a recusa de ser dominado pela libido — era exatamente a mensagem que eu precisava ouvir.

Também me parece paradoxal, ou pelo menos surpreendente, que um antigo bispo celibatário possa ter uma percepção que fale diretamente com o nosso momento #MeToo, pois as monstruosidades sistêmicas do desejo sexual masculino são descobertas e nomeadas pelo que são: dominadoras, predatórias, desatentas e abusivas. O mito da realização sexual e da autoexpressão não parece coerente o bastante para refrear os hábitos dos homens lascivos do fim da Idade Moderna (homens que *criamos*, vale lembrar). Talvez sejam os horrores do abuso que nos levem a considerar as virtudes da

---

[25] Joseph Clair, *Discerning the Good in the Letters and Sermons of Augustine* (Oxford: Oxford University Press, 2016), p. 67.

castidade, da monogamia e até do casamento. Como Agostinho coloca em um ponto em *Dos bens do matrimônio*: "Para esse propósito eles são casados, que o desejo de ser submetido a um vínculo legal não deve flutuar livremente sem forma e solto. Tem em si uma fraqueza de carne que não pode ser controlada, mas um companheirismo de fé que não pode ser dissolvido".[26] Esse tema volta diversas vezes na defesa de Agostinho dos bens do matrimônio: a centralidade da amizade e a importância da aliança, ambos encontrando expressão em exclusividade. E se o consentimento não for o suficiente? E se o que estamos buscando for uma aliança? E se apenas o casamento puder nos proteger?[27]

NA VERDADE, AGOSTINHO vivenciou uma espécie de prelúdio do amor reorganizado quando se comprometeu com uma concubina enquanto morava em Cartago. O concubinato não é o que tendemos a projetar nesse relacionamento. Em vez de um tipo de prostituição sofisticada, como podemos pensar, o arranjo reflete a estrutura de classes do dia e a forma como a ambição se infiltrava no sexo. Uma concubina era um tipo de parceira temporária, mas exclusiva, que estaria ali enquanto alguém subia a escada na direção do *status* ou da riqueza, que pudesse então lhe garantir um casamento mais "adequado". Vale destacar que, na época em que Agostinho se comprometeu com uma concubina, o conselho da Igreja determinou que homens solteiros que assumissem tais compromissos estavam aptos para receber a Eucaristia.[28] (Percebe-se também que Mônica geralmente estava satisfeita com essa situação por um tempo, pois alimentava grandes esperanças em relação aos planos

---

[26] *On the Good of Marriage* 5.
[27] Cf. Comentário irônico de Caitlin Flanagan em um artigo: "Dê um passo adiante. E se pedíssemos um compromisso que durasse a vida toda, um documento jurídico vinculativo e a presença de testemunhas na hora de declarar os votos? Poderia dar certo". Flanagan, "Getting 'Consent' for Sex Is Too Low a Bar", New York Times, 18 de julho de 2018, https://www.nytimes.com/2018/07/18/well/getting-consent-por-sexo-é-muito-baixo-a-barra.html.
[28] Cf. Robin Lane Fox, Cf. Robin Lane Fox, *Augustine: Conversions to Confessions* (Nova York: Basic Books, 2015), p. 77.

conjugais de seu filho.)²⁹ "Durante aqueles anos", Agostinho se recorda, "eu tinha uma mulher. Ela não era minha parceira no que é chamado de casamento lícito", ele admite. "No entanto, ela era a única moça para mim e eu era fiel a ela."³⁰

Inclusive, eles chegaram a ter até um filho juntos. O nome dele diz algo sobre a relação deles: Adeodato, um presente de Deus. Ela e o filho viajariam com Agostinho do Mediterrâneo até Roma, seguiriam com ele para Milão, acompanhando-o fielmente em suas ambições. É claro que Agostinho aprendeu algo sobre amizade nesse relacionamento, bem como algo sobre aliança. Na realidade, a profundidade e a intimidade de sua parceria se confirmam no coração partido de Agostinho quando a ambiciosa Mônica finalmente o pressiona a deixá-la por causa de um contrato conjugal mais promissor. "Ela foi 'arrancada' do meu lado", ele recorda. "Meu coração, que estava profundamente ligado ao dela, foi cortado e ferido e deixou um rastro de sangue."³¹ Mas Adeodato, fruto de sua união, presente de Deus, permaneceu. Vemos o filho precoce participando de alguns dos primeiros diálogos que surgiram em uma temporada em Cassicíaco depois da sua conversão. E quando Ambrósio batizasse Agostinho, batizaria também seu filho.

Tanto sua parceira quanto seu filho são apagados dos registros da tradição. Esses companheiros que viajaram com ele para Roma e Milão e permaneceram ao seu lado em seus momentos de ansiedade e luta não aparecem em nenhum lugar na iconografia dos séculos posteriores. Eles estão claramente

---

[29] Para uma visão criativa e novelística dessa relação entre Agostinho e sua concubina, mas também entre sua concubina e Mônica, cf. Suzanne Wolfe, *The Confessions of X* (Nashville: Thomas Nelson, 2016).

[30] *Confessions* 4.2.2 (trad. Chadwick, p. 53). Muito se comentou sobre o fato de Agostinho não citar o nome dessa mulher. Apoio o ponto de vista de Peter Brown (*Augustine of Hippo: A biography* [Berkeley: University of California Press, 1967]), que vê isso um sinal de respeito, uma forma de protegê-la do que seriam os antigos paparazzi que tentariam encontrar questões passadas de um bispo. (Há alguma evidência de que ela morava em um convento não muito longe de Hipona.) Curiosamente, em *Dos bens do matrimônio*, quando Agostinho deprecia exatamente o que ele mesmo havia feito — tomando alguém para si por um tempo, "até encontrar alguém que seja digno de suas honras ou de seus meios" —, ele também faz um tipo de elogio ambíguo à mulher em tal arranjo: "existem muitas matronas de quem ela deve ser a favorita" (p. 5).

[31] *Confessions* 6.15.25 (trad. Chadwick, p. 109). Agostinho imediatamente toma para si outra concubina, o que pode explicar também o motivo pelo qual ele estava tão cansado por ter que "cuidar de" seu desejo sexual no livro 8.

ausentes dos afrescos de Gozzoli em San Gimignano e não são vistos em nenhum lugar naquele navio que enfrentou o Mediterrâneo, nem mesmo na pintura de quando ele sai de Roma. Os argumentos posteriores de Agostinho sobre o celibato acabam reescrevendo a história de modo retroativo.

Mas quem somos nós para desprezar os dons de Deus? Quem é Agostinho para fazer isso e apagar o *datus deo*? E se seguir Agostinho significar discordar dele? A verdade é que, como Agostinho mesmo reconheceria, o mistério principal da fé cristã, a encarnação de Deus, diz algo surpreendente sobre o sexo: "A mesma natureza tinha que ser aceita conforme o necessário para ser liberta. E para que ambos os gêneros não pensassem que estavam sendo ignorados por seu Criador, ele tomou para si um homem e nasceu de uma mulher".[32] Todo santo nasceu do ato de se fazer amor. É quando paramos de idolatrar o sexo que finalmente podemos santificá-lo.

---

[32] *True Religion* 1.16.30, em *On Christian Belief*, trad. Edmund Hill, OP, org. Boniface Ramsey, The works of Saint Augustine I / 8 (Hyde Park, Nova York: New City, 2005), p. 48.

MÃES: *Como ser dependente*

O que desejo quando quero partir?

Se ter ambição significa sair de casa, muitas vezes quer dizer também rejeitar a família. Para muitos, como Gatsby, a ambição exige a eliminação do nome da família e de seu clamor sobre nós. Encontrar e forjar uma identidade significa confirmar nossa independência, romper os laços de dependência em que somos lançados quando crianças. Assim como o pródigo, dizemos aos nossos pais "Gostaria que vocês estivessem mortos", então juntamos tudo o que eles nos dão e vamos embora para criar uma vida que seja "nossa". Nas versões literárias e até hollywoodianas mais antigas dessa história, a reafirmação de nossa independência costuma ser um desafio dirigido ao pai, chegando a ser até violento: o pai como competidor, controlador e guia é o obstáculo à nossa autonomia, o inimigo a ser vencido.

As mães, muitas vezes representadas de maneira caricatural, aparecem de outra forma. De *O complexo Portnoy* a *Lady Bird: A hora de voar*, de *Everybody loves Raymond* a *Gilmore girls*, a mãe precisa ser superada porque seu abraço sufocante é o seu meio de manipulação. Sua presença incha, sobrecarrega e inspira todo o oxigênio que uma pessoa independente precisa respirar. Ela nega nossa autonomia com beijos e rouba nossa autoconfiança com abraços. Consegue nos fazer odiar a nós mesmos por nos ressentirmos dela, o que nos torna ainda mais ressentidos. Um fragmento de conversa em *As correções*, de Jonathan Franzen, é um exemplo sutil de tal poder materno. Enid Lambert, uma mãe do centro-oeste, ansiosa para reunir novamente seus filhotes já crescidos, faz uma pergunta à filha, Denise:

> — De qualquer maneira, pensei que se você e Chip estivessem interessados, poderíamos todos ter um último Natal em Saint Judge. O que você pensa dessa ideia? — perguntou.
>
> — Estarei onde você e o papai quiserem — respondeu Denise.

— Não, estou perguntando a *você*. Quero saber se é algo que você tem um interesse especial em fazer. Se você gostaria de ter um último Natal na casa em que cresceu. É algo que poderia ser divertido para você?

— O que posso lhe dizer agora é que não há como Caroline deixar a Filadélfia. É devaneio pensar o contrário. Então se você desejar ver seus netos, terá de ir para o leste.

— Denise, estou perguntando o que *você* quer. Gary diz que ele e Caroline não descartaram essa possibilidade. Preciso saber se um Natal em Saint Judge é algo que você realmente, realmente quer para *você*.[1]

Pais você pode deixar para trás, mas o alcance das mães transcende a geografia e a cronologia. Sair de casa e crescer nunca parece ser o bastante. A independência é uma afronta que as mães não são capazes de aceitar. Vimos tantas vezes esse cordão umbilical preso, tão desejoso de se soltar para alcançar a nós mesmos, nossa independência, e logo depois senti-lo se esticar novamente, surpresos ao descobrir que o mesmo está nos puxando.

As mães parecem lançar um feitiço único sobre os filósofos do norte da África, assombrando-os e perseguindo-os por muito tempo depois de atravessarem o Mediterrâneo. Albert Camus, autor de *O homem revoltado*, correu para a casa de sua mãe na Argélia quando ela quebrou a perna, apesar do ardor literário em Paris em volta de seu novo livro. Em sua escrivaninha, ele tinha fotos de Tolstói, Nietzsche e sua mãe.[2] O afeto por sua mãe influenciou suas posições políticas e filosóficas a ponto que o fizeram ser condenado na Paris pós-guerra. Quando foi para Estocolmo receber o Prêmio Nobel, Camus foi alvo de gritos de um manifestante argelino, que o culpava por deixar de defender a independência da Argélia. Quando finalmente teve a oportunidade de explicar por que se distanciou da Frente Nacional para a Libertação, Camus comentou: "Preciso condenar um terrorismo que opera cegamente

---

[1] Jonathan Franzen, *The Corrections* (Nova York: Farrar, Straus and Giroux, 2001), p. 75-6. [No Brasil, *As correções* (São Paulo: Companhia das Letras, 2011)].

[2] Relatado em Olivier Todd, *Albert Camus: A Life* (Nova York: Knopf, 1997), p. 305-6, 359 [no Brasil, *Albert Camus: Uma vida* (Rio de Janeiro: Record, 1998)]. Talvez o argumento de Camus sobre um relato "mediterrâneo" da liberdade, no final de *O homem revoltado*, indique por que a liberdade não é sinônimo de independência e por que o amor de uma mãe não tira a identidade da pessoa, e sim a concede.

nas ruas de Argel e um dia poderá atacar minha mãe e minha família. Acredito na justiça, mas defenderei minha mãe antes da justiça".[3] E no tumulto das críticas que se seguiram, Camus continuou a optar por sua mãe. Quando ele morreu em um acidente de carro a sudeste de Paris, dentro de sua mala foi encontrado o manuscrito inacabado de seu último romance, *Le premier homme* (O primeiro homem). Na primeira página havia uma dedicatória à sua mãe: "Para você, que nunca pode ler este livro".

Quando Jacques Derrida escreveu sua *Circumfession* [Circonfissão], mostrou sua solidariedade ao seu colega norte-africano Agostinho, não em termos de geografia ou teologia, mas por terem ambos relacionamentos orientadores com suas mães. "O que essas duas mulheres tinham em comum", Derrida notou, "era o fato de que Santa Mônica, o nome do lugar na Califórnia perto do qual estou escrevendo, também terminou seus dias, assim como minha mãe, do outro lado do Mediterrâneo, longe de sua terra natal, no caso dela no cemitério de Nice".[4] Enquanto ele escreve, sua mãe, Georgette, já havia perdido a memória, a maior parte do idioma e a capacidade de nomear o que era tão querido por ele. "Estou escrevendo em um momento em que minha mãe já não me reconhece mais", ele admite, "e no qual, embora ainda consiga falar e se articular um pouco, ela não me chama mais, portanto, pelo resto da vida dela, não tenho mais nome".[5] Em um de seus últimos momentos de coerência, Georgette diz: "Eu tenho uma dor em minha mãe" — "como se ela estivesse falando *por* mim", ele recorda, imaginando se no final, "estou escrevendo *para* minha mãe".[6]

"Tenho uma dor em minha mãe." Agostinho se identificaria. Mas esse sofrimento pode ser um sintoma de uma questão mais profunda — o desafio de negociar uma identidade sem eliminar a dependência que nos torna humanos. As mães são um lembrete de ambos, e é por isso que muitas vezes fornecem um contraponto.

---

[3] Todd, *Albert Camus: A Life*, p. 378. Posteriormente, um jornalista afirmou que Camus teria dito: "Se isso (o terrorismo) é a justiça de vocês, então prefiro minha mãe à justiça" (p. 379).
[4] Derrida, "*Circumfession*", em Geoffrey Bennington e Jacques Derrida, Jacques Derrida (Chicago: University of Chicago Press, 1999), p. 19. [No Brasil, "Circonfissão", em *Jacques Derrida* (Rio de Janeiro: Jorge Zahar, 1996)].
[5] Derrida, "*Circumfession*", p. 22.
[6] Derrida, "*Circumfession*", p. 23, 25.

FIGURAS

FIGURA 1

"A morte de Mônica" (acima) | "Agostinho partindo para Milão" (abaixo)
Afresco por Benozzo Gozzoli (Chiostro di Sant'Agostino, San Gimignano, Itália)

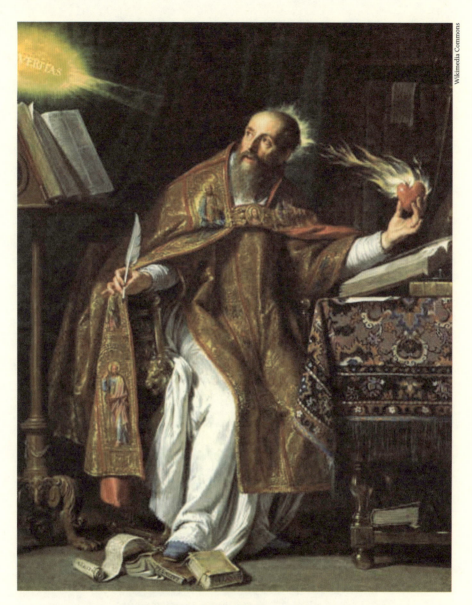

FIGURA 2

Philippe de Champaigne, *Santo Agostinho*
França, c. 1645-1650, no Los Angeles County Museum of Art

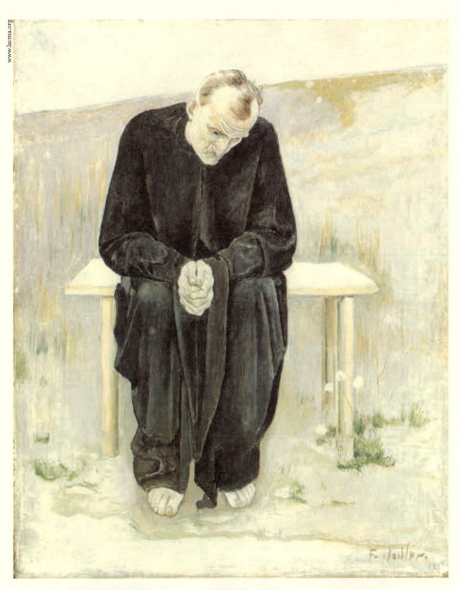

FIGURA 3

Ferdinand Hodler, *O desiludido*

Suíça, 1892, no Los Angeles County Museum of Art

FIGURA 4

Cristograma de Santo Ambrósio, Catedral de Milão

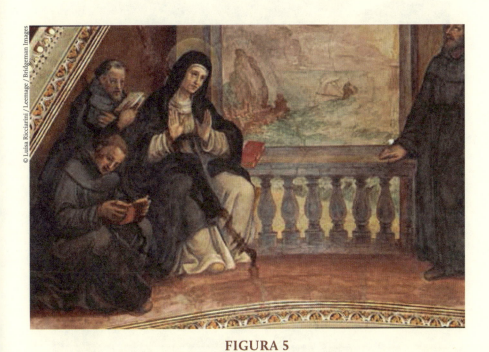

FIGURA 5
"Vida de Mônica" (1585)
Afresco de teto por Giovanni Battista Ricci (Chiesa di Sant'Agostino, capela de Santa Mônica)

FIGURA 6
"Santo Agostinho lendo uma epístola de São Paulo"
Afresco por Benozzo Gozzoli (Chiostro di Sant'Agostino, San Gimignano, Itália)

O que Agostinho via em sua mãe? Isso depende a qual Agostinho você perguntar.

O jovem Agostinho é ambíguo, resistente, talvez até ressentido. Quando era um rapaz ansioso para deixar sua marca e criar seu próprio território de identidade, sua mãe, Mônica, era uma força onipresente que impôs seu próprio caminho de vida a ele, organizando eventos para se adequar ao que ela havia planejado. Agostinho não gosta de desempenhar o papel de fantoche em seus planos. Mesmo se ele desejar as mesmas coisas que ela deseja para ele, como qualquer pessoa que está entrando na fase adulta, ele quer tomar suas próprias decisões, estabelecer suas atividades diante de quem o colocou no mundo. Encontrar a liberdade de alguém é uma dança estranha: o próprio poder de escolha é *dado* — "presenteado", poderia-se dizer — mas sua concretização exige uma recusa desse *status*. A mãe dá à luz ao filho, que se torna adulto, vivendo como se ele se materializasse como *ex nihilo*. Assim, os desígnios da mãe se contrapõem não tanto aos seus próprios objetivos, mas a seu senso de controle deles. (Podemos lembrar que, quando Heidegger aborda esses temas muito tempo depois, a "autenticidade" é *Eigentlichkeit*, ou seja, "ser próprio".) Essas são tendências que desenvolvemos desde cedo, como todo pai e mãe de uma criança de dois anos que insiste "Eu mesmo faço isso!" pode confirmar.

Como quase tudo o que sabemos sobre Mônica vem das lembranças que Agostinho tem dela, precisamos ler nas entrelinhas para ver esse drama se desenvolvendo. Se ele seguisse o caminho profissional que ela havia predeterminado para ele, no mínimo ele o faria nos seus próprios termos. Daí surge o desejo de se livrar da inocência infantil, que parecia muito com a castidade que sua mãe admirava. Quando a falta de dinheiro dos pais resultou em uma pausa nos estudos, ele volta para casa e se envolve com o bando local em atos de provocação e vandalismo. Mais tarde, cansado de sua interferência (e talvez da forma como ela tratou sua concubina, cujo nome não sabemos),[7] chega

---

[7] Uma questão importante na ficção de Suzanne Wolfe sobre seu relacionamento no romance *The Confessions of X* (Nashville: Thomas Nelson, 2016).

a ponto em que ele precisa tomar medidas drásticas: enganando sua mãe, ele e sua pequena família fogem da África durante a noite sob as manobras de uma mentira. Mesmo em suas lembranças santificadas, você pode ouvir a sensação duradoura de Agostinho devido à presença enjoativa dela: "Como todas as mães, ela adorava que eu estivesse junto dela, entretanto muito mais do que a maioria das mães".[8]

Nem mesmo sair do continente é suficiente. Essa mãe — "forte em sua devoção", como observa Agostinho timidamente — acabaria por segui-lo até Milão, "acompanhando-me por terra e por mar".[9] E talvez o que mais grude na garganta dele seja o fato de que, para sua própria surpresa, ele está começando a ser a resposta para suas orações. Nada é mais desagradável para o filho rebelde do que perceber que sua mãe estava certa.

Mas existe ainda outra dinâmica escondida nessas lembranças: o constrangimento. Se o jovem Agostinho na África não podia se imaginar cristão, em grande parte era por associar o cristianismo à expressão simples e "étnica" do que via em Mônica. Sua própria ambição profissional por Agostinho gerou nele uma resistência, até mesmo uma repulsa, pela fé "púnica" que ele ligava à mãe. A educação que ela e Patrício financiaram seria exatamente o que tornaria uma fé bíblica tão inaceitável para ele. Como Justo González comenta corretamente: "O modelo religioso que sua mãe, Mônica, estava chamando-o para aceitar tinha claramente nuances africanas e esse foi, em parte, o motivo pelo qual Agostinho, um homem versado em letras e tradições greco-romanas, não pôde aceitá-lo".[10] O filho se tornou um esnobe que se orgulha de seu "esclarecimento", um pretensioso intelectual e espiritual que intensificou mais ainda essas características quando se juntou aos maniqueístas que se consideravam os "brilhantes" de sua época — os racionais e iluminados que viam além dos mitos que todos ao seu redor haviam sido convencidos a acreditar.[11] Foram os maniqueístas esclarecidos que levaram Agostinho às redes

---

[8] Agostinho, *Confessions* 5.8.15, trad. Henry Chadwick (Oxford: Oxford University Press, 1991), p. 82. [No Brasil, *Confissões* (São Paulo: Paulus, 1997)].
[9] *Confessions* 6.1.1 (trad. Chadwick, p. 90).
[10] Justo L. González, *The Mestizo Augustine: A Theologian Between Two Cultures* (Downers Grove, IL: IVP Academic, 2016), p. 18.
[11] O termo "brilhantes" vem de um artigo famoso do filósofo Daniel Dennett, "*The Bright Stuff*", New York Times, 12 de July de 2003, https://www.nytimes.com/2003/07/12/opinion/the--bright-stuff.html. Retomaremos essa questão no capítulo "Esclarecimento".

de poder que lhe deram seus postos em Roma e Milão, e não os "irmãos e irmãs" de Mônica na igreja.

Esses mundos colidiriam em Milão. Na pregação de Ambrósio, Agostinho ouviu sobre um cristianismo que ele não conhecia, uma fé com poder de fogo intelectual capaz de se igualar à filosofia. Ele encontrou em Ambrósio um influenciador sofisticado e inteligente que havia renunciado ao poder e ao privilégio (e, bem, à reprodução) para seguir aquele que tinha sido morto e desprezado na cruz romana. Desse modo, quando Agostinho está mais uma vez começando a entender a possibilidade do cristianismo e tentando se aproximar de Ambrósio, sua mãe aparece e se apossa do bispo. Mônica surge com sua fé "africana" e seus costumes retrógrados que ele havia proibido em sua igreja. Quando ela ouve a advertência do bispo, obedece respeitosamente à exortação dele e encontra outros canais para sua devoção. Então agora, quando Agostinho tem a chance de encontrar Ambrósio, na esperança de discutir sobre o ceticismo ou o problema do mal, ele não consegue falar duas palavras antes de o mesmo elogiar Mônica por sua dedicação, "parabenizando-me por ter uma mãe como essa, sem saber que tipo de filho ela tinha em mim".[12]

Essa sobreposição e confluência entre Ambrósio e Mônica, a convergência de seu pai espiritual e sua mãe terrena, daria a Agostinho uma nova interpretação e uma visão totalmente diferente de sua mãe e de sua fé "africana".[13] Se Ambrósio podia elogiar o cristianismo de sua mãe, então a fé deveria ser a mesma. Ele precisava de um Ambrósio para tornar o cristianismo intelectualmente respeitável o bastante para ser novamente plausível, e como entrou na fé, viu a devoção de sua mãe — e, portanto, ela mesma — sob uma nova luz.

---

[12] *Confessions* 6.2.2 (trad. Chadwick, p. 92).
[13] González declara sobre Agostinho: "Durante a maior parte de sua vida, parecia que sua porção romana havia se tornado dominante, mas após o desastre romano de 410, quando ele tentou entender o que havia acontecido sob a perspectiva cristã, criticou toda a cultura e civilização romana e essa crítica foi, em partes, baseada em princípios aprendidos muito antes de sua mãe berbere." González, *Mestizo Augustine*, p. 18-19.

Quando Ambrósio ergue Agostinho de dentro das águas batismais, sua herança é reorganizada olhando para trás. Como filho de Deus, ele vê novamente o que significava ser um filho de Mônica. O que Agostinho viu em sua mãe? Ao se tornar seu irmão em Cristo, quase tudo sobre seu relacionamento com ela parece mudar. Uma empatia epistemológica se torna possível: ele consegue ver como era ser sua mãe por dentro. A persistência de sua preocupação com a alma dele, sua confiança nas promessas de Deus, sua fidelidade inabalável a um filho rebelde, seu sofrimento enquanto o observava perder o controle. "Ela cuidou de seus filhos, suportando dores de parto, por assim dizer, toda vez que os via abandonar o verdadeiro caminho e se afastar de ti."[14] Agora ele vê que era filho de lágrimas, renascido, encontrando a si mesmo — entre todos os lugares possíveis — na fé de sua mãe.

O CULTO A Mônica é tão amplo quanto o mundo, encontrado onde quer que existam mães que choram. Na verdade, se você percorre a Itália com os olhos abertos, procurando o legado de Agostinho, Mônica parece mais onipresente. Ela representa o desejo das mães em todo lugar, chorando por seus filhos, esperando, orando, persistente em seu amor feroz que os filhos confundem com controle. Foi necessária uma peregrinação a Roma para finalmente entender isso — e assistir a Deanna, minha esposa e mãe de nossos quatro filhos, encontrar Mônica.

Por sugestão de Deanna, saímos do esplendor do Panteão por um labirinto de ruas estreitas em busca da Basílica de Sant'Agostino na Piazza di Sant'Agostino. Na praça, um músico de rua tocava *Your Own Personal Jesus* [O seu próprio Jesus particular] (não estou brincando), enquanto um grupo de meninos brincava nas cercanias com uma bola de futebol surrada. A igreja em si não parecia digna de abrigar o que tinha dentro. A fachada de travertino parecia uma fortaleza, com marcas na pedra que eram semelhantes a buracos

---

[14] Agostinho, *Confessions* 9.22, trad. Sarah Ruden (Nova York: Modern Library, 2017), p. 262.

de bala. Caixas de papelão cobriam a entrada. Havia alguém enrolado sob um cobertor sujo nas escadas.

Abrimos nosso caminho lentamente e entramos. Atrás da igreja é escuro e silencioso, mas há uma cacofonia quase esmagadora de mármore. O exterior humilde e destruído explode em rosa, caqui e ouro quando passamos pela porta minúscula. Vemos um raio cruzado de luz que parece suspenso nas partes de cima do transepto.

No caminho passamos por alguns adoradores dispersos em oração e começamos a perambular de modo mais independente. Estou impressionado com a capela de São José, na qual há um José escondido na escuridão, um pai não presente. Observando as colunas, um de cada lado no altar, fico animado ao ver à esquerda Agostinho com seu amigo de longa data, Alípio. Em frente a eles estão Simpliciano e Ambrósio.

Virando, sou pego de surpresa e paro: na capela à esquerda, Deanna está chorando e não consigo ler essas lágrimas. Ao me aproximar, percebo que ela encontrou o que mais procurava: o túmulo de Mônica. Na parede externa está o sarcófago original que guardava seus restos mortais em Óstia e que foi transferido para esse local de Roma em 1430. As relíquias de Mônica agora estão sob o altar. A abóbada da capela é formada por diversos afrescos de Ricci que relatam a vida dela, culminando em sua visão arrebatadora com o filho de suas lágrimas em Óstia, poucos dias antes de sua morte (cf. Figura 5).

O que comoveu Deanna foi um pequeno cartão de oração. De um lado, vemos um detalhe desse afresco, em que ela tem as mãos levantadas em oração e adoração. Do outro, há uma oração que, mesmo em sua tradução desajeitada para nossa língua, é como uma oração que tantas mães sabem de cor:

> Deus Santo Pai,
> misericórdia para aqueles que confiam em vós.
> Concedestes à vossa serva Mônica
> o dom valioso da reconciliação
> das almas contigo e umas com as outras.
> Com sua vida, orações e lágrimas
> ela levou seu marido Patrício
> e seu filho Agostinho para vós.

> Nela louvamos vossos dons;
> pela intercessão dela,
> dai-nos vossa graça.
>
> Oh Santa Mônica,
> que alimentava espiritualmente seus filhos
> dando-lhes à luz tantas vezes
> sempre que os viu se afastando de Deus,
> orai por nossas famílias, pelos jovens
> e por aqueles que não conseguem encontrar o caminho da santidade.
> Trazei-nos a fidelidade a Deus,
> a perseverança em desejar o céu
> e a capacidade de levar ao Senhor
> aqueles que ele colocar sob nossos cuidados. Amém.

Nesse espaço silencioso, testemunhando esse encontro, percebo algo que não havia visto antes e que provavelmente jamais conseguirei entender completamente: uma solidariedade que ultrapassa séculos, uma simpatia que transcende a geografia, essa ligação entre Mônica e as mães que choram e oram por seus filhos e insistem neles — incompreendidos, desvalorizados, rejeitados e ressentidos. No entanto, nada desse ressentimento as detém, essa resistência nunca as impediria, não existe ingratidão capaz de convencê-las a desistir. Assim como a graça, Mônica e suas mensageiras não agem com uma lógica de retorno.

Para todas as caricaturas de mães das quais tentamos escapar, a literatura nos traz vislumbres das Mônicas ao nosso redor, que tantas vezes deixamos de ver. O escritor irlandês Rob Doyle não aborda temas religiosos (na verdade, pelo contrário), mas em seu conto *No Man's Land*, a presença de Mônica é palpável, se não intencional. Um jovem acabou de voltar para casa da universidade após uma crise relacionada à saúde mental (que ele chama de "uma aflição nervosa grave", usando um tipo de eufemismo do século XIX). Pensei ter sido um truque da minha própria imaginação tão agostiniana o fato de ter lembrado a pausa do jovem Agostinho da escola em Cartago que o trouxe de volta à Tagaste — até que, no parágrafo seguinte, encontramos uma mãe chorando que parece Mônica em seus últimos dias. A mãe do jovem se demite do seu trabalho para cuidar do filho em depressão. "Encontrei-a muitas vezes chorando na cozinha ou no quintal cimentado que estava escondido dos vizinhos por muros altos de tijolos cinza. Em algumas ocasiões eu a ouvia chorando no banheiro. Ela sempre tentou esconder de mim suas lágrimas."[15] Já conhecemos antes um filho dessas lágrimas.

Sua mãe abraça a letargia de sua depressão, tornando-se para ele mais uma vez um saco amniótico de compaixão, esperando que ele nasça novamente. Ele sai de sua letargia com um ritual de caminhadas diárias em uma propriedade industrial abandonada, vagando contemplativamente entre os corredores que se parecem labirintos dessa região enferrujada da antiga indústria. Aqui ele encontra regularmente um homem de trinta e poucos anos que enlouqueceu, recitando provérbios sem sentido ("Não há terapia. Não há pai"). O rapaz está abalado, perturbado, em grande parte por ver neste viajante delirante um futuro possível para si mesmo. Após um sonho perturbador, uma revelação de fragilidade resulta em uma nova resolução.

> Acordei soluçando, encharcando o travesseiro com lágrimas que escorriam de mim como nunca aconteceu antes ou depois, tomado por uma tristeza que eu sabia que era incurável, uma condição que eu carregaria comigo para sempre. Levantei-me da cama, abrindo caminho no escuro. Fui até o quarto de minha mãe e girei a maçaneta da porta. Eu a ouvi ofegante no escuro. "Não se preocupe", disse a ela. "Volte a dormir. Eu sinto muito. Deixe-me apenas deitar aqui no chão." Eu a ouvia hesitando, esperando levantar e consertar isso, mas não havia como fazê-lo e ela se deitou. Eu sabia que ela estava encarando o escuro, com o rosto cheio de preocupação. Após certo tempo, ela se levantou e colocou algumas cobertas sobre mim, então voltou a se deitar. Fechei meus olhos e tentei ouvi-la respirar.[16]

Os rituais não são a solução. Eles não "consertam" as coisas. Representam apenas uma forma de viver com o que não podemos restaurar, são canais para enfrentarmos nossa finitude, a maneira como tentamos navegar nesse vale de lágrimas, no meio tempo. Mas precisamente por essa razão, eles podem

---

[15] Rob Doyle, *This is the Ritual* (Londres: Bloomsbury, 2017), p. 18.
[16] Doyle, *This is the Ritual*, p. 29-30.

também ser condutores de esperança e ritmos da aliança. A mãe/Mônica não necessitou dizer nada. Ela só precisava estar ali, presente, respirando, colocando as cobertas sobre seu menino.

Mais tarde, quando acorda, ele diz à mãe que vai ligar para a universidade para voltar para lá. "Olhando-me com os olhos bem abertos sobre a curva da xícara de chá, minha mãe balançou a cabeça levemente. [Existem fontes indescritíveis de restrição e medo nesse "levemente".] Ela hesitou, assustada de ter as esperanças esmagadas. Então disse: 'Eu sabia que você faria isso. Nunca parei de orar por você'. As lágrimas jorravam e sua voz estava embargada. 'Nunca deixo de orar por você. Verdadeiramente. Jamais deixarei.'"[17] Este é o ritual, basta alguém executá-lo. Assim será: a mãe como monástica, uma beneditina silenciosa do dia a dia orando pelo mundo que a esquece, mantendo uma chama viva para o futuro quando o brilho da transgressão se apaga e a arrogância do nosso esclarecimento se desgasta.

Talvez seja por isso que as artes consigam retratar melhor essas mães. Em um poema mais longo chamado *The Burning Girl*, de Mary Karr, há um retrato comovente dessa devoção inabalável, como a de Mônica, com a apreciação de uma mãe por seu *poder*:

> Ela era quase um fantasma que sua mãe viu
> Apagando os contornos de si mesma a cada dia
> Manchando as linhas como carvão enquanto seus pais
> Secretamente a redesenham em um ser humano e
> Novamente a cada noite e amanhecer sem dormir
> Durante todos os anos. Vendo o amor daquela mãe,
> Testemunho: Era um oceano sem fim. Uma gota poderia ter
> Trazido à vida o Cristo mais morto.[18]

Conheço tal mãe. Ela dorme ao meu lado todas as noites. Ora em uma igreja pentecostal em Lagos toda quarta-feira. Está acordada no Rio, com o coração zunindo, até a porta fazer barulho e a luz se apagar. Ela mantém as prescrições

---

[17] Doyle, *This is the Ritual*, 31.
[18] Karr, "The Burning Girl", in *Tropic of Squalor: Poems* (Nova York: HarperCollins, 2018), p. 6-7. Copyright © 2018 by Mary Karr. Reimpressão autorizada por HarperCollins Publishers.

preenchidas em Los Angeles como uma luta sacramental contra a escuridão... O nome dela é Mônica. Ela é uma legião.

Pouco depois de sua conversão, em uma de suas primeiras obras, Agostinho comenta um episódio em que uma viúva em luto se aproxima de Jesus por ter agora perdido também seu único filho (Lucas 7:12-15). Lucas relata que Jesus teve compaixão dela e o ressuscitou dentre os mortos. Por experiência própria, Agostinho conhece o poder da fé de uma mãe: "Que benefício o filho da viúva recebeu de sua fé, que ele certamente não teve enquanto estava morto? No entanto, a fé de sua mãe foi tão benéfica para ele que o trouxe de volta à vida".[19]

Essas mães são como ecos sacramentais do amor infalível de Deus, o pastor que procura as ovelhas perdidas, o pai que recebe os pródigos no final da estrada porque já está lá procurando por elas. Tais mães são prelúdios da graça, uma graça acima da graça, primitiva, *natal*.

Na verdade, anos após a morte de Mônica, ao realizar uma pregação em Cartago, Agostinho considera a graça de Deus materna e a virtude da devoção materna, divina. Ele medita na promessa de Jesus de "reunir os filhotes de Jerusalém [Mateus 23:37], como a galinha reúne os seus pintinhos debaixo das suas asas". Ele é afetado pelo poder da "fraqueza" materna, o poder salvador daquele que se humilhou, um poder que as mães demonstram todos os dias. Ele diz à congregação que "isso é amor maternal, expressando-se como se fosse uma fraqueza. Tudo isso é a marca de tal fragilidade da mãe, não da majestade perdida". Em outras palavras, a mãe é um ícone da encarnação, o mistério central da fé, em que o Deus do universo se humilharia, tornaria humano e assumiria nosso pecado e quebrantamento ("confessamos que ele fez parte de nossa fraqueza, mas não de nossa injustiça, até o fim de que,

---

[19] Agostinho, *On the Free Choice of the Will* 3.23.67, in *On the Free Choice of the Will, On Grace and Free Choice, and other Writings*, ed. e trad. Peter King (Cambridge: Cambridge University Press, 2010), p. 119. [No Brasil, *O livre-arbítrio* (São Paulo: Paulus, 1997)].

compartilhando nossa vulnerabilidade, ele possa destruir nossa maldade").[20] Esse tipo de "poder" costuma ser desprezado em um mundo que só o imagina como dominação em um mundo patriarcal — sejamos honestos —, onde o poder é confundido com a bravata carregada de testosterona. Porém, Agostinho está nos lembrando desse poder unicamente maternal de Deus, refletido nos sacrifícios que as mães fazem todos os dias — a "fraqueza de Deus" é mais forte que a força dos homens (1Coríntios 1:25).

Há um cartão de oração semelhante a esse pendurado na parede do lado da cabeceira de Deanna hoje, sua própria relíquia daquele encontro com o túmulo de Mônica. Quando olho para o outro lado da cama, essas duas mães são uma só — vejo duas Mônicas, duas mães que amam seus filhos de maneira firme e persistente. E nessas manhãs, quando as lágrimas brotam dos olhos de Deanna, que estão fechados em oração, de coração quebrantado, mas esperançoso, ansioso, mas confiante, à luz da experiência de Mônica, encomendo-a à graça de Deus que pode suscitar filhos e filhas de Abraão das pedras.

EM ÚLTIMA ANÁLISE, Mônica mostra a Agostinho como voltar para casa, embora nunca mais tenha visto a África. Em seu hino sobre Mônica no livro 9 de *Confissões*, um dos tributos mais emocionantes da literatura ocidental, Agostinho relata a conversa que tiveram, que se tornou uma ascensão ao divino que ambos desejavam — Agostinho como neoplatonista, e Mônica como alguém que, além de filosofia, procurava há muito tempo "outro território". Depois de uma longa jornada terrestre saindo de Milão, eles se retiraram das multidões movimentadas de Óstia, ocupadas com o comércio e a devoção pagã, para descansar na viagem de volta à África. Nessa tranquilidade, contemplando o jardim, eles refletiram juntos, mas sem nostalgia, sobre Tagaste, sobre como seria aquela cidade celestial onde o filho é a luz. Eles se viram transportados,

---

[20] *Exposition of the Psalms* 58(1):10, in *Exposition of the Psalms*, trad. Maria Boulding, OSB, ed. John E. Rotelle, OSA, 6 vols., *The Works of Saint Augustine* III/15-20 (Hyde Park, NY: New City, 2000-2004), 3:156. [No Brasil, *Comentário aos Salmos (51—100)* (São Paulo: Paulus, 1997)].

quando Mônica se virou para o filho e perguntou: "Então, o que estou fazendo aqui?".[21] "Estou pronta para ir", ela praticamente o disse, não de volta para casa, do outro lado do Mediterrâneo, mas para o lar pelo qual suspirava, que a deixava com saudades de casa, pois acabara de vislumbrá-lo. A espiritualidade emigrada de Agostinho é algo que ele aprendeu com Mônica.

O irmão de Agostinho ficou surpreso com a indiferença de Mônica sobre sua terra natal quando ela se aproximava da morte. Agostinho recorda: "Meu irmão disse algo sobre esperar que ela falecesse não em um país estrangeiro, mas em sua terra". Mas ela "o repreendeu com os olhos", como só as mães fazem. "Pouco tempo depois, ela disse a nós dois: 'Enterrem esse corpo onde quiserem'". Ela desistiu do sonho (que Agostinho chama de "frivolidade") de ser enterrada no sepulcro ao lado do marido. Disse aos amigos de Agostinho: "Nada está longe de Deus e não há motivo para temer que, quando o mundo acabar, ele não saberá o lugar de onde me ressuscitar", ela brincou.[22]

Quando Mônica morreu, o filho de Agostinho, Adeodato, chorou de sofrimento. Para Agostinho, "a nova ferida que resultou do rompimento repentino da nossa relação próxima e cotidiana" foi bastante dolorosa, tendo como base as formas pelas quais ele tentou fugir de sua mãe do outro lado do mar. Ele clamou: "E, no entanto, meu Deus que nos criou, como o respeito que eu tinha por ela poderia ser comparado à servidão dela a mim?".[23] Tendo se encontrado Naquele que criou ambos, Agostinho aprendeu que ser ele mesmo significava depender dos outros, uma lição que sua mãe lhe ensinou a vida toda. "Tenho uma dor em minha mãe" é um espinho na carne, um lembrete da dependência que caracteriza a criatura.

---

[21] *Confessions* 9.26 (trad. Ruden, p. 266).
[22] *Confessions* 9.27-8 (trad. Ruden, p. 267-8). Ela não "se importava com o túmulo em sua cidade de origem" (9.36, trad. Ruden, p. 274).
[23] *Confessions* 9.30 (trad. Ruden, p. 269).

AMIZADE: *Como pertencer*

O que desejo quando quero pertencer?

Filmes de estrada são sempre filmes sobre amizade: os Blues Brothers, Thelma e Louise, Wendy e Lucy, Billy e Wyatt viajando pela América, toda uma família amontoada numa van em *Pequena Miss Sunshine*. Pegamos a estrada para nos encontrar, mas raramente fazemos isso por conta própria. O paradoxo é que a jornada de descoberta — a busca pela autenticidade — é *minha*, porém essa busca parece ser quase sempre compartilhada. Tornar-se autêntico é a forma como estamos sozinhos, mas juntos. Nosso individualismo permanece estranhamente comunitário. "Estou partindo para me encontrar", perguntamos. "Quer vir comigo?"

Essa tensão, mesmo a contradição, está escrita em nossos roteiros, porque está dentro do existencialismo desde o início. Pegue o exemplo de Dasein, aquele estranho personagem peregrino que encontramos no *Ser e tempo*, de Heidegger — o personagem que nos representa, segundo tal autor.[1] Ele enfatiza que o mundo dele é sempre compartilhado. "O mundo é o que eu compartilho com os Outros. O mundo de Dasein é um mundo-com [*Mitwelt*]." Na verdade, os "outros" não estão "lá fora", não são a massa externa caótica do não-eu, e sim são "aqueles de quem, na maioria das vezes, *ninguém* se distingue, aqueles entre os quais também estamos".[2] Eu *sou* os outros. Vivo, movimento-me e tenho meu próprio ser no mundo que *eles criaram*.

---

[1] "Dasein" é um termo técnico que Heidegger usa no lugar do conceito filosófico comum de "o sujeito", "o ego" etc., tentando oferecer uma imagem mais existencial do que significa ser "eu". Dasein significa "ser-aí", ser aqui e agora, existir em um mundo. Os tradutores de inglês de Heidegger quase universalmente deixam o termo sem tradução, de maneira que "Dasein" agora é quase um personagem filosófico alemão.

[2] Martin Heidegger, *Being and Time*, trad. John Macquarrie e Edward Robinson (Nova York: Harper & Row, 1962), p. 154. [No Brasil, *Ser e tempo* (Petrópolis: Vozes, 2015)].

É por isso que Heidegger sugere que "aproximadamente e na maior parte" — sua expressão favorita para nomear nossos padrões culturais — nossa existência "cotidiana" é uma absorção e imersão irrefletidas nos padrões que estabeleceram para mim. Corro nos canais em que todos estão correndo. Os caminhos irregulares percorridos por outros se tornam o rumo mais fácil. E assim sigo o fluxo e vivo a vida de outras pessoas — exceto que parece ser a mesma vida suave em massa que todos nós estamos vivendo. Quem sou "eu" quando vivo absorto neste mundo compartilhado? Sou "a gente", o impessoal, como Heidegger aponta de forma estranha. Eu sou *das Man*, o impessoal que invocamos quando adotamos padrões sociais (como em "dizem que você não pode usar roupas brancas depois do Dia do Trabalho" ou "dizem que nosso amor não pagará o aluguel").[3]

Aqui há uma imagem útil da intersubjetividade: Heidegger diz que nessa versão cotidiana de "ser-com", ele vive "em *sujeição* a Outros". De certo modo, eu *não sou*: "meu ser foi levado embora pelos Outros".[4] O impessoal assumiu minha identidade. Pertenço a eles. É como se fôssemos todos da Manchúria. "Quando o Dasein é absorvido pelo mundo [...] não é ele mesmo."[5] E isso acontece simplesmente pela forma como nado em meu ambiente, seguindo o fluxo de um meio. As ilustrações de Heidegger dos anos 1920 podem ser facilmente estendidas para o século XXI.

> Ao utilizar meios de transporte públicos e serviços de informação como o jornal, todo Outro é como o próximo. Esse ser-com-outros dissolve completamente o próprio Dasein e o transforma no tipo de Ser dos "Outros", de maneira que os Outros, distintos e explícitos, desaparecem cada vez mais. Nessa imperceptibilidade e tirania, a verdadeira ditadura do "a gente", o impessoal, desdobra-se. Sentimos prazer e nos divertimos enquanto *a gente* sente prazer. Lemos, vemos e julgamos literatura e arte como *a gente* vê e julga. Do mesmo modo, acabamos nos retraindo da "grande massa" quando ela faz o mesmo. Consideramos "chocante" o que elas também consideram assim.[6]

---

[3] Heidegger, *Being and Time*, p. 163-4.
[4] Heidegger, *Being and Time*, p. 164.
[5] Heidegger, *Being and Time*, p. 163.
[6] Heidegger, *Being and Time*, p. 164.

As ideias de Heidegger são ao mesmo tempo antiquadas e premonitórias. Não é necessária muita imaginação para projetá-las em um mundo digital de (des)formação de consumidores em massa. Até nossa falta de conformidade é reproduzida: rejeito a moda instantânea do mercado de massas fazendo minhas compras em brechós como "*a gente*". Critico a hegemonia da burguesia com minhas tatuagens e piercings *como "a gente" faz*. Recuso a gentileza modesta do que é "politicamente correto", como "*a gente*" ao assistir a Fox News. Heidegger conclui: "Todo segredo perde sua força". Em vez disso, o que conseguimos é uma "média" não autêntica, um "nivelamento por baixo" de possibilidades do que é compartilhado. Ele observa que: "Neste modelo, o estilo de vida de uma pessoa é baseado na falta de autenticidade e na incapacidade de se sustentar por conta própria".[7]

Assim, como é a autenticidade? Singular, firme e individual. Para Heidegger, ser autêntico é responder ao chamado que ecoa acima do barulho "*da gente*". E quem está chamando? *Eu mesmo*. O "despertar da consciência" é um apelo que me arranca da minha absorção cotidiana, do meu "a gente" não verdadeiro, e me convoca a me tornar eu mesmo. O despertar da consciência é um apelo que toca como um telefone celular existencial e, quando você o atende, do outro lado da linha está o Eu que você deveria ser, aconselhando: "Seja você mesmo!". Heidegger pergunta: "Quando se ouve o apelo, para o que estamos sendo chamados? Para o próprio *Eu*".[8] Portanto, a autenticidade é ter a coragem de atender a esse chamado — a "determinação antecipada" para viver aquilo que você sozinho não pode ser, não o que oferecem e sugerem.[9] "Quando o despertar da consciência é entendido, a perda de 'a gente' é revelada."[10] Eu já estive perdido (no impessoal), mas agora fui encontrado (por Mim). Como Heidegger gosta de colocar, é uma questão de aproveitar minha possibilidade *mais própria*.

Então a autenticidade parece sempre uma emergência "deles", uma recusa de conformidade, porque a inautenticidade é, por definição, uma falha em resistir ao domínio dos Outros, à tirania do impessoal. Os Outros são uma

---

[7] Heidegger, *Being and Time*, p. 165-6.
[8] Heidegger, *Being and Time*, p. 317.
[9] Heidegger, *Being and Time*, p. 372-3.
[10] Heidegger, *Being and Time*, p. 354.

ameaça existencial. Assim, seria de se admirar que, em sua peça *Entre quatro paredes*, Jean-Paul Sartre colocasse na boca de Joseph Garcin a sugestão chocante de que "o inferno são as outras pessoas"? Essa não é uma misantropia leve. Pelo contrário, resulta de uma imagem de intersubjetividade parecida com a de Heidegger, em que os Outros são essencialmente concorrentes, ameaças, ladrões da minha paz e descanso. Se, para Heidegger, isso se expressa na dinâmica da conformidade, para Sartre, os Outros representam uma redução da minha liberdade — outras pessoas consomem o oxigênio que preciso para perceber a independência "absoluta" que merece ser chamada de liberdade. Para Sartre, ser é um jogo de soma zero: somos você *ou* eu. O cosmos não é grande o bastante para sermos livres. "O homem não pode ser livre em alguns momentos e escravo em outro: ou ele é sempre e totalmente livre, ou não é de forma alguma."[11] O Outro é um escândalo para a minha consciência. Para Sartre, a intersubjetividade é uma competição essencial e contínua de assimilação e objetificação, de devorar ou ser devorado. Para ele, até o amor é uma competição, uma batalha de desejos de dominação — seduzir é atrair o Outro a desistir de sua liberdade por você.[12]

Por trás do relato de Heidegger sobre autenticidade e o conceito de liberdade de Sartre — que invadem nossa consciência popular coletiva de maneiras que ainda não percebemos — existe uma percepção da intersubjetividade, do que significa os seres humanos estarem juntos, compartilhando um mundo; é uma visão de *ser-com*. E essa visão é profundamente negativa. Ele interpreta nossos relacionamentos com os outros como uma ameaça à autenticidade. Outros são como dementadores que ameaçam sugar nossa identidade. É por essa razão que a autenticidade é vista como uma questão de determinação individual, uma resistência pessoal, uma individualidade que rompe de modo desafiador o mar da humanidade em massa.

---

[11] Jean-Paul Sartre, *Being and Nothingness*, trad. Hazel Barnes (Londres: Routledge, 2003), p. 463. [No Brasil, *O ser e o nada* (Petrópolis: Vozes, 2015)].

[12] Veja a discussão em Sarah Bakewell, *At the Existentialist Café: Freedom, Being, and Apricot Cocktails* (Nova York: Other Press, 2016), p. 213-4 [no Brasil, *No café existencialista: O retrato da época em que a filosofia, a sensualidade e a rebeldia andavam juntas* (São Paulo: Objetiva, 2017)]. Ela cita o comentário cômico de Iris Murdoch de que Sartre transforma o amor em "uma batalha entre dois hipnotizadores em uma sala fechada" (p. 214).

São *visões*, definições, interpretações que absorvemos implicitamente sem perceber e, desse modo, nunca desafiadas ou questionadas. Deixamos que eles roteirizem não apenas nossos filmes, mas também nossas vidas e assim valorizamos a individualidade "determinada", ainda que ela pareça uma nova conformidade. De maneira mais significativa, adotamos sutilmente a interpretação de outras pessoas inseridas nessa visão de liberdade e autenticidade, mesmo que continuemos pedindo aos nossos amigos que se juntem a nós na jornada do eu-chamando-a-si-mesmo que ninguém mais pode ouvir.

Gabriel Marcel, contemporâneo de Heidegger e Sartre, já viu isso acontecer quando o existencialismo conquistou corações e mentes em meados do século XX. No centro da liberdade absoluta de Sartre, há uma independência que precisa recusar todo e qualquer presente. Marcel observa: "Para Sartre, receber é incompatível com ser livre. Na verdade, um ser livre é levado a negar para si mesmo que tenha recebido algo".[13] A liberdade é isenta de dívidas, o que significa viver sem apegos, sem vínculos, absolvido do relacionamento com os outros. Marcel questiona: "Isso não é totalmente contrário à experiência?". Existe alguém dentre nós que não deva nada a um passado que torna nossas escolhas possíveis, com relacionamentos que nasceram e formaram esse "eu" com agência?[14] Talvez a liberdade pareça diferente de uma independência tão fascinante. Talvez os outros possam ser nossos amigos.

E talvez Jean-Paul Sartre tenha recebido mais presentes do que imaginava. Marcel cristaliza seu argumento: "Não acredito que em toda a história do pensamento humano, a graça, mesmo em suas formas mais secularizadas, tenha sido alguma vez negada com tanta ousadia ou audácia".[15] De fato, toda a argumentação de Sartre "baseia-se na negação completa de *nós* como sujeito, ou seja, na negação da comunhão".[16] Rejeitar o roteiro existencialista de autenticidade não é aceitar a inautenticidade, e sim imaginar por que amigos são presentes, como a graça é coletiva e como entro em comunhão. Seria um tipo diferente de filme de estrada que *precisa* ser um filme sobre amigos.

---

[13] Gabriel Marcel, *The Philosophy of Existentialism*, trad. Manya Harari (Nova York: Citadel, 1956), p. 82.
[14] Como veremos adiante, esse será um argumento interessante em relação a Heidegger.
[15] Marcel, *Philosophy of Existentialism*, p. 79.
[16] Marcel, *Philosophy of Existentialism*, p. 76.

SE HEIDEGGER INTERPRETOU a influência de outros em termos intensamente negativos, devemos ser honestos e apontar que ele aprendeu essa lição de Agostinho. Na verdade, agora podemos ver que alguns dos trechos cruciais sobre *das Man* ("a gente", o impessoal) em *Ser e tempo*, de 1927, foram novamente analisados a partir de suas notas da conferência de 1921 sobre as *Confissões*. O que vem a ser sua análise da "cotidianidade" e da inautenticidade no *Ser e tempo* é criado na leitura do relato da tentação de Agostinho no livro 10. Quando Agostinho observa que toda a vida temporal é uma provação, Heidegger traduz: "*Dasein*, o eu, o ser-real da vida, é uma absorção. O 'eu' está sendo vivido pelo mundo, tanto mais que ele realmente pensa que vive autenticamente".[17] Quando o 'eu' cede à tentação da ambição e dos "prazeres mundanos", o "cuidado" do 'eu' (*curare*) é dominado pelos outros e "o ser se perde por si mesmo da maneira mais íntima". Eu "caio no mundo comunal".[18]

É verdade que outros são caracterizados como cúmplices da queda de Agostinho. Em um trecho importante de *Confissões* (livro 2), Agostinho relata a época em que ele e alguns membros de seu bando ocioso de alunos foram dominados por um tipo de mentalidade coletiva que os levou a roubar frutas de uma pereira que havia ali perto para dá-las a alguns porcos ali perto (aludindo novamente a parábola do filho pródigo). Agostinho destaca a forma como sua própria transgressão no jardim — roubar frutas não para desfrutá-las, mas para apreciar o *apreço* do que deveria ser usado ("amei minha queda")[19] — foi uma ação comunal. De fato, os outros realmente não são apenas companheiros neste outono, são a *condição* para sua queda: "Sozinho, eu não teria feito isso", protesta Agostinho repetidamente. Ainda há outros que aparecem nesse drama como tentadores, afastando-me de mim mesmo, deslocando meu amor de bens superiores para inferiores. Ele observa: "A amizade

---

[17] Martin Heidegger, *Phenomenology of Religious Life*, trad. Matthias Fritsch e Jennifer Anna Gosetti-Ferencei (Bloomington: Indiana University Press, 2004), p. 170. [No Brasil, *Fenomenologia da vida religiosa*, 2. ed. (Petrópolis: Vozes, 2014)].
[18] Heidegger, *Phenomenology of Religious Life*, p. 171, 176.
[19] Agostinho, *Confessions* 2.4.9, trad. Henry Chadwick (Oxford: Oxford University Press, 1991), p. 29. [No Brasil, *Confissões* (São Paulo: Paulus, 1997)].

pode ser um inimigo perigoso".[20] ("Essas pessoas não são seus amigos", como canta o The Postal Service.)[21] Na verdade, Agostinho parece rejeitar o título honorífico de "amizade" para tais coletivos. Em vez disso, são um bando, uma multidão, uma gangue. Ele lembra: "Meu amor naquele ato estava associado ao bando em cuja companhia eu fiz isso". O que ele ama quando se perde nessa turma? Ama o vínculo, o pertencimento, a afirmação e o reconhecimento — distorcidos que estão. "O meu prazer não estava nas peras", ele nos diz. "Estava no próprio crime, cometido em associação com um grupo pecador." Não faz sentido, Agostinho admite (essa influência de outros está "além do alcance da investigação"), e ainda assim nós todos conhecemos seu poder. É o poder coletivo da associação transgressora, uma camaradagem no crime. "Assim que as palavras 'vamos lá fazer isso' são pronunciadas, ficamos com vergonha de ter vergonha".[22] Perco-me para os outros.

Esses outros sanguessugas aparecem novamente, em um episódio diferente, envolvendo Alípio, o jovem que se tornaria o melhor amigo de Agostinho. Lutando contra um vício na violência sangrenta e desumanizante dos jogos de gladiadores, Alípio alcançou um novo nível de determinação ao resistir à tentação. Porém, certa noite, voltando do jantar, Alípio encontra um grupo de colegas estudantes — imagine rapazes malandros de fraternidade — que o convidam para ir com eles aos jogos. O que começa como um convite se torna provocação e depois se transforma em uma "violência amigável para levá-lo ao anfiteatro nos dias dos jogos cruéis e assassinos". Jovem, porém sério, Alípio superestima sua determinação e força de vontade — ao mesmo tempo, subestima o poder do espetáculo no corpo. Mesmo quando ele finalmente cede à insistência, permanece (excessivamente) confiante: "Ainda que vocês arrastem meu corpo para lá e me coloquem sentado", diz-lhes, "não pensem que podem direcionar minha mente e meus olhos para esses espetáculos. Será como se eu não estivesse lá, então vencerei vocês e os jogos".[23] Ele era tão jovem assim.

---

[20] *Confessions* 2.8.16-2.9.17 (trad. Chadwick, p. 33-4).
[21] "This place is a prison", faixa 8, The Postal Service, *Give up*, SubPop, 2003.
[22] *Confessions* 2.8.16—2.9.17 (trad. Chadwick, p. 33-4). Agostinho confessa que ele mesmo já assumiu o papel de amigo e inimigo simultaneamente para um amigo que já morreu (4.4.7-8).
[23] *Confessions* 6.8.13 (trad. Chadwick, p. 100).

Quando eles chegaram, o coliseu "fervia com um deleite monstruoso da crueldade". Em sua determinação resistente, Alípio, como um garoto de coral em um bar de *striptease*, manteve os olhos fechados e começou a pensar em outras coisas. No relato de Agostinho, ele observa ironicamente: "Gostaria que ele tivesse bloqueado também seus ouvidos". Então repete resumidamente o drama, tanto externo quanto interno:

> Um homem caiu em combate. Um grande rugido de toda a multidão o atingiu com tanta força que ele foi dominado pela curiosidade. Supondo ser forte o suficiente para desprezar seja lá o que viu e conquistá-lo, abriu os olhos. Ele foi atingido na alma por um ferimento mais grave do que o sofrido no corpo do gladiador, cuja queda causara o rugido. Os gritos entraram por seus ouvidos e o obrigaram a abrir os olhos. Assim, foram os meios de ferir e derrubar no chão uma mente ainda mais ousada do que forte, e mais fraca por ter confiado em si mesma quando deveria ter confiado em você.

Há uma percepção implícita aqui sobre liberdade e ação, mas, nesse contexto, Agostinho se concentra novamente no papel que outros desempenham nessa queda. Alípio "não era agora a pessoa que havia chegado, mas somente um na multidão a que ele havia se juntado".[24] Deixando de ser ele mesmo e se tornando apenas parte do bando, Alípio se perdeu no impessoal, sua determinação individual se dissolveu. Agora ele era "um verdadeiro aliado daqueles que o haviam trazido".[25] E não eram amigos.

Você pode mostrar aqui a genealogia do eu "autêntico" determinado de Heidegger, que depois gerou o eu autêntico "livre" de Sartre, que nos legou a versão cultural genérica da autenticidade que bebemos com nossas assinaturas do canal Disney: resistir à multidão, erguer-se acima das massas, ser fiel a si mesmo e criar seu próprio caminho. "Seja você!", eles nos dizem. É claro que você precisa postar no Instagram seu caminho pioneiro para a autodescoberta, para que todos possam ver e verificar constantemente suas curtidas para confirmar que sua autenticidade foi validada. Mas outros estão ali pela adulação, o único "nós" é o que está competindo por atenção.

Essa receita de autenticidade explica por que somos tão sozinhos?

---

[24] *Confessions* 6.8.13 (trad. Chadwick, p. 100-1).
[25] Agostinho, *Confessions* 6.13, trad. Sarah Ruden (Nova York: Modern Library, 2017), p. 152.

Pesquisadores criaram um cenário simples em que um grupo de pessoas jogava um jogo trivial de pegar uma bola, jogá-la uns para os outros para passar o tempo e tentar mantê-la no ar. Porém, os cientistas elaboraram o jogo com uma condição: sem que soubesse, um membro do grupo nunca teria a bola jogada em sua direção. Tente se colocar no lugar dele: você está em um grupo que começa um jogo de pegar a bola. Ela pipoca aleatoriamente ao redor dos envolvidos, seguida de riso e brincadeira. Você continua esperando sua chance de participar da diversão, mas a bola nunca chega a você. No começo, você é paciente, sorrindo quando os outros sorriem. Você se aproxima um pouco mais do círculo para tentar chamar a atenção. Agora seu sorriso está se tornando mais forçado. Ainda há uma faísca de esperança de que sua exclusão seja aleatória, até que você finalmente conclui: a bola nunca vem em sua direção. Este jogo não é para você. Você finge que não queria jogar mesmo e para de tentar.

Porém, isso não é um jogo. Como descobrem os pesquisadores, essa pessoa excluída confirmará um aumento da sensação de que a vida não tem sentido, nem propósito.[26] O jogo é apenas uma forma de revelar uma necessidade humana essencial.

Agora imagine que isso não é um experimento, mas a estrutura de uma vida: em vez de esperar que uma bola chegue a você em um jogo bobo, você está esperando alguém ligar, aparecer ou falar seu nome. Você nem consegue expressar, mas está faminto por algum sinal de que é conhecido. Porém, ninguém liga. Ninguém pergunta como você está. Ninguém ouve seus pensamentos sobre as notícias matinais. Você está solitário. Exceto por centenas de milhares como você. Você não está sozinho em sua solidão — não que isso o deixe menos solitário.

A solidão, que costuma ser um fator de isolamento social, tornou-se uma epidemia nas sociedades capitalistas mais recentes. O Center for Social Justice oferece uma visão objetiva da solidão no Reino Unido. Por exemplo:

---

[26] Kipling D. Williams, "Ostracism: A Temporal Need - Threat Model", in *Advances in Experimental Social Psychology*, vol. 41, ed. Mark P. Zanna (Londres: Academic Press, 2009), p. 279-314.

Na Inglaterra, por volta de 800 mil pessoas são cronicamente solitárias e muitas outras experimentam algum tipo de solidão. Dezessete por cento das pessoas mais velhas interagem com a família, amigos ou vizinhos menos de uma vez por semana, enquanto 11% fazem isso menos de uma vez por mês.

Ela está ligada a doenças cardiovasculares, demência e depressão e segundo alguns pesquisadores, seu efeito na mortalidade é parecido com o do tabagismo e pior que o da obesidade. Um estudo mostrou que ela pode aumentar o risco de morte precoce em até 30%.

Além disso, existe um vínculo forte entre o isolamento e a pobreza: ter pelo menos dois amigos próximos reduz a probabilidade de pobreza em quase 20%.[27]

As repercussões são sentidas no corpo de maneira física e social. Não são apenas os solitários que sofrem com isso. A solidão rasga e desestabiliza a sociedade. E há um preço. Em resposta, o Reino Unido nomeou um Ministro da Solidão para lidar com o impacto social dessa epidemia. A questão é se os governos ligados às narrativas modernistas estão realmente dispostos a ver as fontes do problema, como a ruptura das famílias e até a secularização em si. Como o poeta Franz Wright retratou tão poderosamente em seu poema *Flight*, escrito a seu pai ausente: "Desde que você me deixou aos 8 anos, sempre me senti sozinho / anos-luz da pessoa ao meu lado".[28] Esse é um dos motivos pelos quais, paradoxalmente, podemos estar sozinhos em uma multidão.

Mas não podemos culpar ninguém além de nós mesmos. Criamos este mundo. Como Charles Taylor explica, na modernidade transformamos a pessoa humana em um "ser amortecido", protegido, autônomo e independente, livre para determinar nosso próprio bem e seguir nosso próprio caminho "autêntico". Acabamos com as incursões do divino e demoníaco para criar um espaço particular para sermos livres em nossos próprios termos. Não percebemos o quanto nos estávamos trancando do lado de *dentro*. Ao nos libertar bloqueando a transcendência, o preço que pagamos estava nos colocando em uma cela. Pensamos que éramos nossos libertadores, mas talvez sejamos nossos próprios carcereiros.

---

[27] Cf. Edward Davies, "Loneliness is a Modern Scourge, But It Doesn't Have to Be", Centre for Social Justice, acessado em 18 de dezembro de 2018, http://thecentreforsocialjustice.cmail20.com/t/ViewEmail/y/7CB805AF716F58B3/FC687629C2073D80907C5D7C792C0FF8.
[28] Franz Wright, *Walking to Martha's Vineyard* (Nova York: Knopf, 2003), p. 17.

Ou, voltando a Taylor, podemos sugerir que a interpretação do "eu" como proteção não substitui sua natureza porosa, aberta e vulnerável, desejando vínculos. Na verdade, os efeitos desastrosos do isolamento social colocam a mentira no eixo moderno do "eu" como autônomo e autossuficiente. Mesmo quando acreditamos nesse eixo, a fome da alma prova o contrário. Como Clay Routledge observa na *National Review*: "Como as conexões sociais e o amor são essenciais para a experiência humana, somos propensos a um grande sofrimento social".[29] Como até Heidegger reconheceu, a solidão é um modo de *ser-com*.[30]

Em seu famoso ensaio póstumo "The Opposite of Loneliness", Marina Keegan falou sobre esse desejo humano fundamental e o medo de perdê-lo. Alguém pode ser tentado a rejeitá-lo como privilegiado e mimado, a não ser pelo fato de indicar uma fome (e medo) que existe em todo coração humano.

> Não temos uma palavra para o oposto da solidão, mas se tivéssemos, eu poderia dizer que é isso o que quero na vida. O que sou agradecido por ter encontrado em Yale e tenho medo de perder quando acordarmos amanhã e deixarmos este lugar. Não é bem amor e também não é comunidade; é simplesmente esse sentimento de que existem pessoas, uma infinidade delas, que estão nisso juntas. Que estão no seu time. Quando a conta é paga e você permanece na mesa.[31]

E se a autenticidade for a fonte da nossa solidão? E se essa for exatamente a não reconhecida e inquestionável interpretação de outros como ameaças à minha liberdade e autonomia que nos sequestrou? A autenticidade vale a pena? Ou poderíamos imaginá-la de outra forma?

Talvez o fato de que todo filme de estrada seja também um filme sobre amizade aponte para outra fome essencial da natureza humana, algum impulso indestrutível da comunhão. E se o oposto da solidão for estarmos juntos? E se os amigos não forem ameaças ou concorrentes, e sim presentes? Nos lugares mais profundos de nossos corações, queremos todos que a pessoa ao nosso lado se vire com um sorriso e grite: "Pegue!".

---

[29] Clay Routledge, "The Curse of Modern Loneliness", *National Review*, 16 de janeiro de 2018, https://www.nationalreview.com/2018/01/digital-age-loneliness-public-health-political-problem.
[30] Heidegger, *Being and Time*, p. 156-7.
[31] Marina Keegan, "The Opposite of Loneliness", *Yale Daily News*, 27 de maio de 2012, https://yaledailynews.com/blog/2012/05/27/keegan-the-opposite-of-loneliness.

HEIDEGGER PERDEU O resto da história. Ele ouviu Agostinho dizer: "Sozinho, eu não conseguiria ter feito isso", mas perdeu quando o mesmo confessou: "Eu não seria feliz sem amigos".[32] Se a amizade pode ser um inimigo perigoso, para Agostinho ela é também o canal da graça. O problema não são outras pessoas, mas o que elas amam e como elas me amam.

Heidegger se concentrou nos retratos de Agostinho de amizade não autêntica, na camaradagem do bando, na solidariedade da multidão que, no final das contas, não se importa comigo e só me empresta um sentimento de pertencimento enquanto eu performo, "participo" e me conformo. Essa amizade falsa oferece um mingau ralo que finge alimentar o que é uma fome da criatura: "amar e ser amado".[33] É a forma comercial de amizade que se alimenta da minha fraqueza e desespero, com grandes promessas, histórias e pessoas que se convenceram a pensar que descobriram a boa vida. E como tudo que Heidegger viu em Agostinho foi esse modelo tumultuado de amizade falsa, para ele, parecia que os outros eram sempre uma distração dele mesmo, como se a "amizade" fosse um caminho para você se perder. Assim, a autenticidade é um projeto particular de individualização. Esqueça todos que lhe odeiam (e para Heidegger, todos os outros são inimigos): seja você.

Mas isso está prejudicando um Agostinho já atrofiado e o final da história se perde. Ele tem sua própria versão do que poderíamos chamar de "autenticidade". Assim como a versão de Heidegger, ela envolve atender um chamado, obedecer a um apelo, responder uma convocação para se tornar quem eu me tornei. Porém, esse chamado não vem de um eco, e sim Daquele que me criou, um "amigo mais chegado que um irmão", que deu a vida por seus amigos. E que me chama *por meio* dos outros, dos amigos.

Na verdade, os amigos estão no coração da narrativa de conversão de Agostinho. O livro 8 de *Confissões* é composto por diversos episódios em que outras pessoas continuam aparecendo na vida dele, recusando-se a deixá-lo

---

[32] *Confessions* 6.26 (trad. Ruden, p. 166).
[33] *Confessions* 2.2.2 (trad. Chadwick, p. 24).

onde está, cutucando-o e o levando a atender o chamado. Esse clímax da narrativa é um caleidoscópio de amigos e exemplos: amigos que apontam para exemplos que Agostinho imita. Nesse contexto, outros não são uma ameaça à sua autenticidade, mas, sim, a isca que o leva em direção a ela.

O livro 8 abre com Agostinho em um desânimo constrangedor, "atraído pelo caminho, pelo próprio Salvador, mas [...] ainda relutante".[34] Então, Deus faz um tipo de sugestão divina a ele: que talvez ele pudesse visitar Simpliciano, um cristão mais velho que circulou na órbita de Ambrósio (e que, inclusive, havia-o batizado). Quando Agostinho compartilha suas lutas, tanto as intelectuais quanto as espirituais, citando suas divergências com o platonismo, Simpliciano vê uma abertura para contar uma história sobre outra pessoa, alguém exemplar. Mário Vitorino havia sido um orador muito culto e respeitado em Roma. De diversas maneiras, conquistou tudo o que Agostinho esperava conquistar, sendo até homenageado com uma estátua no fórum romano. E ele foi o tradutor dos "livros dos platonistas" que tinha acabado de transformar a imaginação filosófica de Agostinho.

Simpliciano sabia que Agostinho seria capaz de ver algo de si mesmo em Vitorino: um orador, um estudioso, um filósofo com ligações políticas. Vemos que Simpliciano era um amigo de Agostinho na maneira como ele o encaminhou para Vitorino, com a intenção de pressioná-lo a se tornar aquele que ele era chamado a ser e imitar a coragem de Vitorino, que estava disposto a desistir de todas as suas conquistas para se tornar cristão. O que torna Simpliciano um amigo é sua disposição de ser um canal do chamado à autenticidade e de ser sábio o suficiente para saber que esse era o exemplo perfeito para sacudir Agostinho com uma chamada de atenção. Agostinho diria que ele era um amigo "verdadeiro" porque o estava incentivando a se tornar ele mesmo. Nem todo "outro" é o tal impessoal.

O encontro teve o efeito desejado: "Logo que teu servo Simpliciano me contou essa história sobre Vitorino, eu estava convicto em seguir o exemplo dele".[35] Nesse caso, a influência do Outro não está diminuindo, e sim o

---

[34] *Confessions* 8.1.1 (trad. Chadwick, p. 133).
[35] *Confessions* 8.5.10 (trad. Chadwick, p. 139).

revitalizando. O Outro não está roubando o oxigênio da minha individualidade e autenticidade, está dando vida nova a um ser à beira da ressurreição.

A estrada para a conversão para Agostinho — o caminho para encontrar a si mesmo — está alinhada com esse tipo de amigos. Pouco depois de sua visita a Simpliciano, ele teve outro encontro "casual". Como já foi observado em nossa discussão sobre ambição, Simpliciano prova ser um amigo de Agostinho ao alimentar nele uma ambição por coisas melhores. E ele faz isso apontando *exemplos* que responderam esse chamado em seu próprio encontro com *A vida de Santo Antão*, um livro que exalta o exemplo de alguém que desistiu das ambições terrenas para buscar o reino de Deus. Mais uma vez o exemplo de outro permite-lhes imaginar estarem atendendo um chamado parecido. Determinado a seguir, o primeiro vira para seu amigo e anuncia sua decisão. E agora o amigo será um exemplo para outro amigo. Ele implora: "Se lhe custa muito seguir o meu exemplo, não se vire contra mim".[36] Mas seu amigo está pronto para segui-lo. Eles estabeleceram esse novo caminho juntos, amigos e exemplos motivados e encorajados por outros amigos e exemplos. Em vez do efeito nivelador do impessoal, esse drama se desenrola por meio de um grupo de amigos solícitos que estão levando Agostinho a se tornar quem ele deveria ser.

O resultado é um encontro aos moldes de Dorian Gray com ele mesmo. Esses exemplos são como retratos de quem Agostinho é chamado para ser, que depois o revelam como um negativo. Os exemplos de Simpliciano e Ponticiano se tornam um tipo de espelho de parque de diversões em que Agostinho se vê em um novo ângulo. "Enquanto ele falava, Senhor, tu voltaste minha atenção novamente para mim. Tu me tiraste de trás de mim mesmo, onde eu havia me colocado porque eu não queria me observar, e me posicionaste diante do meu rosto para que eu visse o quão mau eu era, o quão perverso, imundo, coberto de feridas e úlceras. Eu parecia e estava assustado, mas não tinha como fugir de mim mesmo."[37] Esses são os amigos de Agostinho, não por fazerem elogios afirmativos, mas por o amarem o bastante para deixá-lo cara a cara consigo mesmo, com quem ele *não* é e, sem desculpas,

---

[36] *Confessions* 8.6.15 (trad. Chadwick, p. 144).
[37] *Confessions* 8.7.16 (trad. Chadwick, p. 144).

defende uma visão firme de quem ele é chamado para ser. Um amigo não é um facilitador; o amor nem sempre se parece com consentimento.

Lembro-me de uma cena perto do final de *Gênio indomável*, o grande sucesso de Matt Damon e Ben Affleck, com Robin Williams em um de seus primeiros papéis dramáticos. Você deve se lembrar de que Will Hunting era um prodígio da matemática com o azar de ter nascido na classe trabalhadora e não muito culta do sul de Boston, um lugar onde ter ambição é um pecado. Apesar de ter sido sondado pelos estudiosos de Harvard e por outros grupos de pesquisa, Will decidiu que seria mais fiel a si mesmo ficar onde estava e ter empregos sujos e exaustivos, desperdiçando sua vida em bares deploráveis.

Uma tarde, quando seu expediente em um local de demolição termina, Will e seu amigo Chuckie estão bebendo cerveja barata, apoiados em uma caminhonete, quando Chuckie pergunta se Will aceitará uma das ofertas de emprego lucrativas que lhe ofereceram.

— Sim, trabalharei sentado em algum escritório fazendo longas divisões — ele responde com desdém.

— Ganhe uma grana — Chuck o lembra. — É melhor do que essa porcaria. É uma saída daqui.

— Para que preciso sair daqui? — responde Will, esperando que Chuckie perceba e valorize sua lealdade. — Vou morar aqui por toda a droga da minha vida. Você sabe, seremos vizinhos, teremos filhos pequenos e os levaremos para os campeonatos infantis juntos.

— Veja, você é meu melhor amigo, então não me entenda mal. Mas daqui a vinte anos, se você ainda estiver morando aqui, vindo para a minha casa para assistirmos aos jogos dos Patriots, ainda trabalhando em construção, juro que mato você!

Will fica surpreso e se defende, dizendo a Chuckie que ele está jorrando "psicologês" sobre "ser fiel a si mesmo" que ele ouviu de todos os otários de Harvard.

— Você não deve isso a si mesmo — replica Chuckie. — Deve a *mim*, pois amanhã vou acordar, terei cinquenta anos e ainda estarei fazendo essa droga. Você tem um bilhete de loteria premiado e não está disposto a compensá-lo.

— Ah, o que você sabe? — responde Will, a réplica de alguém sem uma resposta.

— Deixe eu lhe dizer o que sei — conta Chuckie. — Todo dia eu venho à sua casa para lhe buscar. Você sabe qual é a melhor parte do meu dia? Por cerca de dez segundos, quando eu paro na calçada e me dirijo à sua porta, pois penso que talvez eu chegue lá, bata na porta e você não esteja lá.

O verdadeiro amigo é aquele que espera que você atenda o chamado, que está disposto a lhe desafiar e incomodar, para que você olhe para si e se pergunte: O que estou fazendo? O que amo? Quem sou eu? O verdadeiro amigo é o outro que tem a coragem de impor uma opinião, que pinta um retrato importante do bem, que lhe encoraja e pede que você mude de rumo e o busque — e promete se juntar a você no caminho.

EXISTE UM TRECHO intrigante em *Ser e tempo*, de Heidegger, em que ele mostra duas formas muito diferentes de intersubjetividade, dois modos distintos pelos quais os outros podem me influenciar, dois significados para o que ele chama de "solicitude". A primeira é uma relação não autêntica que ele denomina "saltar para dentro". Quando outras pessoas saltam para dentro da minha vida, elas se relacionam comigo a ponto de assumirem o controle. É uma influência de outros que me deixam sem ação, tomam minhas decisões por mim, transformam-me em um tipo de fantoche do impessoal. Em muitos momentos isso parecerá facilitar minha vida, aliviando-me do fardo e me "protegendo" de precisar enfrentar a ansiedade existencial. Heidegger afirma: "Esse tipo de solicitude assume pelo outro aquilo com que ele deve se preocupar. Com ela, o outro pode se tornar alguém dominado e dependente, mesmo que esse domínio seja implícito e permaneça oculto a ele".[38] Amigos que "saltam para dentro" acreditam estar ajudando ao lhe impedir de encarar o questionamento: Quem sou eu?

Heidegger contrasta isso com um modo de preocupação com o outro que ele descreve como "saltar à frente". O amigo que salta à frente não está

---

[38] Heidegger, *Being and Time*, p. 158.

tentando consertar as coisas, aliviar o fardo ou me poupar da escolha que preciso fazer. Ele salta à frente "não para tirar suas 'preocupações', e sim para devolvê-las autenticamente como na primeira vez". Heidegger diz que isso é um "cuidado autêntico". Ele sugere: "Tornar-se transparente para si mesmo sob *seus* cuidados e ser *livre* para isso ajuda o outro".[39] O amigo que salta à frente é aquele que vislumbrou o que você é chamado a ser e está disposto a deixá-lo desconfortável por hesitar atender tal chamado. É quem o ama o suficiente para deixar que você lute por sua alma, mas que está do seu lado com um curativo e um mapa.

Para mim, é difícil imaginar que Heidegger não estava pensando em Agostinho e Alípio quando fez essa distinção. O clímax do drama de *Confissões*, e principalmente do livro 8, constrói a decisão de Agostinho no jardim, mas Alípio está ali o tempo todo. Não há determinação individualizada de lobo solitário nesse retrato da autenticidade. Quando Agostinho atende o chamado, encontra-se *em relação* àquele que o criou e vê que está ao lado de um amigo que o ama.

Em uma crise de ansiedade, em que seu antigo "eu" confrontava o "eu" que ele foi chamado a ser, ele entra no jardim para respirar um pouco de ar fresco e para ter espaço. "Alípio me seguiu a cada passo", ele destaca. "Embora ele estivesse presente, não senti nenhuma intromissão na minha solidão. Como ele poderia me abandonar naquele estado?"[40] Alípio não salta para dentro, mas também não se afasta. Ele está presente e ausente ao mesmo tempo, sendo um conforto sem ser um intruso, um coperegrino sem tentar assumir as rédeas da jornada que Agostinho precisava seguir. Ele lembra: "Esse confronto no meu coração foi uma batalha contra mim mesmo. Alípio ficou quieto ao meu lado e esperou em silêncio pelo resultado do meu estado de agitação inédito".[41] Pode ser horrível assistir alguém em uma luta existencial. Mas aliviar seu fardo não é uma maneira de amá-los. Amizade é ficar perto o bastante para colocar a mão no ombro, dando espaço suficiente para que sintam o peso.

---

[39] Heidegger, *Being and Time*, p. 158-9.
[40] *Confessions* 8.8.19 (trad. Chadwick, p. 146).
[41] *Confessions* 8.11.27 (trad. Chadwick, p. 152).

De certa maneira, Alípio é um ícone da comunidade de amizade que é a igreja. Mas nesse sentido, a igreja falhará de um milhão de formas diferentes. No entanto, ela ainda é um desses lugares em que, apesar de tudo, você pode contar com as pessoas para serem um Alípio para você: presentes, ouvindo, dando-lhe espaço, mas sem lhe deixar.

Uma das minhas ilustrações favoritas dessa amizade entediante e trivial, porém milagrosa, que é a igreja, é uma cena cheia de serenidade em um filme marcante: *A garota ideal*. Embora a narrativa seja orientada pelo drama em torno de uma boneca inflável, não esqueça o fato de que é provavelmente o retrato mais poderoso da igreja no cinema recente. Gostaria de destacar apenas uma cena mais para a frente no filme, onde Lars (interpretado por Ryan Gosling) está triste, esperando a morte de sua "amiga", Bianca, a boneca sexual que ele imaginou ser sua namorada missionária. Ele acorda mais uma vez durante essa vigília, sai de casa com os olhos marejados e para na varanda para contemplar o dia. Quando ele se vira, percebe finalmente que a varanda está repleta de flores, velas e cartões de oração para Bianca.

Voltando para dentro, ele vê várias senhoras mais velhas tricotando no sofá. Uma delas diz: "Trouxemos refeições". O som baixo de suas agulhas de tricô é a trilha sonora da compaixão.

Lars se senta em silêncio, mexendo na comida ao redor do prato.

— Existe algo que eu deveria estar fazendo agora?

— Não, querido. Apenas coma — uma delas o encoraja.

— Viemos sentar com você — diz outra.

— É isso que as pessoas fazem quando acontece uma tragédia: elas chegam e se sentam juntas — explica uma terceira.

Alípio é o modelo para a comunidade de amizade que a igreja tenta ser: um povo chamado a vir e se sentar com o mundo. A estar presente nos momentos de tragédia. Você pode nem ter imaginado, mas às vezes a vida boa se parece com caçarolas no silêncio triste de um lar em luto — uma mesa preparada no deserto por pessoas que esperam um banquete.

Vejo que há muitos lugares que se autodenominam "igrejas", mas não parecem ser, pois são tudo, menos hospitaleiros. Da minha parte, você não encontrará nenhuma defesa para eles, mas eu incentivaria uma segunda análise. Passe seus olhos pelo complexo industrial da imensa igreja e perceba o templo quase invisível em seu bairro, pelo qual você já passou milhares de vezes, mas sem notá-lo. Passe lá em uma terça-feira à noite e veja se não há luzes acesas no porão. Talvez a despensa esteja aberta. Ou a congregação pode estar oferecendo aulas de administração financeira ou aconselhamento matrimonial para casais que estão passando por dificuldades. Pode ser simplesmente o coral ensaiando, dando a algumas almas um compromisso para que esperem ansiosamente a cada semana que as tira da solidão.

Ou poderia ser também, muito provavelmente, uma reunião de AA, que é um eco de uma visão muito diferente da autenticidade, uma interpretação radicalmente diferente dos "outros". Como Leslie Jamison aponta, no centro da recuperação está a *reunião*, a comunhão. Ela lembra: "O encontro em si era apenas um grupo de estranhos reunidos em torno de uma grande mesa de madeira, passando por uma cozinha cheia de pegadas e pelo linóleo velho nas bordas da sala. As pessoas sorriam como se estivessem felizes em me ver, quase como se estivessem esperando que eu aparecesse".[42] Você não vai a esses encontros para conseguir informações ou descobrir algo. O objetivo da reunião é se *reunir*, a solidariedade que nasce de lutas compartilhadas. Enquanto ela pensa na possibilidade de entrar, percebe que existe uma comunidade de estranhos que a conhecem e a esperam. Talvez sejam amigos? "Não importa quanto tempo você fique sentado no carro, alguém está sempre esperando naquela construção de madeira."[43] Talvez não seja por acaso que tal construção seja uma igreja.

A igreja que você provavelmente nunca viu é a comunidade invisível de amizade na sua vizinhança. A igreja não é um grupo de indivíduos mais sagrados que os santos que formaram um clube. É uma comunidade notável — que em outro contexto, seria impossível se juntar — de pessoas que, pela graça de Deus, permanecem juntas. Lembro-me de um exemplo chocante, mas tocante disso, em uma conversa entre Lena Dunham e a poetisa Mary Karr. Como vocês podem imaginar, Dunham não é muito ligada a impulsos religiosos, mas é silenciosamente fascinada pela fé de Karr e seu vínculo com esse cara:

---

[42] Leslie Jamison, *The Recovering: Intoxication and its Aftermath* (Nova York: Little, Brown, 2018), p. 192.
[43] Jamison, *The Recovering*, p. 193.

"Jesus". Então Dunham questiona: "Como é ser uma pessoa que pensa e se preocupa com Jesus e, mesmo tendo a religião em sua vida, convive com os escritores de Nova York?". Karr tenta eliminar algumas impressões equivocadas do cristianismo, mas em seguida conta uma história simples sobre a igreja.

Aconteceu algo incrível comigo na missa há algumas semanas. Um cara veio a mim. Eu estava com meu iPad e existe um recurso que permite que você acompanhe as leituras da Igreja e eu estava olhando para ele. Não estava lendo meus e-mails, estava vendo isso. Um cara veio da parte de trás da igreja, vestido com casaco e gravata como um assistente do diretor ou algo assim. Ele pediu: "Você poderia desligar isso?". Eu respondi: "O que disse?". E ele explicou: "A luz está me incomodando". Por um minuto pensei: *Estou tentando ser cristã*, e disse: "Sim, claro. Eu posso. Sim, sem problema". Então sentei ali e desejei que ele morresse durante a missa inteira. Em seguida, quando eu estava saindo da igreja, ele se aproximou de mim e disse: "Sinto muito. Sei que há algo errado comigo".

"Não, ele não fez isso", Dunham disse. Mas Karr garantiu: "Fez, sim". Ela refletiu sobre a experiência: "Fiquei tão feliz por ter desligado o celular! Preciso ajudá-lo a se sentir um pouco melhor ou algo do tipo, fazer com que se sinta como se tivesse alguma ação no mundo. O que isso me custou? Você entende o que quero dizer? Para mim, muitas vezes entro na missa, olho para as pessoas e penso: *Esse não é o meu povo*. Mas sempre, no final da missa, vou embora e as pessoas parecem diferentes para mim".[44]

As pessoas parecem diferentes sob o ângulo da graça: em vez de serem concorrentes ou ameaças, são presentes. Algumas são até amigas.

NÃO É DE se admirar que, depois da reviravolta de Agostinho, quando a graça finalmente tornou a escolha possível, quando ele abraçou e se tornou a

---

[44] Lena Dunham, "The All-American Menstrual Hut", *Lenny*, 31 de janeiro de 2017, https://www.lennyletter.com/story/the-all-american-menstrual-hut.

versão de si mesmo que o assombrava, ele imediatamente se voltou para seu amigo Alípio. Passando para o próximo trecho das Escrituras, depois que Agostinho abriu a Bíblia em Romanos 13, "Alípio aplicou isso a si mesmo e sem qualquer agonia de hesitação, juntou-se a mim".[45] Mas é claro que ele esteve lá o tempo todo.

E estaria pelo resto de sua vida. Alípio seria uma das presenças mais constantes na vida de Agostinho, mesmo que eles não gostassem de viver muito próximos. Batizados juntos, Alípio também se tornaria sacerdote e depois bispo em Tagaste. Foram quase inseparáveis e, se a vida de Agostinho fosse um filme de estrada, Alípio seria o aliado fiel que no final prova ser o amigo mais fiel.

Em um de seus primeiros escritos, *Solilóquios*, Agostinho testemunha a profundidade de sua amizade de modo indireto. *Solilóquios* são um tipo de diálogo interno de Agostinho, em que ele conversa com a "Razão". Ela pergunta: "O que você quer saber?". Ele responde: "Sobre Deus e a alma". Ela insiste: "Nada mais?". E ele diz: "Nada".[46] Mas isso resulta em questões sobre a possibilidade de conhecimento. *Podemos* conhecer a Deus com algum tipo de intimidade e confiança?

A Razão pergunta: "Se alguém prometesse lhe dar um conhecimento de Deus como o que você tem de Alípio, você não ficaria agradecido e diria que foi o bastante?". O conhecimento de Alípio é tão íntimo quanto Agostinho poderia imaginar. Ele responde: "Realmente devo agradecer, mas não dizer que foi o suficiente". E por que não? Ele admite: "Não conheço a Deus como conheço Alípio, mas nem Alípio conheço tão bem". Esse não é um sinal de que Alípio não está por perto. Pelo contrário, o ponto é que, mesmo quando se trata daqueles que são mais próximos de nós, que são almas gêmeas, nossas "caras-metades", até eles mantêm um segredo, um "detalhe" que nos escapa. A Razão o repreende: "Você ousa afirmar que seus amigos mais chegados lhe são desconhecidos?". Ele responde: "Não é ousadia nenhuma. Acredito que a lei da amizade seja muito justa quando determina que um homem deve amar

---

[45] *Confessions* 8.12.30 (trad. Chadwick, p. 153).
[46] Agostinho, *Soliloquies* 1.2.7, in *Earlier Writings*, ed. J. H. S. Burleigh (Philadelphia: Westminster, 1953), p. 26. [No Brasil, *Solilóquios* (São Paulo: Paulus, 2014, vol. 11)].

seu amigo como a si mesmo, nem mais, nem menos. Então, sabendo que não me conheço, como posso ser julgado por dizer que não o conheço?".[47] Agostinho explica que conhece Alípio melhor que qualquer um e ele o conhece melhor que ninguém. E ainda assim, guardamos mistérios para nós mesmos. Aqui a visão de amizade também é atormentada por um realismo, ou seja, vemos (a nós mesmos e aos outros) através de um vidro escuro. Existem segredos sobre nós mesmos que nem nós sabemos. Por que deveríamos nos surpreender com o fato de que nossos amigos mais próximos têm um tipo de transcendência que não conhecemos, uma profundidade que não podemos analisar? A amizade abre espaço para o mistério da comunhão e para o mistério que existe por trás da nossa comunhão.

E nada disso destrói ou enfraquece uma amizade. Certamente não abalou a de Alípio e Agostinho, que continuariam amigos muito próximos até o fim de suas vidas. Mais de quarenta anos depois, em 428, Agostinho ainda queria ver o amigo: "Pois também desejo vê-lo o mais rápido possível, agora que há esperança da sua volta, que você me contou por carta".[48] Quando chegaram perto do final de suas vidas, ambos quase sabendo por se conhecerem, Agostinho mal conseguia esperar para ver o amigo que esteve ali desde o começo.

A VERDADE É que Agostinho raramente estava sozinho. Ele viveu em comunidade sua vida inteira. Quando chegou ao cargo de bispo, uma das condições que impôs foi a de fundar uma comunidade monástica de sacerdotes que morariam com ele na residência do bispo. A *Regra de Santo Agostinho* — o código de normas monásticas mais antigo da igreja ocidental — foi originalmente escrito para essa comunidade íntima em torno do próprio Agostinho, que mais tarde seria adotada como regra de vida para as comunidades monásticas agostinianas do mundo todo. A *Regra* é outro exemplo do realismo espiritual

---

[47] *Soliloquies* 1.3.8 (Burleigh, p. 28).
[48] Carta 10*.1, em *Letter*, trad. Roland Teske, SJ, ed. Boniface Ramsey, 4 vols., The works of Saint Augustine ll/1-4 (Hyde Park, NY: New City, 2001-2005), 4:262.

de Agostinho: é um guia honesto e não sentimental dos desafios da vida em comunidade, bem contextualizado com as tendências tortas do coração em relação ao egoísmo, ao esnobismo, à avareza e à exclusão. A *Regra* confronta as realidades da compreensão de classe, bem como a santidade pervertida daqueles que se consideram "se rebaixando" com a maioria. Assim, a *Regra* avisa: "Eles também não devem levantar o nariz por se associarem a pessoas que não ousavam abordar no mundo. Em vez disso, devem elevar o coração, e não buscar preocupações mundanas vazias". Muitas das orientações da *Regra* podem ser resumidas em um de seus aspectos: "O orgulho se esconde até mesmo em boas obras".[49]

O envolvimento agostiniano de comunidade e amizade não é utópico ou idealista. É generosamente claro sobre a realidade de ser-com, identificando os tipos de reclamações e aborrecimentos que ainda afetam até nossas melhores amizades. Reforçando o bem da comunidade, a *Regra* é um conjunto de diretrizes que oferecem um roteiro para amizades do mundo real, em que todo amigo ainda é inclinado ao egoísmo e ao individualismo e o ciúme é uma batalha até mesmo para os santos entre nós. Agostinho testemunha: "Eu não conseguiria ser feliz sem amigos". A comunidade em que ele viveu pelo resto da vida foi uma confirmação disso. É em comunidade que nos encontramos. Precisamos de amigos na estrada. Na *Regra*, o que parece ser um conselho para a viagem acaba sendo para a jornada cósmica em que estamos: "Sempre que vocês saírem, caminharem juntos e, quando chegarem ao seu destino, permaneçam juntos".

---

[49] O texto da Regra de Agostinho pode ser encontrado em https://www.midwestaugustinians.org/roots-of-augustinian-spirituality. [Em português, https://www.agustinosrecoletos.com/wp-content/uploads/2016/09/5270Regra_de_Santo_Agostinho.pdf].

ESCLARECIMENTO: *Como acreditar*

O que desejo quando quero ser racional?

Para o provinciano aspirante, a universidade parece uma escada. Uma educação é uma ferramenta para subir. Infelizmente, vivemos em uma época em que a universidade adotou essa imagem para si mesma. Faculdades são fábricas de credenciais, e a Ivy League é uma agência de empregos ridiculamente cara que conecta a nova meritocracia com os fundos de cobertura e as secretarias da Suprema Corte, que funcionam como escadas rolantes para a riqueza e o poder.

Em outras palavras, não aconteceram grandes mudanças desde que um jovem Agostinho foi para Cartago. Os estudos eram quase uma distração das atividades extracurriculares: jogar e transar. E o aprendizado em si foi instrumentalizado como um meio para conquistar algum outro bem: "Meus estudos, que foram considerados louváveis, tinham o objetivo de me levar a uma posição de destaque como advogado nos tribunais, onde a reputação de uma pessoa é proporcional ao seu sucesso em enganar outras".[1] As artes liberais, na experiência de Agostinho, eram armas, e não um currículo para o cultivo da alma. A visão de que sua educação universitária poderia tocar em questões de sabedoria era quase absurda.

Mas até relógios quebrados estão certos duas vezes por dia, e até um currículo ilegítimo pode ser um portal para outro mundo. Em uma universidade que se concentra na busca por lucro e prestígio, um currículo de artes liberais persistente é como um eco distante que continua chamando. Você nunca sabe quando a voz calma e baixa de Platão acabará com todo o barulho da

---

[1] Agostinho, *Confessions* 3.3.6, trad. Henry Chadwick (Oxford: Oxford University Press, 1991), p. 38. [No Brasil, *Confissões* (São Paulo: Paulus, 1997)].

vida de um rapaz de fraternidade e ressoará como um toque de despertar para uma alma — que seu corpo tenso, inquieto e voraz *tem* uma alma, que ela é feita para uma busca e não meramente para conquistas sexuais, e que existe um tipo de aprendizado que não apenas lhe posiciona, como transforma.

Foi o que aconteceu com Agostinho. No caldeirão carnal fervilhante de Cartago, onde os alunos levavam o vandalismo mais a sério do que os estudos e todos estavam lá à procura apenas de uma saída, Agostinho foi designado para ler Cícero, e nessa leitura testemunhamos sua primeira conversão. O *Hortênsio*, de Cícero, uma exortação para buscar a sabedoria, pegou Agostinho desprevenido e o deixou balançado. Mexeu em partes de sua alma das quais ele não tinha consciência. Ele lembra: "O livro mudou meus sentimentos. Transformou minhas orações, Senhor, direcionando-as para ti mesmo. Isso me trouxe diferentes valores e prioridades. Repentinamente todas as esperanças vãs se tornaram vazias para mim e passei a desejar a imortalidade da sabedoria com um grande ardor em meu coração".[2] A filosofia havia plantado um espinho existencial em seu coração e ele não podia arrancá-lo.

Na década seguinte, Agostinho viveria o que Charles Taylor chamaria de existência "pressionada", sendo puxado em diversas direções, um playboy que foi picado pelo mosquito da filosofia.[3] Interesse e curiosidade foram renovados, mas os velhos hábitos e a fome permaneceram vivos e bem. A filosofia se tornou algo que ele *acrescentou* à sua vida, não um modo de vida. E é realmente notável como a filosofia — o suposto amor à sabedoria — pode ser domesticada por outros hábitos que persistem no coração, de modo que ela se torna verdadeiramente apenas mais uma luxúria, mais um jogo de dominação e conquista (algo que eu já vi em mil cursos de filosofia no segundo ano e, infelizmente, em muitos dos filósofos "profissionais"). O encontro com *Hortênsio*, de Cícero, deu origem a algo novo em Agostinho, mas seu interesse infantil pela sabedoria se tornou a criança que serviu a outros mestres que ainda ocupavam seu coração.

---

[2] *Confessions* 3.4.7 (trad. Chadwick, p. 39).
[3] Cf. Charles Taylor, *A Secular Age* (Cambridge, MA: Harvard University Press, 2007), p. 300-4 [no Brasil, *Uma era secular* (São Leopoldo, RS: Unisinos, 2010)]. Para uma discussão, cf. James K. A. Smith, *How (Not) to Be Secular: Reading Charles Taylor* (Grand Rapids: Eerdmans, 2014), p. 62-5.

Agostinho acabou dando um nome a esse tipo de relação tumultuada com a sabedoria e o aprendizado: *curiositas*. Para ele, a curiosidade não é o espírito de investigação que valorizamos e incentivamos, e sim um tipo de busca por conhecimento que não sabemos para que serve — um conhecimento sem razão de ser, digamos assim, ou talvez mais especificamente, o conhecimento com a intenção de sermos conhecidos como alguém que sabe.[4] Para Agostinho, o *motivo* pelo qual quero conhecer é um indicador do tipo de amor que motiva meu aprendizado. Estou aprendendo para crescer, para saber quem e como amar? Ou para exercer poder, ser notado, ser visto como inteligente, estar "por dentro"? O amor desordenado pelo ato de aprender faz de você um mero técnico de informações para algum outro objetivo que não a sabedoria, e a ironia é que a filosofia pode se transformar em apenas outra forma de idolatria. Na verdade, Agostinho ainda via isso em si mesmo no tempo em que foi professor: "Eu tentava usar minha educação para agradar outras pessoas: não para ensiná-las, apenas agradá-las".[5]

A curiosidade é caracterizada pela fetichização de algo como "verdade", com a intenção de servir aos meus próprios interesses e fins. Quando o aprendizado é reduzido a *curiositas*, a verdade e a sabedoria reais são desprezadas como uma afronta aos *meus* interesses, à *minha* autoridade, à *minha* autonomia e me torno um chamado filósofo (amante da sabedoria), segundo Agostinho, para quem a verdade real "gera ódio". Seu diagnóstico do que está acontecendo aqui é pontual:

> Seu amor pela verdade assume a forma de amar outra coisa e desejar que esse objeto do amor seja a verdade. E como não desejam ser enganados, também não desejam ser convencidos de que estão enganados. E assim eles odeiam a verdade por causa do objeto que amam, em vez da verdade. Amam a verdade pela luz que ela lança, mas odeiam quando ela mostra que estão errados.[6]

O que se disfarça de busca pela verdade se torna um plano para confirmar meus preconceitos e me deixar confortável, para justificar meu contentamento

---

[4] Por isso, ele liga isso ao "caos da distração" (*Confessions* 10.35.56).
[5] Agostinho, *Confessions* 6.9, trad. Sarah Ruden (Nova York: Modern Library, 2017), p. 147.
[6] *Confessions* 10.23.34 (trad. Chadwick, p. 199-200).

com o que devo usar. Se a verdade real atrapalha meu prazer, ressinto-me dela ainda mais. O que eu amo neste caso é a *minha* verdade, não a verdade. Heidegger comenta: "O que é amado no momento, um amor pelo qual se cresce por meio da tradição, moda, conveniência, ansiedade de inquietação, ansiedade de repentinamente se tornar vazio: é isso que se torna a própria 'verdade'".[7] Esse diagnóstico agostiniano, adotado por Heidegger na década de 1920, parece cada vez mais verdadeiro em uma cultura de cliques e curtidas:

> Eles amam (a verdade) quando ela os encontra bem animados, para desfrutá-la esteticamente, com toda a conveniência, assim como eles apreciam todo o *glamour* que, de forma envolvente, relaxa-os. Mas eles odeiam quando ela os pressiona com força. Quando diz respeito a eles mesmos, e quando os intimida e questiona sua própria facticidade e existência, é melhor fechar os olhos a tempo, para se entusiasmar com as litanias do coral que alguém encenou diante de si mesmo.[8]

A *curiositas* gera sua própria ansiedade desenfreada, porque agora eu tenho que "acompanhar" e me manter informado, tentando ser a pessoa que conhece antes de todos os outros (pesquise no Google: "Portlandia OVER"). É a exaustão de estar constantemente "por dentro", o que explica por que *esse* tipo de busca pela "verdade" nunca parece a *beata vita*, a vida feliz. Como Heidegger aponta: "A atividade vibrante em que são absorvidos e os truques baratos a que se entregam os tornam ainda mais infelizes".[9] Estar entre os "esclarecidos" é um benefício que vem com sua própria ansiedade de ser descoberto — de *não* saber, de estar no grupo externo dos ignorantes, e não no santuário interno de piscadelas, acenos de cabeça e piadas internas. *Curiositas* é o fardo ansioso de precisar ser sempre esperto.

---

[7] Martin Heidegger, *Phenomenology of Religious Life*, trad. Matthias Fritsch e Jennifer Anna Gosetti-Ferencei (Bloomington: Indiana University Press, 2004), 147. [No Brasil, *Fenomenologia da vida religiosa*, 2. ed. (Petrópolis: Vozes, 2014)].
[8] Heidegger, *Phenomenology of Religious Life*, 148.
[9] Heidegger, *Phenomenology of Religious Life*, 147. Cf. a conversa de *Atlantic* com William Deresiewicz: Lauren Cassani Davis, "The Ivy League, Mental Health, and the Meaning of life", *Atlantic*, 19 de agosto de 2014, https://www.theatlantic.com/education/archive/2014/08/qa-the-miseducation-of-our-college-elite/377524.

Se o encontro com o *Hortênsio*, de Cícero, despertou alguma coisa em Agostinho, não foi a verdadeira *filosofia*, o amor à sabedoria, e sim um desejo de conhecimento que serviu a outros desejos — pelo progresso e acesso a um círculo interno.[10] Ele não estava muito interessado na sabedoria, queria simplesmente fazer parte da multidão esclarecida. Ainda era uma vontade de *pertencer*, o que explica perfeitamente o motivo pelo qual, pouco depois desse alerta, Agostinho se encontrou com os maniqueus.

Esse desvio na jornada de Agostinho — e seu confronto ao longo da vida com os maniqueus — parecerão irrelevantes para os perscrutadores do século XXI se considerarmos meramente o que esses devotos de Mani acreditavam. Os ensinamentos de Mani são tão estranhos e fantásticos que parecem não ter nenhum análogo contemporâneo. Não é como se o maniqueísmo fosse uma opção válida nos dias atuais. Como Robin Lane Fox comenta em seu relato breve, mas amplo, "a cosmologia de Mani ataca o que ele chamaria de 'semicristãos' como um mito fervilhante, mais parecido com *Star Wars* do que com seu próprio cristianismo".[11] Na verdade, seu dualismo radical, com forças eternas da Escuridão e da Luz escritas no tecido do cosmos, parece algo que veríamos somente em *Game of Thrones*. (O fato de seus ritos parecerem incluir uma cabala dos eleitos que consomem pão assado a partir de farinha "fertilizada" por rituais sexuais infelizmente não é totalmente estranho hoje.)

Precisamos olhar além do conteúdo da doutrina dos maniqueus e ver o que realmente atraiu Agostinho: a *forma* com que eles alegavam saber. O que vale lembrar sobre a atração de Agostinho pelo maniqueísmo é menos o que eles ensinaram e mais como realizaram esse ensino. Sobre isso, perceberemos algo absurdamente contemporâneo em relação à postura epistêmica dos maniqueus: eles eram os "racionalistas" de sua época. Ainda que a visão de mundo deles pareça fantástica para nós, os maniqueus se orgulhavam de

---

[10] Cf. Agostinho, *The Happy Life* 1.4. [No Brasil, *A vida feliz* (São Paulo: Paulus, 2014, vol. 11)].
[11] Robin Lane Fox, *Augustine: Conversions to Confessions* (Nova York: Basic Books, 2015), p. 105-11, citação de 105.

terem escapado da superstição e dos constrangimentos de acreditar, tendo chegado às margens do *conhecimento* esclarecido. Na verdade, não é exagero afirmar que os maniqueus se consideravam os cientistas mais valiosos: em vez de confiar no testemunho dos profetas, seu conhecimento se baseava no curso do Sol, da Lua e das estrelas. Essas fontes de luz e de esclarecimento secreto eram os "Brilhantes" de seus dias. Orgulhavam-se de recusar a autoridade e de *saber* como as coisas funcionavam.[12]

Então a atração era menos pelo poder explicativo e mais pela associação com pessoas que imaginavam confiantemente ter uma explicação para tudo e eram bem conectadas com as altas e as baixas esferas do tecido social. (Foram os vínculos maniqueístas que levaram Agostinho a seus compromissos em Roma e Milão.) A atração dos maniqueus era um conjunto entrelaçado de benefícios que falava diretamente com um provinciano aspirante que fugia da fé herdada de sua mãe, recém-interessado em estar "por dentro" e ainda escalando posições de poder e influência.

Em 392, pouco tempo depois de ser ordenado ao sacerdócio, Agostinho escreveu a um velho amigo, Honorato, que ainda estava ligado aos maniqueus. Agostinho se sentia culpado em relação a ele, pois foi por sua causa que Honorato se juntou a eles. Se ele escreve de modo apaixonado e pastoral a um amigo desviado, é porque Agostinho também está escrevendo para o seu "eu" mais jovem, como se devesse isso a ele como um ato de penitência. Mas isso também significa que Agostinho sabe algo sobre a psicologia da atração *aqui de dentro*. Ele escreve: "Querido amigo, não há nada mais fácil do que dizer que alguém descobriu a verdade e até pensar nisso, mas pelo que escrevo aqui, tenho certeza de que você entenderá como é realmente difícil".[13] Imaginem Agostinho, um padre recém-ordenado, escrevendo para Honorato, que está ocupado lendo os novos ateus.

A atração pelo maniqueísmo se baseava na associação com pessoas que confiantemente ofereciam uma *postura* e uma doutrina. Agostinho lembra

---

[12] Para uma introdução ao culto dos Brilhantes, cf. Daniel Dennett, "The Bright Stuff", *Nova York Times*, 12 de julho de 2003, https://www.nytimes.com/2003/07/12/opinion/the-bright-stuff.html.

[13] Agostinho, *The advantage of Believing* 1.1, in *On Christian Belief*, trad. Ray Kearney, ed. Boniface Ramsey, The Works of Saint Augustine I/8 (Hyde Park, NY: New City, 2005), p. 116.

ao amigo: "Nós fomos atraídos por eles porque declararam com autoridade espantosa, bem longe do raciocínio puro e simples, que se alguém escolhesse ouvi-los, eles o levariam a Deus e o libertariam de todos os erros". Eles prometeram um caminho de superar aqueles que são "amedrontados pela superstição". Agostinho questiona: "Quem não se sentiria seduzido por promessas como essa? Eu pergunto: O que lhe atraiu? Imploro que você tente lembrar: não foi uma grande suposição e promessa de provas?". Agostinho lembra que os maniqueus nos encontraram em um momento oportuno, "desprezando as 'histórias antigas das esposas' (contadas pelas mães?) e ansiosos para receber e absorver a verdade aberta e não contaminada que eles prometeram".[14]

Essa é uma receita familiar para o recrutamento, apresentada hoje por fontes racionalistas de cientific*ismo* que prometem desvendar todos os mistérios do universo por meio de uma "ciência" que mostra que não há nada. De Richard Dawkins a Steven Pinker, os sacerdotes do esclarecimento são profetas de superação, prometendo mais um *status* do que uma explicação correta. E nós acreditamos, nem tanto pelo fato de o "sistema" funcionar intelectualmente (muitas vezes não gastamos nem energia para confirmar as evidências e eliminamos as questões restantes), mas principalmente porque vem com um fascínio de iluminação e sofisticação, com o benefício extra de jogar fora a ingenuidade da fé simplista de nossos pais. O que o "conhecimento" deles oferece é um atalho para a respeitabilidade.

Só não faça muitas perguntas quando você começar. Esse foi o problema de Agostinho: na verdade, ele não estava satisfeito com essa associação, o que ele queria realmente era entender. E quando ele pressionava os maniqueus com perguntas, eles sempre tinham a mesma resposta: espere até Fausto chegar aqui e ele explicará tudo.[15] Porém, ele não o fez. Nesses círculos de esclarecimento, existem sempre perguntas que você não tem permissão para fazer, como Agostinho acabou descobrindo.

Ao escrever para Honorato, Agostinho não apresenta um contraponto às doutrinas específicas dos maniqueus (ele faz isso constantemente em

---

[14] *Advantage of Believing* 1.2 (trad. Kearney, p. 117).
[15] *Confessions* 5.6.10—5.7.13.

outros momentos). Em vez disso, poderíamos dizer que sua crítica é mais "radical", chegando à *"radix"* — a raiz — de sua postura epistêmica, que eles afirmam defender. Os racionalistas maniqueus "se vangloriam por não imporem uma crença, e sim abrirem uma fonte de doutrina". Eles "atraem números em nome da razão".[16] Em outras palavras, os maniqueus se orgulhavam de sua recusa em se submeter a qualquer autoridade fora de sua própria razão, o que não era tão diferente do grito de guerra do ensaio de Immanuel Kant, "Respondendo à pergunta: O que é o Iluminismo?". Quatorze séculos depois: *Sapere aude*! Tenha coragem de usar sua própria razão! É a mesma palavra de ordem usada hoje por quem gosta de se imaginar como um "pensador livre".

Mas Agostinho puxa o tapete da postura fingida de autossuficiência racional. Todos acreditam. Todos se submetem a algum tipo de autoridade. E todas essas pessoas que se orgulham do esclarecimento decidiram simplesmente trocar a crença em um conjunto de autoridades pela crença em outro conjunto. Agostinho aponta que a "credulidade" não é um defeito, é inerente ao ser humano. Irônico, Agostinho aponta o número de vezes que Honorato espera que seu interlocutor confie e *acredite* nele, para que ele possa lhe mostrar o caminho do esclarecimento.[17] Ele defende que a confiança é o oxigênio da sociedade humana, e ato de acreditar no testemunho dos outros está no centro da atividade científica. O entendimento não transcende a crença, ele *depende* da mesma. Agostinho observa ironicamente que, se alguém disser que acreditar é errado, "Não acho que ele possa ter amigos. Se é errado acreditar em alguma coisa, então ou alguém está errado quando crê em um amigo ou ele nunca crê em um amigo, então não vejo como uma pessoa pode considerar a si mesma ou seu amigo um verdadeiro amigo".[18] Agostinho ataca a essência da oferta maniqueísta: não apenas esclarecimento, mas também *pertencimento*, um círculo daqueles que estão "por dentro", uma amizade iluminada. Na verdade, por que nunca teríamos sido atraídos pelos maniqueus se não acreditássemos no que eles prometeram?

---

[16] *Advantage of Believing* 9.21 (trad. Kearney, p. 133).
[17] *Advantage of Believing* 10.24.
[18] *Advantage of Believing* 10.23 (trad. Kearney, p. 134).

"Eu não me aproximaria de alguém que me proibisse de acreditar, a não ser que acreditasse em algo. Poderia existir insanidade maior do que o fato de eles me culparem apenas por eu ter uma crença que não é sustentada pelo conhecimento, embora somente isso tenha me trazido a eles?"[19]

Agostinho não promete uma versão diferente do esclarecimento autossuficiente para combater o que os maniqueus oferecem. Ele questiona o próprio mito de tal postura. A questão não é *se* você vai acreditar, mas em *quem*; não é meramente o que acreditar, mas em quem *confiar*. Você realmente quer confiar em si mesmo? Pensamos realmente que a humanidade é a nossa melhor aposta? Que somos a resposta para nossos problemas, nós que geramos todos eles? O problema de tudo, desde o cientificismo iluminista até o *Comer-rezar-amar*-ismo piegas, somos nós. Se algo parece irracional, é o conceito de que somos nossa melhor esperança. Assim, Agostinho chama Honorato para analisar o que está no centro do cristianismo, que não é um ensinamento em si, mas um acontecimento, um evento impensável na perspectiva maniqueísta e, mesmo assim, que fala sobre as necessidades mais profundas e os maiores medos da humanidade. "Portanto, como temos que nos moldar em um ser humano, mas sem depositar nossas esperanças no mesmo, Deus poderia ter feito algo mais gentil ou mais generoso do que a sabedoria real, eterna e imutável do próprio Deus, à qual devemos nos apegar, cedendo para assumir a forma humana? [...] Com seu nascimento milagroso e suas obras ele ganhou nosso amor, mas com sua morte e ressurreição, eliminou nosso medo."[20] Muitos anos depois, em 417, ainda confrontando o desafio do racionalismo dos maniqueus, Agostinho pediu à sua congregação em um sermão: "Você não pode ser sua própria luz. Você não pode, simplesmente não pode. [...] Precisamos de esclarecimento, não somos a luz".[21] Você confiará em alguém. Você confiaria sua própria pessoa Àquele que se entregou por você?

---

[19] *Advantage of Believing* 14.30 (trad. Kearney, p. 141).
[20] *Advantage of Believing* 15.33 (trad. Kearney, p. 144).
[21] Sermão 182.4-5, citado em Justo L. González, *The Mestizo Augustine: A Theologian Between Two Cultures* (Downers Grove, IL: IVP Academic, 2016), p. 93.

NÃO HÁ RAZÃO para se apressar. Agostinho levou muito tempo para considerar isso. Seu desencanto com as falsas promessas feitas pelos maniqueus não resultou em uma defesa imediata do cristianismo. Na realidade, o resultado foi um período longo de ceticismo desestabilizador, uma simpatia pelos "acadêmicos", céticos que se desesperavam cada vez que chegavam à verdade.[22] Enquanto ele ainda estava feliz por desfrutar das ligações dos maniqueus para conseguir seu posto em Milão, quando conseguiu, chegou ao ceticismo.

Nossas lutas cerebrais são constantemente entrelaçadas com outras ansiedades. O que identificamos como barreiras intelectuais são, às vezes, manifestações de bloqueios emocionais. Orgulhamo-nos por sermos racionais, mas depois perdemos os preconceitos e os pontos cegos que constituem nossa racionalidade (uma característica da condição humana confirmada por avanços recentes na economia comportamental). Decidimos que algo "não faz o menor sentido" quando não queremos mais ser associados às pessoas que acreditam ou quando uma "luz acende" e "vemos" algo depois de passarmos algum tempo com pessoas que acreditam. A racionalidade acaba sendo mais flexível do que imaginamos.

Às vezes, a plausibilidade está ligada a uma pessoa. Para Agostinho, a virada não foi um argumento, e sim Ambrósio; o que ele disse, ensinou e pregou não foi insignificante. Mas o que causou impacto na imaginação de Agostinho foi a própria pessoa de Ambrósio — o que ele representava em seu estilo de vida, pois era um modelo vivo de alguém que integrava o aprendizado à fé cristã ardente. Se, até aquele momento, baseado em sua experiência de infância, Agostinho tinha concluído que os cristãos eram simples, retrógrados e ingênuos, o encontro com Ambrósio seria a experiência desestabilizadora de conhecer alguém com poder de fogo intelectual que também seguia Jesus. Até mais do que isso, foi a hospitalidade de Ambrósio que levou Agostinho a reconsiderar a fé que ele rejeitou por não considerá-la esclarecida. O que

---

[22] Cf. o primeiro diálogo de Agostinho, *Against the Academicians*, em *Against the Academicians and the Teacher*, trad. Peter King (Indianapolis: Hackett, 1995). [No Brasil, *Contra os acadêmicos* (São Paulo: Paulus, 2014)].

mudou as estruturas da credibilidade de Agostinho? O *amor*. Sua recordação é calorosa e fala de uma fome ainda mais importante que a intelectual: "Aquele homem de Deus me recebeu como um pai toma um bebê recém-nascido em seus braços e, na melhor tradição dos bispos, ele me valorizou como um estrangeiro".[23] Mais do que argumentos ou provas, Ambrósio ofereceu ao questionador Agostinho algo pelo qual ele estava faminto: um lar, santuário, descanso. Para esse refugiado em uma nova cidade, tendo chegado ali com perguntas e tantas inquietações em sua vida, a catedral de Milão se tornou um avanço do lar que este emigrado espiritual buscava. E ali havia um pai esperando para recebê-lo.

Esse foi o argumento que ele mais tarde destacou em *O benefício de crer*: existe uma relação com a plausibilidade. A iluminação depende da confiança. O esclarecimento é coletivo. Não é que Agostinho venha imediatamente para confirmar a fé católica. A bondade e a hospitalidade de Ambrósio com um estranho precoce eram a condição afetiva para ele reconsiderar a fé que havia desdenhado. "Podemos dizer que fiquei fascinado por ele, a princípio não como professor da verdade — já que eu não tinha nenhuma esperança em sua igreja —, mas simplesmente como uma pessoa que era bondosa comigo."[24] Você pode sentir nesse encontro um pouco da gratidão do estrangeiro africano por não ter sido marginalizado por um intelectual no centro do poder. Não é que ele imediatamente passe a acreditar, é o cristianismo que se torna cada vez mais crível (e o maniqueísmo cada vez menos). Ele admite: "Embora até aqui eu ainda não tivesse verificado se a igreja ensinava a verdade, ela claramente não estava ensinando o que eu a acusava de forma tão detestável de ensinar".[25] Agostinho percebeu em Ambrósio que o cristianismo que ele rejeitava não era cristianismo. Mas foi o amor e a recepção de Ambrósio que criaram o espaço intelectual para ele começar a pensar assim.

Essa relação entre amor e conhecimento, afeto e compreensão, se tornaria uma marca do pensamento de Agostinho pelo resto de sua vida. Ao destacar constantemente: "Acredito para então entender", o ponto mais subterrâneo

---

[23] *Confessions* 5.23 (trad. Ruden, p. 131).
[24] *Confessions* 5.23 (trad. Ruden, p. 131).
[25] *Confessions* 6.5 (trad. Ruden, p. 141).

de Agostinho foi: "Amo para então conhecer". Ele confirmou isso em *Solilóquios*, um de seus primeiros trabalhos após sua conversão. Adotando uma metáfora visual para o conhecimento — como no "olho da mente" —, Agostinho escolhe a metáfora platônica do conhecimento por meio do esclarecimento. Mas existe uma diferença importante: "é o próprio Deus quem esclarece tudo". A Razão, interlocutora de Agostinho, continua: "Eu, Razão, estou nas mentes como o poder de olhar está nos olhos. Ter olhos não é a mesma coisa que olhar e olhar não é o mesmo que ver. Portanto, a alma precisa de três coisas: olhos que possam ser usados corretamente, olhar e ver".[26] Mas somente os olhos saudáveis podem ver e a fé restaura a saúde dos olhos.

"Se a mente não acreditar que só assim conquistará a visão, não buscará a cura." Em outras palavras, se o ceticismo deixa-nos em desesperança para alcançar a verdade, jamais a buscaremos. "Desse modo, a fé precisa vir acompanhada da esperança." Mas a razão só será motivada a essa busca se também for incentivada por um desejo, se almejar a luz prometida. "Portanto, um terceiro item é necessário: o amor."[27] Se isso continua abstrato nos diálogos platônicos do começo de sua carreira, em *Confissões* vemos esse ponto sendo enfatizado. Não é meramente que a razão precise de amor para conhecer. Preciso ser amado por esse conhecimento, acolhido por essa crença, abraçado por tal esperança. Se os argumentos fizerem você mudar de ideia, é apenas porque um Ambrósio o recebe bem casa.

O ACOLHIMENTO DE Ambrósio não sufocou as perguntas. Não havia dicotomia, somente uma prioridade: não amar em vez de entender, mas amar com a intenção de entender. Se Ambrósio criou uma mudança nas estruturas da credibilidade de Agostinho, isso significa que ele poderia analisar novamente se o cristianismo tinha recursos para responder a algumas de suas perguntas

---

[26] Agostinho, *Soliloquies* 1.6.12, in *Earlier Writings*, ed. J. H. S. Burleigh (Filadélfia: Westminster, 1953), p. 30. [No Brasil, *Solilóquios* (São Paulo: Paulus, 2014, vol. 11)].
[27] *Soliloquies* 1.6.12 (Burleigh, p. 31, grifo nosso).

mais antigas e persistentes: sobre o mal, a natureza de Deus, o livre-arbítrio e outras questões intelectuais que continuavam a persegui-lo. O relacionamento com Ambrósio o levou a encontrar uma fonte intelectual no cristianismo que ele não sabia que existia ali, como se estivesse chegando a um poço artesiano que estava bem sob seus pés durante todo o caminho de volta para casa na África.

Aos poucos, Agostinho começou a perceber o quão atrofiada estava a sua imaginação filosófica. Enquanto os maniqueus lhe prometeram esclarecimento, ele percebeu que eles tinham oferecido à sua imaginação uma variação limitada de instrumentos cegos, que eram ferramentas inadequadas para os questionamentos complexos que ele estava fazendo. Seus músculos conceituais tinham uma extensão limitada de movimentos. Por exemplo, ele era incapaz de imaginar um tipo de essência que não fosse de alguma forma material — tudo o que existia tinha que ser físico.[28] Isso limitava sua habilidade de imaginar um Deus que transcendesse o tempo e a criação, bem como sua capacidade de entender seus próprios poderes mentais, a natureza da alma. Da mesma maneira, por causa dos hábitos mentais que ele incorporou dos maniqueus, quando tentou entender a origem do mal, ele disse: "Procurei de forma impecável e não vi falhas em minha própria busca".[29] Lentamente começou a amanhecer nele: a trama que lhe prometeu esclarecimento acabou sendo notavelmente paroquial. Os esclarecidos que se orgulhavam de serem racionais estavam trabalhando com um conjunto de ferramentas intelectual limitado, mas nunca haviam contado a ele (provavelmente por não o terem percebido).

O avanço intelectual de que Agostinho necessitava aconteceu, mais uma vez, a partir da filosofia, mas dessa vez não de Cícero. Em vez disso, seriam "os livros dos platonistas" que restabeleceriam sua imaginação teórica — ou, para mudar a metáfora, serviriam como um ginásio intelectual onde ele poderia se empenhar para aumentar a amplitude de movimentos de seus músculos conceituais. Ele pôde chegar a conclusões que não estavam disponíveis para ele antes, exercitando sua mente em torno de ideias conceitualmente fora

---
[28] *Confessions* 7.1.1.
[29] *Confessions* 7.5.7 (trad. Chadwick, p. 115).

de alcance, oferecendo novas possibilidades para resolver algumas questões e viver de modo coerente. Ele não precisaria escolher entre a fé e a razão. A filosofia seria a introdução de seu acolhimento ao cristianismo.

Mas essa união do platonismo e do cristianismo resultaria em suas próprias tensões e levaria Agostinho a fazer uma escolha. Tem-se escrito muito sobre seu platonismo e não há dúvidas de que o platonismo — mais especificamente, o neoplatonismo de Plotino — ofereceu um apoio intelectual importantíssimo no momento de sua conversão e pelo resto de sua vida. Em *A verdadeira religião*, um de seus primeiros trabalhos, Agostinho retrata o cristianismo como a conclusão do platonismo — que, se Platão estivesse vivo na era cristã, seria também seguidor de Jesus.[30]

Porém, superestimar a continuidade é perder o que Agostinho vê como uma distinção fundamental do cristianismo que faz toda a diferença: a humildade. O platonismo elevou seu foco do que é temporário e material para o que é eterno e invisível. Ajudou-o a conceber uma *ascensão* às coisas superiores, à pureza e à eternidade do Bem. Mas o que o platonismo nunca poderia ter imaginado era que o Bem desceria até nós, que o Deus eterno consentiria com o tempo e o corpo, que o divino se humilharia e se rebaixaria para levar a humanidade para casa.

Agostinho conta que os livros dos platonistas o ajudaram a entender metade do evangelho: "No princípio era aquele que é a Palavra. Ele estava com Deus, e era Deus", como diz o prefácio do Evangelho de João. Mas isto não li ali: "Veio para o que era seu, mas os seus não o receberam. Contudo, aos que o receberam, aos que creram em seu nome, deu-lhes o direito de se tornarem filhos de Deus".[31] Que o Filho poderia ser igual a Deus é algo que os livros dos platonistas claramente o ajudaram a entender. Porém, não encontramos o seguinte trecho nesses livros: "Mas esvaziou-se a si mesmo, vindo a ser servo" (Filipenses 2:7).[32] As filosofias de ascensão confirmariam seus piores vícios: o orgulho e a arrogância do alpinista, a autossuficiência do intelectual que pensaria no caminho da salvação e parabenizaria a si mesmo na chegada. Mas

---

[30] Agostinho, *Of True Religion* 3.3-4.7. [No Brasil, *A verdadeira religião* (São Paulo: Paulus, 2014, vol. 19)].
[31] *Confessions* 7.9.13 (trad. Chadwick, p. 121).
[32] *Confessions* 7.9.14 (trad. Chadwick, p. 121-2).

aqui estava o escândalo do cristianismo: "Você não pode vir até aqui daí", diz Deus, "então irei buscá-lo".

Para alguém que se sentia atraído pelo elitismo do esclarecimento, que havia tentado entrar no clube maniqueísta exclusivo dos eleitos, que se ergueu acima das massas e chegou ao topo, talvez a parte mais escandalosa do cristianismo fosse a democratização total do esclarecimento — a forma como o evangelho defendia a graça do mesmo para todo e qualquer um. Você pode sentir isso em uma observação esnobe feita por Agostinho logo antes de sua conversão no jardim. Depois de ouvir diversas histórias de pessoas descobrindo como chegar ao Caminho, ele diz: "Voltei-me para Alípio e clamei: 'O que há de errado conosco? O que foi isso que você ouviu? Pessoas sem educação estão se erguendo e conquistando o céu, enquanto nós, com nossa alta cultura e sem coração — veja onde rolamos, na lama de carne e sangue. É porque eles estão à nossa frente que temos vergonha de seguir em frente?'".[33]

O platonismo endireitou alguns lugares tortos na imaginação de Agostinho, permitindo-lhe encontrar a direção para o caminho em Jesus, na compreensão de Deus de se tornar humano, e mais ainda em se humilhar ao ponto da morte, até a morte em uma cruz desprezada. Agostinho viu uma humildade inigualável no mundo antigo e impensável para os filósofos. Essa humildade resultou em uma oferta de graça e misericórdia epistêmica que ultrapassou todos os limites de classe e tribo. A afronta à filosofia era que "tu escondeste essas coisas dos sábios e as revelou aos ingênuos, que quem trabalhasse duro e estivesse sobrecarregado deveria vir a ele para ser restaurado".[34] Agostinho expulsa as muletas pretensiosas do trabalho intelectual: "Aqueles que se erguem no ar, como se pelas botas de um ensinamento mais nobre, as botas de plataforma dos atores usam supostamente para representar as divindades, não ouvissem Jesus dizendo: 'Aprendam comigo, pois sou gentil e humilde de coração e vocês encontrarão descanso para suas almas'".[35] O platonismo oferecia uma escada para (re)conectar Deus e a humanidade. No cristianismo, Deus desce.

---

[33] *Confessions* 8.9.19 (trad. Chadwick, p. 146).
[34] *Confessions* 7.9.14 (trad. Chadwick, p. 122).
[35] *Confessions* 7.14 (trad. Ruden, p. 186-7).

Albert Camus é realmente alguém que apreciou essa diferença fundamental — que no confronto entre a filosofia e o cristianismo, entre o platonismo e o evangelho, era a realidade da *graça*. Ele observa corretamente: "No cristianismo, não é o raciocínio que preenche esse vazio, e sim um fato: Jesus chegou".[36] Isso mostra inevitavelmente quantos buscadores sinceros acabam naufragando. Insistem em remar em seu próprio barco e rejeitam a balsa que é uma cruz.

Na leitura de Camus, o gnosticismo foi "uma das primeiras tentativas de colaboração greco-cristã", mas uma em que os gregos venceram os cristãos precisamente porque, no final, o gnosticismo recusa o escândalo da graça: "Os espirituais são salvos apenas por gnose ou conhecimento de Deus. [...] A salvação é *aprendida*".[37] O resultado é um pelagianismo epistêmico que lembra a arrogância do viciado: descobrirei isso, encontrarei uma forma, tenho tudo sob controle, a que aqueles que estão em recuperação respondem: "Seu melhor pensamento o trouxe até aqui."

No fundo, o neoplatonismo é outra versão da mesma pretensão, confiante em sua própria ingenuidade. Salvação é contemplação e só as elites epistêmicas têm os meios (e o luxo) para alcançar esse estado. Como Camus afirmou: "Aqui Deus permite que apenas seus admiradores vivam".[38] E é por isso que o neoplatonista se revolta contra a "anarquia" do cristianismo, sua rejeição a uma meritocracia epistêmica e a aristocracia espiritual dos "sábios". Camus destaca que "a teoria da salvação imerecida e irracional é, no fundo, o objeto de todos os ataques" em *Enéadas*, de Plotino.[39] Ele concluiu que o que recebemos de Agostinho é "contrário à encarnação para a contemplação". É Camus, assombrado, mas persistente em rejeitar a opção agostiniana, que oferece uma das ideias mais claras sobre o que estava em jogo:

> Grego em sua necessidade de coerência e cristão nas ansiedades de sua sensibilidade, por um longo tempo ele permaneceu na periferia do cristianismo.

---

[36] Albert Camus, *Christian Metaphysics and Neo-platonism*, trad. Ronald D. Srigley (South Bend, IN: St. Agostinho's Press, 2015), p. 53.
[37] Camus, *Christian Metaphysics and Neo-platonism*, p. 67, 69 (grifo nosso).
[38] Camus, *Christian Metaphysics and Neo-platonism*, p. 93.
[39] Camus, *Christian Metaphysics and Neo-platonism*, p. 108.

Tanto o método alegórico de Ambrósio quanto o pensamento neoplatônico acreditaram ter convencido Agostinho. Porém, ao mesmo tempo, não conseguiram convencê-lo. A conversão foi atrasada. A partir disso, pareceu-lhe que, acima de tudo, a solução não estava no conhecimento, que a resposta de suas dúvidas e seu desgosto pela carne não tinham espaço na fuga intelectual, e sim na consciência plena de sua depravação e sofrimento. Amando essas posses que o puxavam tão para baixo, a graça o elevaria acima deles.[40]

Se o próprio Camus finalmente optou pelo grego, ele sabia que era porque estava recusando a graça.

Infelizmente, isso pode ter resultado da sua própria leitura equivocada. Na abertura de sua dissertação, quando ele está resumindo o que chama de cristianismo "evangélico", um famoso cristianismo "primitivo" do Novo Testamento, resume-o como uma dicotomia. "É necessário escolher entre o mundo e Deus."[41] O próprio Camus aceitou a dicotomia e então escolheu o mundo. E se ele tivesse lido Agostinho um pouco mais profundamente e visto que o cristianismo implodia a dicotomia — que na encarnação Deus escolheu o mundo?

A CONFISSÃO DE Agostinho, sua postura intelectual sobre esse mistério, não impediu a humildade. Convicção não é sinônimo de dogmatismo. Agostinho estava mais do que disposto a confessar que: "Eu não sei".[42] Na verdade, um de seus últimos atos como autor foi um projeto marcante: tornou-se seu próprio crítico. Em *Retratações* — sua obra inacabada, uma pesquisa pessoal e crítica do corpus amplo de seus escritos (93 de suas obras) —, encontramos um testemunho impressionante da humildade intelectual. É uma versão antiga de "como minha mente se transformou", em que ele implora aos leitores que

---

[40] Camus, *Christian Metaphysics and Neo-platonism*, p. 116-7.
[41] Camus, *Christian Metaphysics and Neo-platonism*, p. 46.
[42] *On Reprimand and Grace* 8.17, in *On the Free Choice of the Will, On Grace and Free Choice and Other Writings*, ed. e trad. Peter King (Cambridge: Cambridge University Press, 2010), p. 199. [No Brasil, *A correção e a graça*, in *A graça* (II) (São Paulo: Paulus, 2014, vol. 13)].

acolham seu progresso em vez de denunciar a mudança como compromisso intelectual. Agostinho espera que os leitores não se alegrem com seus erros, mas gostem da honestidade de suas confissões ("somente um homem ignorante terá a dificuldade de me criticar por criticar minhas próprias falhas").[43] Para ele, é uma virtude intelectual seguir o esclarecimento até aonde ele levar, ainda que isso signifique admitir que alguém estava errado.

Nós o vemos fazer o mesmo apelo àqueles que estão tão confiantes de que o cristianismo está errado ou de que é intelectualmente fraco, portanto algo a ser abandonado e superado. Ele incentiva o cuidado em relação a analisar apressadamente o assunto em questão: "Se você não está certo do que estou dizendo e tem dúvidas se isso é verdade, ao menos tenha certeza de não ter dúvidas sobre ter dúvidas quanto a isso".[44] Às vezes, duvidar de suas dúvidas é o princípio da sabedoria.

---

[43] Agostinho, *The Retractations*, trad. Irmã Mary Inez Bogan, RSM (Washington, DC: Catholic University of America Press, 1968), prólogo, 1. [No Brasil, *Retratações* (São Paulo: Paulus, 2020, vol. 43)].
[44] Agostinho, *True Religion* 39.73, in *On Christian Belief,* trad. Ray Kearney, ed. Boniface Ramsey, The works of Saint Augustine I/8 (Hyde Park, NY: New City, 2005), p. 78.

HISTÓRIA: *Como ser um personagem*

O que desejo quando quero uma identidade?

Um dos obstáculos que a romancista Leslie Jamison precisou vencer para superar o vício foi a forma peculiar como as histórias funcionam nos grupos de recuperação. É claro que para ela, a dificuldade é ser original: contar a história que nunca foi contada, a que cria um mundo novo, revela algo que nunca vimos antes. Essa é a razão pela qual a ansiedade da influência paira sobre a aspiração do artista: produzir algo novo *como se* você não tivesse influências, dívidas ou história.

Mas nos Alcoólicos Anônimos, ela percebeu que as "histórias de vício" pareciam se repetir na medida em que o oxigênio do grupo todo fazia você pensar: "Já ouvi isso antes" porque "a dependência é sempre uma história que já foi contada".[1] É por isso que todos os livros sobre vício e recuperação pareciam iguais (*Já li esse livro*, disseram os olhos brilhantes de outras pessoas). Então, por que escrever outro?

Jamison levou certo tempo para perceber que as histórias funcionam de modo diferente para essa comunidade. O objetivo de uma história não é a originalidade nem a ingenuidade, pois isso faria a história ser realmente sobre seu contador. "Olhe para mim" é o desejo secreto de originalidade. Porém, as histórias que circulavam em uma reunião de apoio serviam a um fim diferente: tecer uma rede de solidariedade. A intenção não era chamar a atenção para o contador das histórias. A esperança era dar um presente aos ouvintes, criar um mundo em que eles pudessem se ver, orientar e talvez até ver um caminho a seguir à sua frente, uma saída. Ela recorda: "Na recuperação, encontrei

---

[1] Leslie Jamison, *The Recovering: Intoxication and Its Aftermath* (Nova York: Little, Brown, 2018), p. 9.

uma comunidade que resistia ao que sempre me contavam sobre histórias — que elas precisavam ser únicas —, sugerindo que uma história era mais útil quando não era nem um pouco exclusiva, quando era entendida como algo que já havia sido vivido antes e seria vivido novamente. Nossas histórias eram valiosas por causa dessa redundância, não apesar dela".[2] O que deve ser condenador na resenha de um livro (*apenas mais um livro de memórias sobre a dependência*) "é voltado para a recuperação, onde a semelhança de uma história é exatamente o motivo pela qual ela deve ser declarada. Sua história só é útil porque outros a viveram e a viverão novamente".[3]

Mas por que eu ouviria no porão da igreja as histórias desse grupo tão variado que nunca me viu antes e não sabe nada sobre a minha própria história? O que faz com que suas histórias sejam importantes?

Um terapeuta deu a Jamison um conceito para nomear como funcionam essas histórias: *autoridade de testemunha*. Essa é a autoridade que você concede a alguém que conhece o problema que você viu, que consegue a atenção autoral de você porque já esteve no seu lugar. E quando eles contam a história *deles*, é como se estivessem lendo seus e-mails. As histórias sobre o vício funcionam graças a essa solidariedade de experiência. Jamison lembra o que sua amiga Dana sussurrou em sua primeira reunião ao ouvir a história de outra pessoa: "'Essa sou *eu*', como se sua vida inteira tivesse sido desperdiçada ouvindo a estação de rádio errada".[4]

Encontrar-se na história de outra pessoa — sentir-se conhecido pelo testemunho de outro —, certamente não é algo exclusivo dos viciados. Em vez disso, o rompimento da dependência simplesmente destila o que é uma fome humana: ser conhecido, encontrar um lugar, receber uma história que nos dê rumo, um senso de identidade que vem da solidariedade. "Encontrei minha turma" é algo que dizemos quando descobrimos uma comunidade que compartilha conosco o que pensávamos ser uma paixão solitária ou uma aflição alienante. Apesar de todas as formas pelas quais aprendemos o individualismo

---

[2] Jamison, *The Recovering*, p. 9.
[3] Jamison, *The Recovering*, p. 310.
[4] Jamison, *The Recovering*, p. 205. Essa função de "autoridade de testemunha" é exatamente o motivo pelo qual Simpliciano contou a Agostinho a história de Vitorino, pois sabia que, no final de uma história, ele poderia se dar conta: "Esse sou eu". Ou: "Esse poderia ser eu".

expressivo, estamos ainda mais conscientes da dinâmica da *identidade*, de nos encontrarmos em relação a um grupo que nos dê significado, importância, uma causa. A identidade é uma caracterização a que aderimos porque o grupo vem com uma história que nos torna um personagem, nos dá um papel a desempenhar. Alguém testemunha o que significa ser tal pessoa e nós sussurramos: "Esse sou eu". Identidade é o nosso nome a ser encontrado por uma história que alguém contou.

Por que devemos nos importar com a história de Agostinho? Por que escutar? Essa é uma pergunta com a qual ele lutou claramente. E seu único apelo — sua única reivindicação de autoridade — é a autoridade de testemunha. Agostinho reconhece que não é capaz de provar nada: "Não posso provar a eles que o que confesso é a verdade".[5] Ele não oferece uma demonstração que reúna evidências para provar uma conclusão. Não está tentando convencer ninguém de sua história. Em vez disso, compartilha uma história que convida seus leitores a "experimentar" e ver se isso pode se encaixar em sua própria experiência. Ele reflete: Por que escrever essas confissões a Deus "de forma que outras pessoas possam ouvir"? Se estou apenas confessando a Deus, por que não manter um diário, organizar tudo isso em particular? Bem, pelo mesmo motivo que os viciados compartilham suas histórias em uma reunião: "talvez alguém se veja na minha história", diz Agostinho. Talvez alguém ouça esse relato pródigo, com todos os seus becos sem saída e corações partidos, e sussurre: "Esse sou *eu*". E talvez, se forem capazes de se ver na minha história, possam se imaginar se achando na história de Deus como alguém que está voltando para casa, sendo recebido por um pai que corre para encontrá-lo e faz uma festa. A história de Agostinho só é interessante se for *des*original, algo que já foi contado um milhão de vezes, que retrata as aventuras pródigas da condição humana.

---

[5] *Confessions* 10.3, trad. Sarah Ruden (Nova York: Modern Library, 2017), p. 278. [No Brasil, *Confissões* (São Paulo: Paulus, 1997)].

Ele suplica a Deus: "Deixa claro para mim qual é a vantagem do meu testemunho". Por que arriscar satisfazer todos os desafetos que atribuirão isso à minha vaidade? Por que dar forragem à antiga estação africana do TMZ, tão ansiosa para colocar a mão na sujeira sobre o bispo de Hipona? A resposta dele: "Quando as confissões de meus erros passados — que perdoaste e ocultaste para me fazer feliz em ti mesmo, mudando minha alma pela fé e pelo rito batismal — são lidas e ouvidas, elas despertam o coração do sono de desespero, no qual se diz: 'Não posso'".[6] Agostinho diz que tudo vale a pena se uma pessoa desesperada conseguir se encontrar na história dele e imaginar que ela poderia viver de outra maneira — que a graça também poderia irromper em sua vida também. Ele espera que alguém possa ouvir seu relato e ver no seu passado um trecho familiar da estrada. Eles podem me ouvir descrevendo minhas desventuras e angústias e serem capazes de admitir: "Eu segui *esse* caminho" — o que significa que eles também podem ver uma saída, um caminho a seguir, uma estrada para casa. Ele diz: "Escrevo para os outros como parceiros na minha alegria e na minha mortalidade, meus concidadãos e estrangeiros no exterior comigo" — para que encontrem compatriotas de uma *pátria* que não sabiam que desejavam. Se no meu passado eles podem se ver ("Esse sou eu"), talvez no meu presente consigam imaginar: "Esse *poderia ser* eu". O desespero do "Não posso" é convidado para a história que Agostinho compartilha: "Você pode".

É por isso que as *Confissões* não podem ser confundidas com um livro de memórias ou uma autobiografia. Se Agostinho compartilha sua história, não é para divulgar algo sobre si mesmo. Pelo contrário, há um contexto em que sua particularidade é diminuída e sua biografia é ofuscada. A intenção é compartilhar uma história que seja "genérica" o bastante para que todos possam se imaginar nela. Nesse sentido, seu relato não é diferente das histórias dos viciados em recuperação: Dave e Arlene não estão compartilhando suas histórias para que você possa conhecê-las, e sim para que você possa conhecer a si mesmo. A história deles revela algo sobre você. O objetivo é ajudá-lo a se enfrentar. O que as *Confissões* perguntam ao leitor não é "O que você pensa de Agostinho?", e sim "Quem você pensa que é?". Agostinho escreve para que

---

[6] *Confessions* 10.4 (trad. Ruden, p. 279).

os leitores respondam não a ele, mas a Deus. Jean-Luc Marion, em seu estudo filosófico sobre Agostinho, distingue isso melhor que ninguém: "Os leitores não precisam responder ao autor sobre seu prazer literário, nem sobre sua simpatia psicológica, mas a Deus sobre seu próprio *affectus* confessante", seu próprio desejo. "A resposta pedida pelo autor não exige que o leitor responda a ele (por exemplo, que tenha pena dele, que o aprove, absolva, admire etc.), e sim responda diretamente a Deus." Marion sugere que as *Confissões* são realmente "uma máquina de criar uma confissão de cada um de seus leitores, incentivando seu intelecto humano e o *affectus* por Deus".[7] A história de Agostinho é uma ferramenta, uma máquina que — como tudo mais na criação — deve ser *usada* para apreciar a Deus.

Essa não é uma exigência séria, como se Deus estivesse ali, de braços cruzados, franzindo a testa, esperando por uma resposta. Em vez disso, a história é um convite para nos vermos por um novo ângulo, como um "personagem" em uma história muito diferente — "vermo-nos como somente Deus nos vê: amáveis, por mais deformados que tenhamos nos tornado".[8] As *Confissões*, longe de serem um livro de memórias ou uma autobiografia egocêntrica (como as escritas por Montaigne e Rousseau),[9] são — como Marion expõe — "uma *heterobiografia*, minha vida contada por mim, e principalmente para mim, do ponto de vista de outra pessoa (*hetero*), de um outro privilegiado: Deus".[10] A história de Agostinho é aquela que lhe foi dada pela graça de Deus, uma identidade em que ele se encontrou, e ele conta sua história para outros com a mesma esperança: que eles se encontrem na história que Deus tem para contar sobre eles como seus filhos, seus amigos e seus amados — como aqueles por quem ele deseja dar a vida.

Tanto nas *Confissões* quanto nas pregações que ocupariam o resto de sua vida, Agostinho convida constantemente seus companheiros de viagem,

---

[7] Jean-Luc Marion, *In the Self's Place: The Approach of Saint Augustine*, trad. Jeffrey L. Kosky (Stanford, CA: Stanford University Press, 2012), p. 41-2.
[8] Marion, *In the Self's Place*, p. 44.
[9] "A maioria dos leitores modernos (até mesmo os mais cultos e dedicados) continua sendo essencialmente curiosa. Mas eles têm uma desculpa: os maiores entusiastas do projeto agostiniano, Montaigne e Rousseau, distorceram o modelo e, querendo ou não, isso pouco importa, pois não entenderam o objetivo." Marion, *In the Self's Place*, p. 51.
[10] Marion, *In the Self's Place*, p. 45 (tradução nossa).

irmãs e irmãos na condição humana, a vivenciar uma história que talvez não tenham considerado, a história para a qual foram feitos: mais do que o mundano, que eles têm uma fome que *nada* pode satisfazer, que são amados por quem os criou, que existe um lar que já foi preparado para eles, que o Deus do universo sabe tudo sobre eles e ainda os ama e está esperando para recebê-los em casa com cicatrizes nas suas mãos estendidas. Poderíamos protestar primeiro: "Isso não pode ser eu". É fantástico, inacreditável. Pode até ofender nossa necessidade de conquistar o amor de Deus ou de fazermos prova de nós mesmos. Quase podemos ouvir Agostinho dizendo: "Sei o que você quer dizer, eu estive lá. E se eu lhe disser que você pode ser libertado disso? Esse seria o segredo que você espera que fosse verdade? Bem-vindo à história que você imaginou. Estou aqui para lhe dizer que é verdade".

Nosso desejo por uma identidade está ligado à necessidade de encontrar uma história, que pode ser discreta e indireta. Sua trama pode nunca ter sido organizada. No entanto, acabamos adotando um papel, interpretando um roteiro que nos foi dado por alguma narrativa. Isso não é falso ou um tipo de má fé. Encontrar um papel é se encontrar ("Fui feito para isso"). Pode ser libertador viver efetivamente como coadjuvante de alguém que nos dê uma orientação para o mundo, algo para se viver e um modo de viver. Ficar sem uma história é viver sem qualquer tipo de roteiro que possa nos auxiliar a sabermos quem somos e qual o nosso propósito. Então nos debatemos e perambulamos. Procuramos desenfreadamente papéis e identidades para ver se eles se encaixam. Ser caracterizado por uma história é ter um nome, um contexto, um projeto — em que todos servem como trilhos para correr, algo estável com que contamos. Podemos ser conhecidos porque existe alguém para conhecer. Jonathan Franzen entende a ansiedade que resulta de ser retratado em um trecho de *Liberdade*, em um episódio em que o protagonista, Walter, sente que seu mundo está derretendo porque ele pula rapidamente de uma narrativa para outra.

Ele deixou o telefone escorregar da mão e ficou chorando durante um tempo, silenciosamente, balançando a cama barata. Não sabia o que fazer, nem como viver. Cada coisa nova que encontrava na vida o levava para uma direção que o convencia totalmente de sua integridade, mas então aparecia a próxima novidade e o empurrava na direção oposta, que também parecia certa. Não havia narrativa orientadora: ele parecia um pinball puramente reativo em um jogo cujo único objetivo era permanecer vivo... Como viver?[11]

É a fome por uma narrativa orientadora que nossas indústrias culturais exploram. Seja a Disney ou HBO, HGTV ou Instagram, todos são criadores de mitos, o que significa apenas que oferecem roteiros pelos quais podemos viver. É claro que o perigo é que hoje muitos desses roteiros não nos convidam a ser personagens, e sim modelos — pessoas que são vistas, mas não têm história, cujos olhares genéricos parecem não ter qualquer identidade por trás deles. Em vez disso, sabemos somente que roupas vestem, a fachada que assumiram, que serão despidas e substituídas em um instante. Não são seres, mas máquinas para exibir produtos.

Ao contrário de um modelo, um ator tem ao menos o potencial de nos mostrar um personagem que podemos adotar. Pode ser um chamado desejoso à justiça no Sr. Smith que vai a Washington ou uma cruzada pelo mesmo motivo no personagem Atticus Finch. Pode ser o empoderamento negro em *Pantera Negra* ou o empoderamento feminino em *Mulher-Maravilha*. Podem ser comunidades jornalísticas buscando a verdade em *Spotlight: Segredos revelados* ou em *The Post: A guerra secreta*. Em resposta a qualquer um desses exemplos, um jovem pode dizer: "Sou eu" e então passar a vida seguindo sua orientação. Nossas ficções costumam apresentar personagens melhores para simular do que o desejo vazio de ser meramente um "famoso" (e "famoso pela fama em si") que aparece na TV "real".

Eram livros que costumavam desempenhar esse papel (e ainda o fazem, até certo ponto): vemo-nos em personagens da mitologia e da ficção. Às vezes, identificamos nossos próprios vícios e decidimos *não* adotar essa trajetória do

---

[11] Jonathan Franzen, *Freedom* (Nova York: Farrar, Straus e Giroux, 2010), p. 318-19. [No Brasil, *Liberdade* (São Paulo: Companhia das Letras, 2011)].

personagem. Em outros casos, o fascínio pelo heroísmo, pelo sacrifício ou pela compaixão do mesmo torna-se uma aspiração. Dizemos em nossos corações: "Quero ser assim", pois desejamos viver uma vida seguindo o roteiro do personagem. Os livros, como inspirações de tais histórias, não são meras tecnologias para transferência de informações, tornam-se incubadoras da vida, consagrando ícones de quem aspiramos ser.

Thomas Wright aborda essa dinâmica em um estudo de caso interessante: a vida de Oscar Wilde. Podemos chamar a obra *Built of Books*, de Wright, de "bibliobiografia", um relato da vida complexa e trágica de Wilde, em que os livros são a coluna vertebral da narrativa. O fato de podermos fazer isso é parte da tragédia: enquanto Wilde estava preso aguardando o julgamento que levaria à sua morte, todo o conteúdo de sua casa em Chelsea precisou ser leiloado para cobrir os custos legais de seu caso imprudente — e fracassado — de difamação contra o Marquês de Queensbury. Graças a uma cópia sobrevivente do catálogo de vendas, sabemos que a biblioteca de Wilde, que ele construía desde a adolescência, continha cerca de dois mil volumes, incluindo romances franceses, uma grande variedade de clássicos, primeiras edições dos seus próprios livros, edições de luxo fabulosas e volumes de poesia com anotações de seus autores. Toda a coleção foi vendida por uma ninharia. (Alguns amigos e conhecidos tentaram recuperar alguns deles quando chegaram às prateleiras dos livreiros em Londres.)[12]

Era difícil imaginar uma vingança mais invasiva contra Wilde, de quem a biblioteca não era apenas uma coleção de artefatos, mas um conjunto arqueológico com curadoria pessoal de sua vida. Como acontece com muitos, olhar para suas prateleiras era ver a sua pessoa e as lombadas eram a forma única de uma vida. Wright argumenta: "A biblioteca de Wilde era muito mais que um museu de lembranças pessoais. Foi a fonte de muitas coisas essenciais em sua vida [...] Os livros foram a maior influência de sua vida pessoal e de seus escritos. Às vezes, ele se referia aos volumes que mais o influenciavam e encantavam como seus 'livros de ouro'". Na verdade, o mesmo vale para seus personagens: seria o infame "livro amarelo" que atrairia Dorian Gray para a

---

[12] Thomas Wright, *Built of Books: How Reading Defined the Life of Oscar Wilde* (Nova York: Henry Holt, 2008), p. 1-3.

vida que o destruiria. Viva pelo livro e morra por ele. Para Wilde, tais obras eram amigos substitutos, canais da personalidade: "esses encontros literários foram tão significativos quanto seus primeiros encontros com amigos e amantes".[13]

Wilde não foi único a ser "construído por livros", mas nossa posse do catálogo nos dá uma oportunidade singular de espiar o roteiro secreto que gerou uma vida. Nesse ponto, Wright observa uma tensão. Por um lado, Wilde constrói uma vida com base no que lê. É um ato de autocriação nutrido por ficção e mitologia. Por outro, isso significa que mesmo esse ato virtuoso de autoinvenção — que condenaria a "influência" em seu ensaio "O crítico como artista" — estava *recebendo* papéis a desempenhar. Wright sugere: "Wilde não descobriu tanto quanto se criou por meio de sua leitura. Ele foi um homem que se construiu a partir de livros [...] Sempre ganhava vida por meio dos livros, vendo literalmente a realidade através deles". Então, mais uma vez, Wright vê em Wilde alguém que estava imitando o que lia. "Ele era essencialmente um autor pré-moderno que adaptou e misturou os livros que leu, em vez de um escritor romântico preocupado com a originalidade e a autoexpressão."[14]

Isso explica o motivo pelo qual "quando as portas da prisão foram fechadas, os livros foram as primeiras coisas que ele pediu".[15] E que volumes ele solicitou em meio ao tédio da prisão de Pentonville? Os dois primeiros da lista de Wilde foram *Confissões* e *A cidade de Deus,* ambos de Agostinho.

O conceito de que somos construídos de livros, de que vivemos histórias, é tão antigo quanto o próprio romance. No centro de *Dom Quixote*, de Miguel de Cervantes, está o cavaleiro errante para quem os romances cavalheirescos não são uma fuga, e sim um manual de instruções. Ele não os lê como fantasia, mas como regra de vida. Essa percepção é a mesma que encontramos nas antigas *Confissões*, de Agostinho. Se Agostinho escreve uma heterobiografia, ele nos oferece também uma bibliobiografia, sua vida em livros. Livros diferentes ofereciam mapas diferentes do mundo, traçando diferentes trajetos, cada um com um encapsulamento diferente do mundo. *Eneida,* de Virgílio,

---

[13] Wright, *Built of Books*, p. 5.
[14] Wright, *Built of Books*, p. 6.
[15] Wright, *Built of Books*, p. 7.

Hortênsio, de Cícero, *Carta de fundação* e *Livro dos tesouros*, de Mani, *Enéadas* de Plotino, as cartas de Paulo e a parábola do filho pródigo: todas são histórias que Agostinho "experimentou", digamos assim, entrando em sua narrativa, assumindo um personagem, desempenhando o papel de alguém que assumiu sua opinião sobre o mundo. São livros que ele tratou como bússolas em vários pontos de sua vida, até encontrar um que finalmente foi calibrado como seu verdadeiro norte.

Portanto, não é surpresa que os livros funcionem como personagens no ensaio de sua própria conversão. No livro 8 de *Confissões*, o drama se desenrola como uma litania de perguntas e respostas de amigos com livros, incluindo Simpliciano — que apresenta Agostinho a Vitorino, o tradutor dos livros neoplatônicos que Agostinho estava lendo e que o transformou pela leitura da Bíblia — e Ponticiano, que chega e, ao dar uma olhada no livro das cartas de Paulo na mesa de jogos, compartilha a história da descoberta de *A vida de Santo Antão* com seus amigos (a mesma história de uma vida revolucionada depois de ouvir os Evangelhos), o que acaba sendo um encontro literário que muda tudo. Todos esses livros são como vitrais, exibindo imagens de exemplos a serem imitados e desbravadores a seguir. E assim, o ápice da conversão de Agostinho foi a escolha de um livro em que ele se encontrasse. No quadro de Gozzoli que retrata essa cena em San Gimignano, a conversão de Agostinho é mostrada quase como um tipo de estudo (cf. Figura 6). Mas talvez possamos imaginá-lo debruçado sobre o livro como se fosse um atlas, como se o mundo estivesse finalmente entrando em foco — como se ele tivesse passado a vida tentando dirigir em Los Angeles com um mapa de São Francisco, mas agora ganhou o sagrado *Thomas Guide*, e ele repentinamente sabe onde está, para onde deseja ir e como chegar lá. Ele percebe que está segurando um mapa dado a ele por aquele que criou o cosmos. Encarando a flecha que diz: "Você está aqui", Agostinho diz a seu amigo: "Esse sou *eu*". No quadro de Gozzoli, vemos Alípio ansioso para colocar as mãos em um livro como esse.

Os livros serão o papel de parede de toda iconografia decorrente. Assim como Wilde sempre posava para fotos em sua biblioteca, ou com um livro em mãos, o bispo de Hipona também aparece sempre com livros: lendo-os, escrevendo-os, estudando-os, pisando neles, rodeado por eles, inalando-os (cf. Figuras 2). Também não é surpreendente que alguém tão influenciado pelos livros tenha dado a vida para escrevê-los ("93 obras em 232 livros", além de cartas e sermões).[16] Na verdade, ele morreria escrevendo. Procurado na velhice por Quodvultdeus para escrever um catálogo crítico de heresias (que Agostinho prometeu), ele não conseguiria concluir seu *Réplica a Juliano*. Igualmente inacabadas ficariam suas *Retratações*, o livro em que ele reviu todos os seus próprios livros. Ele se viu em uma história que um dia havia sido inacreditável para ele. Passaria o resto da vida convidando outras pessoas a se encontrarem nessa história.

O LIVRO QUE finalmente interromperia essa busca por uma história seria a Bíblia. O roteiro que, por fim, guiaria seu caminho seriam as Escrituras. Como observa Brian Stock em seu estudo magisterial *Augustine the Reader*, Agostinho percebeu que a identidade era retratada e que isso significava encontrar sua história na história revelada pelo seu criador. Stock comenta: "Quanto a essa questão, o que o distingue de outros pensadores filosóficos é o vínculo que ele percebe entre o autoconhecimento e a apreciação da Palavra de Deus, em que a leitura das Escrituras desempenha um papel privilegiado. Durante o longo período de tempo de seu desenvolvimento intelectual após 386-387, seu principal guia foram as Escrituras".[17] O que, na história bíblica, "se encaixa"? Por que essa história em particular se tornou a narrativa principal do resto de sua vida?

O próprio conceito nos escandalizará, nós que fomos incentivados a viver a "nossa" verdade, a criar nossa própria história, para quem a autenticidade é o peso de escrever nosso próprio roteiro *de novo*. A noção de uma narrativa dominante que não é sua traz a sensação de assinar os direitos à sua vida — que ela é! Mas para Agostinho, estar envolvido na história de Deus

---

[16] Agostinho, *The Retractations* 2.93, trad. Irmã Mary Inez Bogan, RSM (Washington, DC: Catholic University of America Press, 1968), p. xvi. [No Brasil, *Retratações* (São Paulo: Paulus, 2020, vol. 43)].

[17] Brian Stock, *Augustine the Reader: Meditation, self-knowLedge, and the Ethics of Interpretation* (Cambridge, MA: Harvard University Press, 1996), p. 273.

nas Escrituras não era uma imposição, e sim uma libertação. Quando você percebe que não conhece nem a si mesmo, que é um enigma para si, e quando olha para dentro apenas para encontrar uma profundidade insondável de mistério, segredos e partes de si mesmo que são detestáveis, as Escrituras não são recebidas como uma lista de mandamentos: em vez disso, elas invadem sua vida como uma luz de fora que mostra o Deus infinito que ama você no fundo do abismo. A Palavra de Deus para Agostinho não foi sentida como um fardo ou caos, mas como uma autobiografia escrita pelo Deus que o criou. As Escrituras entraram na sua vida como *revelação*, a história sobre ele mesmo contada por outro, e como *esclarecimento*, radiando uma luz que o ajudou a finalmente entender suas fomes, falhas e esperanças.

Dedicar algum tempo ao *corpus* de Agostinho, e talvez especialmente às cartas e aos sermões, é ouvir uma voz que foi absorvida pela linguagem das Escrituras. A Bíblia — principalmente os Salmos — é o dom de línguas de Agostinho. O discurso dele está tão impregnado nas Escrituras que o tradutor contemporâneo tem dificuldades de identificar onde a Bíblia para e Agostinho começa. Pelo resto da vida, como um artista de hip-hop, ele usa trechos das Escrituras em tudo o que diz. Os Salmos, mais especificamente, estão sempre na ponta da língua, como um depósito de metáforas e consolo.

É incrível a rapidez com que as Escrituras se tornaram a primeira língua de Agostinho, digamos assim. Elas são o coração do vocabulário dele, pois a história cósmica da redenção é a sua história principal. Essa era a linguagem da terra natal em que ele nunca esteve. Com o dom de falar em línguas desconhecidas, ele rapidamente descobriu ser capaz de usar uma língua que não era a dele, mas também não era estrangeira. É como um idioma que o domina — e vem naturalmente — e não ele que domina o idioma. Seu conterrâneo norte-africano Jacques Derrida diria algo parecido muito mais tarde: "Eu disse que o único idioma que falo *não é meu*, não disse que era estrangeiro para mim".[18] Esse é o dicionário da espiritualidade emigrada, quando um idioma estranho o encontra e se torna seu primeiro idioma. Você se torna quem é

---

[18] Jacques Derrida, *Monolingualism of the Other*, trad. Patrick Mensah (Stanford, CA: Stanford University Press, 1998), p. 5. [Em português, *O monolinguismo do outro ou a prótese de origem* (Porto: Campo das Letras, 1996)].

porque essa Palavra lhe dá as palavras para que você finalmente diga quem é.[19] "Ouvir você falando sobre si mesmo é conhecer a si."[20]

No jardim, quando Agostinho volta para pegar o livro das cartas de Paulo e abre em Romanos 13, há uma infusão de mais do que informações — essa Palavra será o canal da graça que o transforma. "Eu não queria ler mais e não era preciso. No instante em que terminei essa frase, meu coração foi inundado por uma luz de alívio e certeza, e toda a escuridão da minha hesitação se dispersou."[21] A Palavra é um sacramento — é um meio da *ação* de Deus, não apenas da sua revelação. Quando Agostinho explica por que ele teria o trabalho de compartilhar sua própria história com outras pessoas, "meus concidadãos e colegas de viagem", ele situa suas palavras em relação à Palavra, porém mais importante, contextualiza seu ato em relação à ação de Deus. "E para mim, tua Palavra não seria suficiente como mero preceito falado por ti. Tinha que preceder com tua ação. E eu mesmo pratico essa Palavra com ações e mensagens. Faço isso sob as tuas asas. O perigo seria muito grande, a não ser que minha alma estivesse sob tuas asas", ecoando (isso mesmo que você adivinhou) Salmos.[22]

Após essa transformação no jardim, Agostinho, Alípio, Adeodato e vários outros partiram para Cassicíaco, ao norte de Milão, entre a cidade e o lago de Como. Ainda que essa fosse uma temporada de reflexão filosófica que geraria algumas das primeiras obras de Agostinho, precedendo seu batismo, nas *Confissões*, ele observa que essa era realmente uma oportunidade para o aprendizado intensivo de línguas, entregando-se aos Salmos. O episódio ilustra como essa linguagem era um presente que ele também poderia tornar seu. Nos Salmos, Deus proporcionou a ele palavras que ele poderia usar para falar de volta para Deus. Ele afirma que essas canções foram uma escola para suas paixões: "As palavras que eu derramarei em ti, meu Deus, quando li os Salmos de Davi, aqueles cânticos de fé, os sons de piedade que calam o espírito que está cheio de si! Naquele tempo, eu estava longe dos estudos, apaixonado por ti".[23] O

---

[19] Cf. Marion, *In the Self's Place*, p. 45: "Percebo ser citado por Deus ao citar a Palavra dele."
[20] *Confessions* 10.3.3, trad. Henry Chadwick (Oxford: Oxford University Press, 1991), p. 180.
[21] *Confessions* 8.29 (trad. Ruden, p. 236-37).
[22] *Confessions* 10.6 (trad. Ruden, p. 281).
[23] *Confessions* 9.8 (trad. Ruden, p. 246).

currículo de Cassicíaco de cantoria de Salmos era como um programa Berlitz para a alma, treinando seus afetos, apresentando-lhe novas palavras, uma nova cadência de desejos, uma nova história para viver. Mas isso não foi imediato. Como ele observa, quando escreveu a Ambrósio de Cassicíaco e perguntou onde ele deveria começar a ler as Escrituras, Ambrósio recomendou o livro de Isaías (talvez desejando desafiar qualquer maniqueísmo persistente na imaginação de Agostinho que teria desdenhado do Antigo Testamento). Ele admite: "Mas não entendi a primeira parte que li, e pensando ser tudo assim, adiei a retomada do livro até que ele fosse mais praticado na maneira de falar do Mestre".[24]

A FORMA DE falar do Mestre. Se as Escrituras se tornaram a narrativa central de Agostinho, poderíamos dizer que a *história* se tornou a nota mais baixa de seu método retórico. Como aponta Stock, Agostinho finalmente chegou a uma compreensão diferente da identidade que estava ligada às Escrituras de uma forma que os filósofos nunca teriam chegado, e sua retórica refletia essa convicção. Agostinho passou a vida convidando outras pessoas para essa história, em suas *Confissões* e depois em uma vida inteira de pregação, pela prática da verdade, e não por um discurso. Defender a prática em detrimento da prova era, de certo modo, defender a imaginação como sendo mais importante que a razão — escolher lados na luta de longa data entre a filosofia e a poesia.

Desde o começo, a filosofia baniu a poesia. Quando Platão imaginou a república ideal, governada por reis-filósofos especializados em lógica e matemática, ele desejava os poetas sentimentais exilados para fora de seus muros. A república seria governada pela *ratio*, não pela retórica. A cidade transitaria entre silogismos, não histórias. Você é bem-vindo nessa cidade, contanto que deixe sua imaginação na porta. Caso contrário, os reis-filósofos e os pensadores lhe colocarão para fora.

---

[24] *Confessions* 9.13 (trad. Ruden, p. 252).

Parafraseando Philip Rieff, podemos chamar isso de "o triunfo da didática". É uma interpretação do mundo que nos trata como meros cérebros, reduzindo o que importa ao que pensamos, o que podemos analisar, quantificar e processar em propriedades do Google e Amazon. Nossa tão discutida era da informação ainda é um posto avançado nessa cidade.

E é certamente uma ironia que o cristianismo tenha sido inclinado a um tipo parecido de racionalização e privilégio da didática (principalmente no protestantismo). Reduzimos a admiração e o mistério da graça a pontos e declarações de fé ensináveis. Preferimos os ambientes didáticos das cartas à ação e metáfora dos Evangelhos. Reduzimos a narrativa dramática das Escrituras a um sistema doutrinário. Dizemos que amamos Jesus, mas preferimos *aprender* com Paulo, que nos dá Deus diretamente, sem o significado tortuoso das parábolas.

Confesso que foi assim que cheguei ao cristianismo ou que aprendi a ser cristão muito cedo. O evangelho se tornou rapidamente algo para se conhecer, analisar, sistematizar e *exercer*. Charles Hodge, teólogo de Princeton do século XIX, me ensinou que a Bíblia era um "depósito de fatos", e os filósofos cristãos me ensinaram a lógica que a dividiria em partes digeríveis para o processamento cognitivo. Na verdade, quando era jovem, eu me orgulhava do fato de não ler romances ou poesia — por que perderia tempo com coisas tão sentimentais quando havia tanto *conhecimento* a adquirir? Por que mergulharia nas mentiras de mundos ficcionais inventados quando estava interessado na verdade? Recriei efetivamente o reino de Deus como se fosse a república de Platão: a poesia é proibida, e a imaginação, excluída.

Não me recordo exatamente como comecei a me libertar disso. Lembro-me de ler as *As cinzas de Ângela,* as memórias de Frank McCourt, e entender algo sobre a beleza corrompida do mundo de Deus que eu não poderia entender de outra forma. E lembro-me de John North, um professor de inglês da Universidade de Waterloo, que me apresentou ao fascínio encantado de Gerard Manley Hopkins. E recordo também do cardeal Ratzinger, muito antes de ele se tornar o papa Bento XVI — na verdade, quando ele era o líder da Congregação para a Doutrina da Fé, a doutrina policial da igreja — desafiando esse triunfo da didática ao declarar: "O cristianismo não é um sistema intelectual, uma coleção de dogmas ou moralismo, e sim um encontro, uma história de amor".[25]

Mas talvez minhas décadas de luta com o extraordinário Agostinho tenham sido o que mais desafiou a racionalização da fé. Se você o conhece só de longe, como um dos grandes "doutores" da igreja, ou alguém resumido em livros de teologia, pode imaginar que ele também seja vítima do triunfo da didática, apenas mais um estudioso que reduz o evangelho à medida do intelecto. Mas é provável que você nunca tenha lido as *Confissões*, que são impregnadas pela graça de Deus do começo ao fim e nunca poderiam ser confundidas com os esqueletos estéreis da teologia sistemática. As *Confissões* são um livro que respira, um livro que tem o coração batendo. Agostinho não está simplesmente tentando lhe convencer: está tentando lhe *tocar*. Ele está tentando "provocar" seus companheiros de viagem.[26]

Agostinho teve que trabalhar em alguns dos seus primeiros "didatismos". Vale lembrar que ele foi educado em retórica, nos recursos do discurso destinados a provocar um efeito. Ele sempre desejou colocar isso a serviço do imperador (e de sua própria ambição), então quando finalmente conquistou um posto na corte imperial de Milão, ele atingiu esse objetivo. Mas quando se tornou cristão, claramente influenciado pelo platonismo, uma das primeiras coisas que ele fez foi abandonar a função de retórico e se resguardar em um tipo de mosteiro filosófico ao norte da cidade. Para o jovem Agostinho, a conversão parecia exigir lógica privilegiada sobre a retórica. Ele concluiu que se tornar um cristão significava se converter ao didatismo.

No entanto, no momento em que ele escreve as *Confissões*, já podemos vê-lo reconsiderando essa suposição. De muitas formas, as *Confissões* representam a redenção da retórica para Agostinho. Ele não nos oferece um diálogo filosófico ou uma coleção de silogismos, e sim nos convida a entrar em uma história. Porém, isso significa utilizar a dinâmica do drama. As *Confissões* são mais arte que ciência, mais estética que lógica. Em tal obra, ele não só analisa seus pensamentos, como pinta um quadro das aventuras (e desventuras)

---

[25] Cardeal Joseph Ratzinger, "Funeral Homily for Msgr. Luigi Giussani", *Communio: International Catholic Review* 31, n. 4 (Winter 2004):685, disponível via https://www.communio-icr.com/files/ratzinger31-4.pdf.
[26] *Confessions* 10.3.4 (trad. Chadwick, p. 180).

de seus amores. O paralelo não são as *Meditações*, de Descartes, preenchidas com "coisas pensantes": é mais parecido com *On the Road*, de Kerouac, cheio de personagens que têm fome e sede, que lutam e fracassam e, sim, batem e destroem.

Perto do final do drama, no livro 10, Agostinho domina o assunto. Ele se preocupa abertamente com seus motivos em escrever o livro e pergunta: "Então por que eu deveria me importar com que os leitores humanos ouçam minhas confissões?".[27] (Agostinho, o bispo, ainda é atormentado pela ambição, por um coração que bebe o "orgulho do homem". De certa maneira, Agostinho sonda uma dinâmica que muitos artistas enfrentam.)[28] O objetivo das *Confissões* não é se exibir ou escrever um tratado tentando atrair as pessoas para o reino de Deus. Em vez disso, ele escreve para *tocar* corações. Ele diz que o "bem" divino que ele espera que resulte dessa ação é o "despertar do coração das pessoas quando lerem e ouvirem as confissões do meu passado [...] que tu perdoaste e ocultaste para me dar felicidade em ti".[29] Agostinho escreve para a imaginação, apelando para os afetos, para *tocar* as pessoas para uma história diferente — assim como o coração dele ardeu quando ele ouviu as histórias de Antão do Egito, Vitorino e outros.[30]

Por que Agostinho nos traz o drama dessa narrativa em vez dos argumentos de um tratado? Porque a sua defesa é estética. Agostinho sabe que o coração transita entre as histórias, que a língua franca do amor é mais poesia do que lógica. É uma canção que lhe leva para casa. E assim ele escreve suas *Confissões* para "evitar que seus corações afundem no sono do desespero e digam: 'Isso está além do meu poder'". "Não se desespere", Agostinho implora. "Ouça minha história. Se até alguém como eu é capaz de encontrar graça, você também é."

Se Agostinho é um cartógrafo do coração do homem, é porque as Escrituras são o mapa inspirado por Deus que orienta sua compreensão da condição humana. Ele sugere exatamente isso anos mais tarde em *A cidade de Deus*, quando retorna, mais uma vez, à sua metáfora favorita: a jornada. O

---

[27] *Confessions* 10.3.3 (trad. Chadwick, p. 180).
[28] *Confessions* 10.36.59.
[29] *Confessions* 10.3.4 (trad. Chadwick, p. 180).
[30] *Confessions* 8.5.10; 8.8.19.

problema é que *não* conseguimos pensar em nosso caminho de volta pra casa. "A mente do homem, a base natural da sua razão e compreensão, é enfraquecida por falhas duradouras que a obscurecem." Nossos olhos são muito fracos até para a luz. Desse modo, "para dar à mente do homem mais confiança em sua jornada em direção à verdade no caminho da fé, Deus, o Filho de Deus, que é a própria Verdade, assumiu a humanidade sem abandonar sua divindade, e então, estabeleceu e encontrou essa fé, para que o homem possa ter um caminho para o Deus do homem por meio do homem que era Deus." Cristo é o Caminho, a estrada e a ponte que, como Deus se tornou humano, torna possível que a humanidade alcance Deus.

> Pois existe a esperança de chegar ao fim de uma jornada quando há um caminho que se estende entre o viajante e seu objetivo. Mas se não há caminho ou se um homem não sabe para onde seguir, não é muito útil conhecer o destino. Como sabemos, existe uma estrada e somente uma, bem protegida contra toda possibilidade de desvio. E ela é oferecida por aquele que é tanto Deus quanto homem. Como Deus, ele é o objetivo. Como homem, é o caminho.[31]

Então Agostinho aponta imediatamente para as Escrituras, que funcionam como um mapa que recebemos do Mediador. Aquele que é o caminho nos deu um mapa. "Esse mediador falou em tempos antigos por meio dos profetas e depois pela sua própria boca, e depois pelos apóstolos, dizendo ao homem tudo o que ele decidiu que era o bastante para o homem. Instituiu também nas Escrituras, que chamamos de canônicas. Esses são os escritos de uma autoridade marcante em que colocamos nossa confiança nas coisas que precisamos saber para o nosso bem, e ainda assim somos incapazes de descobrir por nós mesmos."[32]

Aqui Agostinho sugere um teste diferente para saber por que você deveria considerar a Bíblia um guia: ela oferece orientações que você não seria capaz de encontrar em outro lugar? Mesmo que a forma como ela se delimita seja difícil, parece uma saída, um caminho para casa? Se todos os outros mapas lhe

---

[31] Agostinho, *City of God* 11.2, em *City of God*, trad. Henry Bettenson (Londres: Penguin, 1984), p. 430-31. [No Brasil, *A cidade de Deus* (Petrópolis: Vozes, 2015)].
[32] *City of God* 11.3 (trad. Bettenson, p. 431).

deixaram perdido, o que custa experimentar esse? Na experiência de Agostinho, a Palavra era como um mapa encantado. Não só lhe disse: "Você está aqui" e apontou a direção de casa, como também lhe deu pernas para correr.

A PRIMEIRA VEZ que visitei o Seattle Art Museum (SAM) foi também meu primeiro encontro com o trabalho de Kehinde Wiley. Agora um retratista presidencial, há mais de uma década, Wiley estava se firmando na cena artística de Nova York, mas seu nome ainda não era familiar. Um dia chuvoso em Seattle parecia uma boa desculpa para se esconder no SAM durante um tempo, então perambulei livremente pela galeria europeia barroca e fiquei chocado ao me deparar com uma tela grande (quase 2 m de altura) em tons de fúcsia e azul quase neon, com o olhar confiante de um jovem negro usando roupas contemporâneas: uma jaqueta militar, calça azul-petróleo, um colar de polvo moderno pendurado no peito. Seus trajes diziam "Brooklyn",[33] mas sua pose e comportamento diziam "Renascença".

O que isso estava fazendo na galeria europeia barroca, ao lado de pinturas italianas e espanholas do século XVI? Quando me aproximei e vi o título, descobri uma pista. O artista, Kehinde Wiley, chamou o quadro de *Antônio de Pádua*. O jovem que Wiley encontrou na rua recebeu um novo nome e uma nova identidade carregada de sua própria pose. E não meramente qualquer identidade: Wiley invocou um extraordinário homem de fé, Antônio de Pádua. Quando jovem, o português Fernando Martins havia deixado seu lar para se tornar um noviço em uma abadia agostiniana nos arredores de Lisboa. Porém, quando ouviu a história de franciscanos que haviam sido martirizados no Marrocos, Fernando, que se tornaria Antônio de Pádua, recebeu permissão para deixar a abadia e se juntar aos franciscanos.

Antônio era conhecido por sua imersão nas Escrituras e por seu poder como pregador e orador — por isso que, na iconografia posterior, ele foi retratado com um livro, às vezes com o menino Jesus descansando nele (como no

---

[33] Você pode conferir o quadro em <http://art.seattleartmuseum.org/objects/41371/anthony>.

quadro de El Greco). Sua língua é exibida para adoração em um grande relicário, junto com sua mandíbula e cordas vocais, relíquias de sua proclamação dessa história. Na crença popular, Antônio de Pádua é o santo padroeiro das coisas perdidas ("Antônio, Antônio, olhe ao seu redor. Há algo perdido que precisa ser encontrado!"), um carisma que parece remeter a um episódio em que ele perdeu seu saltério e, depois de muita oração, encontrou-o.

Assim, o que acontece quando Wiley escolhe o título *Antônio de Pádua* para esse trabalho? Como os críticos apontaram, a pintura é um exemplo contemporâneo do "retrato refinado", um estilo de retrato que destaca o *status* social e transmite poder e arrogância.[34] Wiley reúne dois mundos de vaidade: o europeu e o afro-americano, o retrato e a moda, o encontro entre Rembrandt e Kanye West.

Mas Wiley também dá a esse homem uma história e, portanto, uma identidade que ecoa — alguém que serviu aos pobres, que foi cuidadosamente dedicado à Palavra, que procurava pelos perdidos. Uma identidade vem com seu próprio tipo de vaidade, a confiança de saber quem é e de quem é aquela pessoa. O exemplar Antônio orienta para a aspiração.

Por isso, tive que sorrir abertamente quando me voltei para a parede oposta e vi um quadro que reconheci nas fotos: *Santo Agostinho em êxtase*, de Bartolomé Esteban Murillo, uma pintura espanhola do final dos anos 1600.[35] Agostinho está mais uma vez rodeado de livros, mas seus braços estão estendidos. O peso da mitra de seu bispo está apoiado em uma mesa e o grupo apoiado em um canto. Ele está sozinho diante de Deus, com o rosto virado para cima, implorando. Uma luz ilumina seu rosto. E no canto superior esquerdo lemos as palavras do próprio Agostinho: "Meu coração está inquieto até que descanse em ti".

Todos estão à procura de descanso, que é apenas outra forma de dizer que buscamos uma identidade, uma história que nos dê o tipo de dádiva de sermos conhecidos, nomeados e de recebermos um mapa para casa.

---

[34] Cf. Michael Clarke, *The Concise Oxford Dictionary of Art Terms*, 2. ed. (Oxford: Oxford University Press, 2010), s.v. "swagger portrait" (p. 240).
[35] Você pode conferir o quadro em <http://art.seattleartmuseum.org/objects/33571/saint-augustine-in-ecstasy>.

JUSTIÇA: *Como protestar*

O que desejo quando quero mudar o mundo?

Existe um ateísmo totalmente compreensível. Não é a descrença confortável dos novos ateus, para quem o ateísmo é a superação de sua arrogância epistêmica, a conclusão distorcida de um cientificismo reducionista que fecha seus olhos para todas as facetas do mistério humano que não é capaz de explicar, organizando as histórias como se fossem explicações. O ateísmo dos Brilhantes é uma sombra fraca do ateísmo que tenho em mente.

O ateísmo rígido que tenho no pensamento, que é compreensível e pelo qual tenho muita simpatia, é falsamente baseado no sofrimento. Em vez de uma arrogância que imagina ter superado a crença, ele consiste em uma incapacidade de acreditar resultante de uma empatia por aqueles que são pisoteados pelas maquinações de um perigo inexplicável. Esse não é um ateísmo de conforto, e sim de agonia. É a conclusão relutante da solidão cósmica que nasce da experiência da injustiça.

"Gostaria de acreditar em Deus", Ta-Nehisi Coates admite. "Simplesmente não consigo." Esse não é um desafio; é o desespero do "não consigo", não a confiança do "não farei". É um ateísmo que deseja que as coisas fossem diferentes. Coates continua compartilhando os motivos da esperança que não está nele.

> As razões são físicas. Quando eu tinha nove anos de idade, um menino me espancou por prazer, e quando voltei para casa chorando e me dirigi ao meu pai, a resposta dele — *Lute contra aquele garoto ou contra mim* — era sem Deus, pois me dizia que não existia justiça no mundo, a não ser aquela que fazemos com nossas próprias mãos. Quando eu tinha doze anos, seis meninos desembarcaram do ônibus número 28 seguindo em direção ao Mondawin Mall, jogaram-me no chão e pisotearam minha cabeça. Porém, o que mais me impressionou

naquela tarde não foram tais meninos, mas os adultos pagãos e impiedosos que passavam por ali. Caído no chão, com a cabeça sendo literalmente chutada, eu entendi: ninguém, nem meu pai, nem os policiais, e certamente nem o Deus de ninguém, viria me salvar.[1]

Essa não é a conclusão filosófica de Bertrand Russell, que analisou tranquilamente a evidência e a falta dela. Esse é um protesto que surge nas trincheiras. Quando Coates chega ao seu próprio limite ("nada nos registros da história humana apoia a moralidade divina"), seria grotesco criticar a insustentabilidade dessa afirmação categórica e melhor seria admitir sua continuação: "e muita coisa argumenta contra ela".[2] Quanto a isso até o crente pode — e deve — apenas acenar em confirmação.

Esse foi o ateísmo de Albert Camus. Podemos até chamá-lo de ateísmo agostiniano, uma conclusão infeliz tirada após uma longa jornada que Camus chamou de "a face manchada de sangue da história".[3] Como ele disse aos padres no mosteiro dominicano no Boulevard de Latour-Maubourg, em 1948: "Nunca partirei do pressuposto de que a verdade cristã é ilusória, mas meramente do fato de que eu não seria capaz de aceitá-la".[4] Ele não descartaria arrogantemente o cristianismo, mas também não pretendia se tornar um. Em vez disso, ele demonstra uma sinceridade impressionante ("o mundo precisa de um diálogo real") e destaca um ponto de solidariedade: "Compartilho com vocês a mesma aversão pelo mal, mas não sua esperança, e continuo lutando contra esse universo em que as crianças sofrem e morrem".[5] Na verdade, essa é a solidariedade de Camus com Agostinho. Ele conclui: "Estamos diante do mal". Ouvimos novamente uma frase que já ouvimos anteriormente: "E quanto a mim, sinto-me como Agostinho antes de se tornar cristão, quando ele disse: 'Tentei encontrar a fonte do mal e não cheguei a lugar algum'".[6]

---

[1] Ta-Nehisi Coates, *We Were Eight Years in Power: An American Tragedy* (Nova York: One World, 2017), p. 109.
[2] Coates, *Eight Years in Power*, p. 110.
[3] As observações de Camus no Mosteiro Dominicano de Latour-Maubourg, em 1948, estão incluídas entre os "*The Unbeliever and Christians*", em Albert Camus, *Resistance, Rebellion and Death*, trad. Justin O'Brien (Nova York: Vintage, 1960), p. 71.
[4] Camus, *Resistance, Rebellion, and Death*, p. 69-70.
[5] Camus, *Resistance, Rebellion, and Death*, p. 71.
[6] Camus, *Resistance, Rebellion, and Death*, p. 73. Camus se refere às *Confissões* 7.5.7.

Após sua conversa no mosteiro, um padre, que era um antigo revolucionário, levantou-se durante um período de discussão e confrontou Camus: "Encontrei a graça, e você, Sr. Camus, estou lhe dizendo com toda a modéstia que você não a tem". Olivier Todd, seu biógrafo, recorda: "A única resposta de Camus foi sorrir. [...] Entretanto um pouco mais tarde ele declarou: 'Eu sou seu Agostinho antes de sua conversão. Estou discutindo o problema do mal e não estou indo adiante'".[7] Albert Camus: Agostinho sem graça.

É A INVASÃO do mal, sua inexplicabilidade e a loucura do sofrimento que atormentam Camus. É o peso que paira sobre *O estrangeiro*, a história peculiar em que Mersault atira repentinamente em um homem árabe sem nome nas margens de Argel. Por que Mersault fez isso? Não existe resposta, explicação ou causa que conceda ao crime um lugar no mundo. Nem mesmo Mersault é capaz de responder à pergunta. Assim como o mal, o crime é irracional, seu próprio *ex nihilo* pervertido. Mersault tenta parar de questionar "de onde?", e em vez disso, encontra a felicidade na "indiferença gentil do mundo".[8]

No entanto, o "de onde?" continua nos encontrando, pedindo para entrar em nós e nos atravessar, um desconforto gutural tossia como se fosse um latido. Em outros momentos, a pergunta é feita com um desânimo silencioso que beira o medo diante de um mistério impenetrável. Continuamos questionando porque esse mal ainda parece uma afronta cósmica às alegrias tranquilas que aparecem sobre nós: uma chuva morna no entardecer do verão que nos deixa rindo enquanto corremos para casa com os amigos, o aperto furtivo e feroz de um recém-nascido no dedo do pai, a maneira como a luz do sol atinge a areia em uma floresta de dunas na costa do Michigan, a forma como seu cônjuge de trinta anos ainda procura sua mão.

---

[7] Olivier Todd, *Albert Camus: A Life* (Nova York: Knopf, 1997), p. 230. [No Brasil, *Albert Camus: Uma vida* (Rio de Janeiro: Record, 1998)].
[8] Albert Camus, *The Stranger*, trad. Matthew Ward (Nova York: Everyman's Library, 1993), p. 116-7. [No Brasil, *O estrangeiro* (Rio de Janeiro: Record, 1979)].

Essa incoerência é retratada em *Além da linha vermelha*, obra-prima de Terrence Malick, em que os horrores da guerra são exibidos no teatro da beleza deslumbrante de Guadalcanal. Às vezes, o teto de palmeiras é como a abóbada de uma catedral e a contagem de Hans Zimmer nos eleva à medida que, junto do soldado Witt, vislumbramos outro mundo. Mas então o estrondo de uma bomba perfura o silêncio e mais uma vez somos invadidos pelo sangue e pelo fogo de nossas guerras. Em uma cena de terror, quando acontece um massacre na vila, encenando o medo e a temor desses animais humanos, Malick coloca o "de onde?" nos lábios de um personagem menor chamado soldado Edward Train, cuja narração analisa a cena.

> Esse grande mal: de onde vem? Como entrou no mundo? De que semente ou raiz ele cresceu? Quem está fazendo isso? Quem está nos matando? Roubando nossas vidas e luz. Zombando-nos com a visão do que poderíamos saber. Nossa destruição beneficia a terra? Ajuda a grama a crescer e o sol a brilhar? Esta escuridão está em você também? Você passou por esta noite?[9]

Essa é quase exatamente a mesma pergunta de Agostinho — inclusive, é difícil imaginar Malick, um antigo estudioso de Heidegger, *não* tendo as *Confissões* em mente. Agostinho foi perseguido por essa questão sobre o mal desde a juventude. Isso o levou primeiramente aos maniqueus e, por fim, foi o motivo pelo qual ele os abandonou decepcionado. Sua permanência no ceticismo foi uma tentativa de enfraquecer a questão. Mas em Milão, quando suas defesas estavam entrando em colapso, a pergunta surgiu novamente: "Onde e de onde é o mal? Como ele surgiu? Qual é a sua raiz e qual é a sua semente?".[10]

De uma forma que é mais difícil de encontrar em Coates, mas ainda presente em Camus, a pergunta de Agostinho se volta para dentro, como a pergunta assustadora do soldado Train: "Essa escuridão está em você também?". Não são apenas as atrocidades cometidas por outros que são inexplicáveis: existe um mistério sombrio no mal que induz seu próprio comportamento.

---

[9] Você pode ouvir essas frases no começo de "Have You Passed through This Night?", música do Explosions in the Sky, que vai evoluindo em um grau discordante de desafio.

[10] Agostinho, *Confessions* 7.5.7, trad. Henry Chadwick (Oxford: Oxford University Press, 1991), p. 115. [No Brasil, *Confissões* (São Paulo: Paulus, 1997)].

O mal está lá fora e está aqui, bem perto. No entanto, ainda é imprevisível. Seu próprio coração é um abismo e, quando ele olha para as barbaridades que comete, apenas um mistério sombrio olha de volta para ele: "Tornei-me mau sem motivo".[11] Mersault pareceria familiar para Agostinho. "Essa escuridão está em você também?"

AGOSTINHO PASSOU o resto da vida lutando contra essa irracionalidade sem causa. Desde seus primeiros trabalhos, como *O livre-arbítrio*, até as reflexões atuais em *A cidade de Deus*, ele continua encarando o problema do mal. Porém, o objetivo não é identificar a causa, e sim lutar por uma coerência intelectual que o permita defender duas convicções com integridade: a natureza corrosiva do mal que devora o mundo e a bondade do Deus que criou tal mundo.

Você pode sentir a angústia de Agostinho na pergunta de Evódio, que abre *O livre-arbítrio*: "Diga-me se não é Deus o autor do mal".[12] É o apelo de quem procura descanso da ansiedade intelectual, indisposto a negar a realidade do mal, mas igualmente assustado com a ideia de Deus não ser bom. Isso não é o mesmo que procurar uma solução, esperando uma percepção gnóstica que garanta um porto intelectual seguro para viver tranquilamente "por dentro" e agir efetivamente como se o mal não fosse uma realidade. Pelo contrário, Agostinho procura algum tipo de âncora no meio da tempestade, um farol que mantenha acesa a esperança enquanto as ondas do mal continuam rolando. Se ele aponta para a vontade livre — para o uso equivocado da boa vontade que Deus criou em nós —, isso não é tanto uma resposta, uma solução ou uma causa explicativa como é uma casa com espaço para manter essas coisas sob tensão. A "resposta" é um relato do mistério que nos dá alças para nos segurarmos sem negar o que desejamos que não fosse verdade. Afirmar que o mal tem sua fonte na escolha do livre-arbítrio ainda deixa uma caixa preta no

---

[11] *Confessions* 2.4.9 (trad. Chadwick, p. 29).
[12] Agostinho, *On the Free Choice of the Will* 1.1.1, in *On the Free Choice of the Will, On Grace and Free Choice and Other Writings*, ed. e trad. Peter King (Cambridge: Cambridge University Press, 2010), p. 3. [No Brasil, *O livre-arbítrio* (São Paulo: Paulus, 1997)].

meio da nossa experiência que não podemos ver. Mas todos nós vivemos com caixas pretas de explicação — as coisas sobre as quais não queremos ouvir questionamentos, que decidimos assumir porque construímos grande parte de nossa vida sobre elas, os "por meio de" dos quais não podemos falar e sobre os quais, portanto, continuamos calados (como Wittgenstein afirmou).[13]

Agostinho não está tentando fazer com que o mal "faça sentido". Entender o sentido, ter uma explicação e ser capaz de identificar a causa significaria que ela tem um lugar no mundo. Mas então isso não é o mal. O mal é o que não deveria ser, a desordem da criação, a violação que protestamos. O mal não tem lugar, nem espaço para se encaixar, nem casa aqui ou uma boa criação. Quando Evódio tenta entender a atribuição do mal de Agostinho à escolha desonesta da vontade, é compreensível que ele imagine se isso é algo que "vem naturalmente", digamos assim. Porque se a vontade é inclinada a isso, se "esse movimento" da vontade é "algo natural", isso significa que ela é absorvida por bens inferiores por uma questão de necessidade. Se sou naturalmente levado à desordem, como posso ser culpado por isso?[14]

"Exatamente!", responde Agostinho. É por isso mesmo que essa escolha *não* é natural: é voluntária, portanto, inexplicável.[15] O livre-arbítrio só é uma resposta a essa pergunta se você também estiver disposto a viver com o mistério. Quando Evódio tenta analisar isso e descobrir o que causa a vontade, Agostinho o avisa: você realmente não pode ter o que quer. Você será sugado para uma regressão infinita, então precisará aceitar o reconhecimento de certo mistério da vontade aqui — "a vontade deliberada", como Agostinho descreve, "é a causa de todos os males".[16] Seria o mesmo que dizer: esse é o tipo de causa que não pode ser explicada, somente testemunhada. Agostinho nos leva de volta às perguntas do soldado Train sobre raízes e sementes: "Podemos concluir que a raiz de todos os males é *não estar em harmonia com a natureza* [...] Mas se você perguntar mais uma vez sobre a causa dessa raiz, como será a raiz de todos os males?". Alguém poderia responder que a causa

---

[13] "Aquilo de que não se pode falar deve ser mantido em silêncio." Ludwig Wittgenstein, *Tractatus*, proposição 7.
[14] *On the Free Choice of the Will* 3.1.1.
[15] *On the Free Choice of the Will* 3.1.2.
[16] *On the Free Choice of the Will* 3.17.48 (trad. King, p. 107).

da raiz é a semente, mas o que faz a semente crescer dentro dela? Esse é um mistério obscuro. "Assim, ou a vontade é a primeira causa do pecado, ou nenhum pecado é a primeira causa de si mesmo."[17] Aqui confrontamos o poder caótico e quase divino da vontade: ele opera *ex nihilo*, sem motivo.

Vinte e cinco anos depois, em *A cidade de Deus*, Agostinho destaca novamente esse ponto: "Se você tentar encontrar a causa eficiente para essa má escolha, não existe nenhuma".[18] Em vez disso, Agostinho vê a escuridão. Ele avisa: "Ninguém deve tentar encontrar uma causa para uma escolha errada. Não é uma questão de eficiência, e sim de deficiência [...] Tentar descobrir as causas dessa deserção — deficientes, não eficientes — é como tentar ver a escuridão ou ouvir o silêncio. No entanto, estamos familiarizados com a escuridão e o silêncio e só podemos conhecê-los por meio de olhos e ouvidos, mas não pela percepção, e sim pela ausência dela".[19]

Afinal de contas, qual é a alternativa? Se você pudesse discernir uma causa e oferecer uma explicação, o mal faria sentido. Você pode dizer até que o mal é "natural". Mas se você faz essa firmação, o mal deixa de ser mau. É assim que as coisas são e que deveriam ser. Você não pode protestar contra o que é natural, nem lamentar o que deveria ser. O preço a pagar pela explicação do mal é desistir de nomeá-lo e se opor a ele. Assim que você "explica" o mal, ele desaparece. Agostinho considera o diabo um caso-limite a esse respeito. Se Deus criou tudo e tudo o que ele faz é bom, de onde veio o diabo? Ele nem mesmo é "naturalmente" mau. Como a minha, sua queda é inexplicável. Agostinho destaca: "Os maniqueístas não percebem que se o diabo é um pecador *por natureza*, realmente não pode existir questão de pecado no caso dele".[20] Nesse caso, a própria face do mal simplesmente é. Você não pode reclamar do contrário.

Quando somos vítimas da necessidade arrogante de um domínio intelectual, da necessidade de *entender* tudo e, portanto, de *explicar* tudo, acabamos naturalizando o mal e, portanto, eviscerando-o, eliminando a capacidade de

---

[17] *On the Free Choice of the Will* 3.17.48-49 (trad. King, p. 107).
[18] Agostinho, *City of God* 12.6, em *City of God*, trad. Henry Bettenson (Londres: Penguin, 1984), p. 477. [No Brasil, *A cidade de Deus* (Petrópolis: Vozes, 2015)].
[19] *City of God* 12.7 (trad. Bettenson, p. 479-80).
[20] *City of God* 11.15 (trad. Bettenson, p. 446).

protestar contra ele. Essa explicação nos leva além do bem e do mal. A busca pela raiz e a semente do mal — para identificar como ele invadiu o mundo — enfraquece a perplexidade torturada que gerou a discussão em primeiro lugar. A questão surge da nossa experiência de discordância ("Isso não pode estar certo! Não é assim que deveria ser!"). Muitas vezes nossas respostas destroem essa desarmonia, e assim, tornam a questão discutível.

Além disso, desvalorizamos ou negamos nossas intuições sobre o que *deveria* ser — o que é bom e belo, para que serve a gratidão. Quando tentamos acabar com o mistério sombrio do mal com a luz da explicação, diminuímos ao mesmo tempo o brilho da beleza que chega espontaneamente. Perdemos o impulso de dizer "obrigado", ignoramos a alegria que acompanha os momentos em que pensamos: "É assim que deveria ser". Explicamos o mal somente para explicar o amor.

Esse é o apoio para a investigação do soldado Train em *Além da linha vermelha*. Enquanto as maquinações diabólicas dos humanos levantam compreensivamente a questão da origem do mal, há um mistério correspondente que paira ao longo do filme em epifanias do céu, luz e jogo. O soldado Bell, em uma carta para sua esposa que está em casa, faz a pergunta que esse mistério gera:

> Minha querida esposa. Há algo destruído em seu interior por todo esse sangue, sujeira e barulho. Quero permanecer imutável para você. Quero voltar para você como o homem que eu era antes. Como chegaremos a essas outras terras? Àquelas colinas azuis? O amor — de onde vem? Quem acendeu esta chama em nós? Não existe guerra que possa acabar com isso ou vencer. Eu fui prisioneiro. Você me libertou.[21]

Essa chama está acesa em você também? Você passou por essa luz?

DITO ISSO, EU gostaria de encontrar mais lamentações em Agostinho.

---

[21] Pesquise no Google a cena "Who Lit This Flame in Us" [Quem acendeu esta chama em nós] para apreciar as imagens e a trilha sonora.

Ainda que, a princípio, Agostinho se recuse a dar ao mal a vantagem de uma explicação, ele afasta constantemente opções intelectuais que tornariam o mal uma ilusão ou colocariam Deus como culpado. Como resultado, em alguns momentos acredita-se que ele pinte esquemas que, mesmo que se recuse a nomear uma causa, quase dá espaço ao mal, seja como uma tendência que deriva da nossa natureza[22] ou como a sombra da tapeçaria da criação que torna o todo mais bonito.[23] Como resultado, o mal se torna uma abstração para Agostinho, um desafio genérico e vago que precisa de firmeza. Mas quando ele se volta para o mal *interior* — a escuridão em si —, Agostinho é um observador proustiano de todas as formas específicas em que sua vontade é distorcida, pervertida e monstruosa. As *Confissões* são um lamento longo do diabo de dentro.

Mas ainda existe algo de rígido em Agostinho. Confrontado pela corrupção trágica do mundo, ele se parece mais com o tranquilo Sócrates do que com Jesus gemendo no jardim do Getsêmani ou chorando com a morte de Lázaro. Todos os salmistas lamentam pela espiritualização interior dele, pois isso o leva a chorar por seu próprio pecado, mas ainda assim sentir um impulso para explicar a realidade invasiva da violência e do sofrimento. Estranhamente isso parece não agostiniano. Um Agostinho que lamenta sua própria vontade perversa deve fazê-lo em voz alta e publicamente pelas injustiças que deixam as crianças ficarem famintas, as mulheres serem abusadas e a criação ser explorada. Às vezes, ele está tão inclinado a defender a punição justa da mortalidade que não deixa espaço para protestar contra a tirania da morte.

Talvez não exista episódio seja mais chocante a esse respeito do que sua lembrança quase casual da morte prematura de seu filho, Adeodato. No livro 9 de *Confissões*, Agostinho conta alegremente o presente que foi seu filho, já

---

[22] Em *City of God* 12.6, Agostinho explica a vontade do mal como uma escolha perversa de bens inferiores e superiores, mas destaca que isso não significa que esses bens "inferiores" (coisas temporais) sejam os culpados. "Não é algo sem valor que causa a escolha ruim: é a vontade em si, *já que é criada*, que deseja algo inferior de forma pervertida e caótica" (trad. Bettenson, p. 478, grifo nosso). Acredito que Agostinho está dizendo que as vontades criadas estão inclinadas a isso por não serem divinas, mas elas deixam aberta a porta da discussão de que a finitude é um problema.
[23] *City of God* 11.22. O perigo aqui é que a escuridão do mal se torne um mal "aparente" que só vemos como algo perverso por não vermos o todo. Nesse caso, Agostinho tenta defender a bondade de Deus, garantindo-nos que tudo tem um "propósito".

falecido. Ele se vangloria do brilho do rapaz, exibido em *O Mestre*, um de seus primeiros diálogos. Agostinho se orgulha como qualquer pai que vê seu filho se tornar um jovem com uma independência que o surpreende. Adeodato era um "parceiro de conversas" e tinha uma profundidade filosófica que deixava Agostinho (não tão secretamente) emocionado. "Na época, ele tinha 16 anos. Aprendi muitas outras coisas importantes sobre ele. Sua inteligência me deixou boquiaberto. Quem além de ti poderia ser o Criador de tais maravilhas?" Ele se lembra do batismo deles: ele mesmo, Adeodato e Alípio. E então a lembrança superficial: "Tu o tiraste da vida na Terra muito cedo".[24]

Talvez uma culpa persistente tenha impedido Agostinho de demonstrar mais seu sofrimento. Seu biógrafo Peter Brown descreve isso como "um dos espaços em branco mais significativos na vida de Agostinho". Existe muita coisa que ele deixa de dizer. Mas talvez uma ferida não citada permanecesse. Brown nos lembra: "No último livro que escreveu, Agostinho menciona um trecho de Cícero que, talvez, traia a dor dessa perda: 'É claro que o que Cícero diz vem direto do coração de todos os pais, quando escreve: *Você é o único de todos os homens que eu gostaria que me vencesse em todas as coisas*'".[25] Um pai idoso, meditando sobre a morte prematura de um filho não é como deveria ser.

É em sua pregação que vemos além da estrutura neoplatônica e dos esquemas de bem maior. Nos sermões, o que é oferecido não é uma "resposta" ao mal, como se fosse meramente um problema ou uma pergunta, e sim uma visão da ação graciosa de Deus, que *assume* o mal. A cruz de Cristo — o Deus encarnado — é onde acontece uma inversão cósmica, onde tudo o que não deveria ser é absorvido pelo Filho, levado às profundezas do inferno e derrotado pela ressurreição. O mal não é respondido, é vencido. Como Agostinho colocaria em um sermão em 404: "Ele tomou carne da nossa mortalidade, sim, e também tomou para si a morte, que era a punição pelo pecado, mas não levou o pecado em si. Em vez disso, com a intenção misericordiosa de nos libertar do mesmo, entregou sua carne à morte".[26] Deus não resolve um

---

[24] *Confessions* 9.6.14 (trad. Chadwick, p. 164).
[25] Peter Brown, *Augustine of Hippo: A Biograph* (Berkeley: University of California Press, 1967), p. 135. [No Brasil, *Santo Agostinho: Uma biografia* (Rio de Janeiro: Record, 2005)].
[26] Sermão 159B.9, em *Sermons*, trad. Edmund Hill, OP, ed. John E. Rotelle, 11 vols., The works of Saint Agostinho III/1-11 (Hyde Park, NY: New City, 1997), 5:155.

"problema" de forma abstrata, ele concorda em habitar e absorver o caos que fizemos do mundo. Deus "não abandonou a humanidade em sua condição mortal".[27] Agostinho incentiva seus ouvintes afirmando que isso deve servir como fonte de esperança diante de medos e tristezas.

> Então ele entregou essa carne para ser morta, para que você não tivesse medo de nada que pudesse acontecer com a sua própria carne. Ele lhe mostrou, em sua ressurreição após três dias, o que você deveria esperar no final desta era. Então ele está lhe guiando, pois se tornou sua esperança. Agora você está caminhando em direção à esperança da ressurreição. Porém, a não ser que nossa cabeça se levantasse primeiro, os outros membros do corpo não encontrariam nada pelo que esperar.[28]

Aqui o apelo não é pelo bem maior, nem pela livre escolha da vontade, nem pela inexistência constitutiva da criação que corrói o bem. Agostinho, o pastor e o pregador, evita essas abstrações e prefere apelar para o mistério do coração da fé cristã: um Deus humilde que suportou o mal para vencer. A questão não é o fato de Deus ter um plano, e sim que Deus vence. Venceremos graças ao que o Filho sofreu em nosso lugar. Essa não é uma resposta ao mal; é uma reação. A esperança não está no domínio intelectual, mas na solidariedade divina.

Às vezes, seu corpo, a igreja, demonstrará a mesma solidariedade compassiva diante do mal, um ser cruciforme, que não é um desvio intelectual, e sim uma epifania incorporada. Já vi isso bem de perto. Muitos anos atrás, nossa sobrinha morreu de forma repentina e trágica de uma doença inexplicável. Ela tinha dezessete meses de idade. Certamente não é assim que deveria ser. Seus pais deixaram qualquer ligação com uma comunidade religiosa em nossa cidade natal. Mas nossa própria família de fé desejava alcançá-los e orientá-los. Assim, chamamos nosso pastor, um amigo querido e um modelo do amor servil de Cristo.

---

[27] Sermão 159B.4 (trad. Hill, 5:149).
[28] Sermão 159B.9 (trad. Hill, 5:155).

Quando o pastor Charlie chegou àquela casa, a mãe em luto estava justamente inconsolável. Na verdade, ela estava esparramada no chão do quarto da filha, rodeada de seus cobertores e bichos de pelúcia, soluçando e entorpecida de muitas formas, sem querer sair dali. Depois de esperar um pouco, o pastor Charlie entrou no quarto. Ela nem mesmo percebeu a presença dele. E então Charlie fez a única coisa que conseguiu pensar em fazer: deitou-se no chão ao lado dela. Ele clamou *por* ela e *com* ela e desejou gemidos cheios do Espírito. Para ela, ele era Cristo simplesmente por estar presente em seu sofrimento.

A banda Romantica, de Mineápolis, oferece uma imagem que invadiu minha imaginação. Na música *Drink the Night Away*, eles contam as brincadeiras alegres de alguns meninos irlandeses que foram para uma escola rival para uma partida de críquete ("Diga ao meu irmão mais novo para cuidar da minha mãe, pois não voltarei para casa hoje"). Eles são animados e ansiosos, desejando conhecer garotas de outra escola, com planos maliciosos para as bebidas pós-jogo:

> Oh, será divertido, todos os meninos da escola e as meninas que estiverem pelo caminho.
> Vamos dançar ao redor do fogo até ficarmos cansados e então bebermos a noite toda.

Eles sonham em vencer e encher o troféu do torneio com vinho branco: "e então bebermos a noite toda", como repete o refrão.

Mas a tragédia acaba com tudo, revertendo seus planos e virando seu mundo de cabeça para baixo. "Ouça sua mamãe chorando quando você está lá, morrendo, em algum lugar em Donegall." A música se torna um lamento. Eles questionam: "O que Jesus estava pensando quando lhe deixou afundar nos braços do Senhor?". Isso não deveria ter acontecido. Enquanto a canção continua enunciando essa pergunta, há uma virada decisiva no final: um troféu diferente, uma bebida diferente.

> O que Jesus estava pensando quando lhe deixou afundar nos braços do Senhor? Então ele pegou a taça, levantou-a e bebeu a noite inteira.[29]

---

[29] O uso da letra da música foi autorizado.

A taça que Jesus bebe é o cálice do nosso sofrimento, cheio de um mar de angústia vinho-escuro. Essa não é uma análise cósmica de custo-benefício em que Deus calcula qual é "o bem maior": é o escândalo histórico de Deus se tornando carne, tomando o mal e a injustiça do mundo — *nosso* mal e injustiça — para si e depois irrompendo diante do túmulo para anunciar, como disse o puritano John Owen: "a morte da morte".[30] Deus não nos dá uma resposta; ele nos dá a si mesmo.

NA VERDADE, SEGUNDO Agostinho, não existe uma "resposta" em si para o mal. Há uma reação, um plano de ação divino baseado na solidariedade e na compaixão. Essa ação, antes de tudo e fundamentalmente, é a *graça*. Quando o Agostinho já idoso está lendo toda a sua obra para escrever suas *Retratações*, ele se comove por algo que é muito claramente ausente em seu relato sobre o mal em *O livre-arbítrio*: a graça. A graça é a luz que também preenche a escuridão em mim. A graça é o que flui da reação de Deus ao nosso mal, o efeito de transbordamento de Jesus bebendo o cálice do sofrimento e derrotando o mal.

Isso se derrama em nossa própria reação, de maneira que Agostinho não só analisa o mal em um sistema filosófico, ele o faz como bispo e ativista. Ele realiza a função de proteção e protesto em nome dos injustiçados e até dos malfeitores. A vida de Agostinho como bispo no norte da África poderia ser descrita como uma campanha ativista contra o mal no local. Agostinho conhecia a si mesmo o suficiente para saber que as injustiças de seu mundo eram encadeamentos de maus atores e sistemas diabólicos — que injustiças podiam ser geradas tanto por boas intenções quanto por conspirações do mal. Desse modo, ele não estava satisfeito com um mero relato do mal, tinha um plano para abordá-lo, combatê-lo e eliminar seus efeitos. E ele se comprometeu não só pelos justos e merecedores, mas também pelos que não se arrependem e pelos reincidentes.

---

[30] Esse é o título do tratado de John Owen, de 1647, *A morte da morte na morte de Cristo*.

Macedônio, o vigário da África (como se fosse um governador), que era o tipo de funcionário a quem Agostinho costumava apresentar pedidos de misericórdia e clemência, enviou a ele uma carta em 413 ou 414 expressando sua confusão. Por que Agostinho se comprometeria a defender e pedir misericórdia e clemência para aqueles que não se arrependeram e que não prometeram mudar? Ele responde: "É fácil e natural odiar as pessoas más por elas serem más, mas é raro e sagrado amar essas mesmas pessoas por serem seres humanos". Ele argumenta ainda que um castigo justo e misericordioso pode ser um meio de libertar sua humanidade. "Portanto, aquele que pune o crime para libertar o ser humano está vinculado a outra pessoa como companheiro, não na injustiça, mas na humanidade. Não existe outro lugar para corrigir nossa conduta, a não ser nesta vida. Assim, por amor à raça humana, somos obrigados a interceder em nome dos culpados, para que não terminem esta vida com punição."[31] Melhor arriscar a imunidade e criar espaço para mudanças do que defender a lei e a ordem e acabar destruindo qualquer abertura para a transformação. Agostinho solicitava constantemente que as autoridades não praticassem a pena de morte. Ele pedia perdão e, em algumas ocasiões, clemência em casos criminais, reconhecendo os principados e poderes que forçam e restringem tanto os criminosos quanto as vítimas.

A defesa de Agostinho pela reforma penal veio acompanhada de suas intervenções nas injustiças particulares da instituição romana da escravidão. Como lembra Robert Dodaro: "Agostinho costumava recorrer aos cofres de sua igreja para comprar a liberdade de escravos. Além disso, certa vez, enquanto ele estava ausente de Hipona, alguns membros de sua congregação invadiram um navio e libertaram mais de cem escravos que estavam ali sendo mantidos em cativeiro".[32] Ele era também um defensor ativo do direito

---

[31] Carta 153.3, em *Letters*, trad. Roland Teske, SJ, ed. Boniface Ramsey, 4 vols., The works of Saint Augustine II/1-4 (Hyde Park, NY: New City, 2001-2005), 2:392. Para um relato convincente de como seria a justiça criminal agostiniana, principalmente em uma era de prisões em massa, cf. Gregory W. Lee, "Mercy and Mass Incarceration: Augustinian Reflections on 'The New Jim Crow'", *Journal of Religion* 98, n. 2 (Abril de 2018):192-223.

[32] Robert Dodaro, "Between the Two Cities: Political Action in Augustine of Hippo", in *Augustine and politics,* ed. John Doody, Kevin L. Hughes e Kim Paffenroth (Lanham, MD: Lexington, 2005), p. 104.

de santuário no final do Império Romano, apoiando os devedores e tomando o lado daqueles que estavam sob a desigualdade econômica. A igreja de Agostinho era um santuário para os migrantes econômicos e ele apelava às autoridades imperiais em nome dos refugiados e das pessoas em situação de risco.[33] Em todas essas formas e outras mais, Agostinho respondeu aos males e às injustiças presentes como aliado e defensor — imitando o advogado que deu a si mesmo aos seus inimigos (Romanos 5:10).

É POR ISSO que Agostinho elogiou a política como um chamado digno do cristão. O trabalho duro e bom da mesma é uma forma de amar o seu próximo em um mundo trágico e corrompido. Se a política é a arte do possível, pode ser também um caminho prudente de garantir a justiça, confrontar o mal e acabar com os efeitos da queda. No entanto, quando Agostinho aconselha atores políticos como Bonifácio e Macedônio, ele o faz com realismo de olhos bem abertos. Ao mesmo tempo, ele está tentando amenizar os efeitos da maldição e reconhecer a realidade duradoura do mal e do pecado original. Ele não tem ilusões em relação à natureza humana triunfar sobre o egoísmo ou escapar de sua inclinação ao amor desordenado. Também não tem expectativa de legislar nosso caminho para o reino. Pelo contrário, é uma questão de legislar em um mundo onde precisamos continuar orando: "Venha a nós o teu reino".

Então, Agostinho nunca teve grandes expectativas quanto à política. Se ele é um defensor, um tipo de ativista, intervindo em sistemas injustos, jamais estará inclinado ao que poderíamos chamar de ativismo — um tipo de excesso pelagiano de confiança em nossa capacidade de superar o mal com nossa habilidade política. Esse é o perigo que ameaça o ateísmo (compreensível) de Coates. Ação, sinceridade e ingenuidade humanas são aqui divinizadas. Coates admite: "Ideias como justiça cósmica, esperança coletiva e redenção nacional não significavam nada para mim. A verdade estava em tudo que veio

---

[33] Dodaro, "Between the Two Cities", p. 106-7.

depois do ateísmo, depois que a imoralidade do universo foi considerada não como um problema, mas como um presente". Coates vê isso como algo libertador: "A vida era curta, e a morte, imbatível. Então amei profundamente, pois não amaria por muito tempo [...] Nesse amor fixo e sem Deus encontrei algo cósmico, e ainda assim, espiritual".[34] Confesso que não entendo a lógica desse "então". Não sei de forma alguma como ele acontece.

No entanto, isso explica o investimento decorrente da política com um senso de urgência e atualidade. Mais tarde, Coates observa: "A necessidade de propósito, comunidade e missão é humana". Concordamos. Mas então, vem esse movimento: "Ele está incorporado em nossa política, que não se resume a brigas por planos de saúde, incentivos fiscais e subsídios agrícolas, mas faz parte da busca por significado. Foi essa busca que atormentou os oito anos de poder".[35] Se somos tudo o que temos, qualquer esperança de justiça está em nós e a política está tão próxima quanto chegaremos a um mecanismo para promover o reino naturalizado de Deus. O ativismo pelagiano — resignado, mas confiante, ao poder e ingenuidade humanos — é inclinado a ser cego pela inocência. De fato, como afirmava um agostiniano posterior, Reinhold Niebuhr, nossa confiança ateísta nos torna "incapazes de reconhecer toda a corrupção de ambição e poder que invadiria inevitavelmente seu paraíso de inocência".[36]

Agostinho não tem ilusões sobre inocência, mas seu ativismo não suporta o peso de trazer o reino. Seu reconhecimento claro da persistência do mal — em seu próprio coração tanto quanto em qualquer outro lugar — gera uma política de esperança, em vez da revolução pelagiana. A naturalização — e idolatria — da política geram suas próprias injustiças. Para Agostinho, a cidadania na cidade de Deus significa trabalhar como embaixador da maneira como as coisas deveriam ser, na esperança de dobrar o modo como as coisas seguem o arco da justiça, do *shalom*. A política é um dos caminhos pelos quais

---

[34] Coates, *Eight Years in Power*, p. 110-1.
[35] Coates, *Eight Years in Power*, p. 214.
[36] Reinhold Niebuhr, *The Irony of American History*, em *Major Works on Religion and Politics*, ed. Elisabeth Sifton (Nova York: Library of America, 2015), p. 480. Niebuhr observa que, ainda que essa "inocência" absorva uma grande parte do liberalismo, as instituições políticas americanas são mais agostinianas do que poderíamos imaginar, contendo "muita da proteção contra o abuso egoísta do poder que nossos pais calvinistas insistiam" (p. 481).

reagimos à realidade do mal, contanto que reconheçamos que somente a ressurreição pode vencê-la. O mal não é um quebra-cabeça a ser resolvido, e sim uma incursão a ser derrotada.

Isso TORNA A crença em Deus mais forte? Não sei. Mas sei que um mistério surpreendente nos interrompeu em meio ao horror: o perdão inexplicável concedido pelos santos da Igreja Episcopal Metodista Africana Emanuel em Charleston, Carolina do Sul, depois do massacre horrendo causado por um jovem supremacista branco. O mal em si é suficiente para levar alguém a questionar a existência e a bondade de Deus. É por isso que o perdão é ainda mais misterioso, principalmente porque esse aumento da graça e da misericórdia foi alimentado por sua fé no Deus crucificado que ressuscitou dos mortos — a mesma fé que os tornou o tipo de pessoas que aceitaram o jovem confuso em seus estudos bíblicos às quartas-feiras à noite, o forasteiro que se tornaria seu carrasco. Essa hospitalidade e perdão — essa luz no meio da escuridão — são geradas a partir de uma confiança que, para alguns, parecerá louca ou até irresponsável. Esses rompantes de graça são um sinal que nos levam a analisar se a bola de fogo no coração do cosmos não é, afinal de contas, apesar de tudo, o fogo do amor.

PAIS: *Como ser quebrantado*

O que desejo quando quero ser acolhido?

Se um argumento é perene, isso o torna clichê? Ou é simplesmente uma realidade que precisa ser revivida na primeira pessoa? Se a fome por algo é sentida repetidamente, geração após geração, isso a torna esgotada e ultrapassada — ou sinaliza algo permanente dentro de nós, um pergaminho reutilizado da natureza humana que se recusa a ser apagado? Se eu passar a vida inteira procurando o que um milhão de ancestrais buscaram antes de mim, isso torna meu desejo derivado — ou *cósmico*, uma fome plantada no peito humano? Ainda que Freud o reduzisse a um arquétipo, a mágoa pode ser "típica"?

Temos um desejo provocado por pais ausentes: os pais que foram embora, abrindo buracos negros no tecido do universo infantil, junto dos pais que ficaram, mas cuja distância inconstante os manteve ausentes mesmo quando presentes. Tantas pessoas na estrada estão procurando seus pais!

A busca é épica, tão antiga quanto Homero, cuja *Odisseia* começa com um filho que procura seu pai ausente e termina com o pai voltando para encontrar seu próprio pai, junto de seu filho.[1] Pais e lares se confundem e se misturam: o pai melancólico nos faz nascidos para fugir, tornando-nos "exilados em casa e estrangeiros em qualquer lugar que formos".[2] Bruce Springsteen vê esse argumento como o coração do rock'n roll: "T-Bone Burnett disse que o rock é sobre 'Papaaaaai!'. É um grito constrangedor de 'Papaaaaai!'. São ape-

---

[1] Como Daniel Mendelsohn observa em seu livro *An Odyssey: A Father, a Son and Epic* (Nova York: Knopf, 2017), os quatro livros de abertura da Odisseia, a "Telemaquia" do filho, Telêmaco, são "aqueles pequenos romances de formação" em que o caráter do jovem filho de Odisseu passa a ser moldado, educado, ao longo da busca por seu pai (p. 118).

[2] Thomas Wolfe, *Look Homeward, Angel* (New York: Scribner's Sons, 1952), p. 451.

nas pais e filhos, e você está lá fora provando algo para alguém da forma mais intensa possível. É como se fosse: 'Ei, eu mereço mais atenção do que recebi! Você estragou tudo, grandalhão!'".[3] Mesmo quando parece que desistimos da busca e que não nos importamos, nossas atitudes continuam dizendo: "Olhe para mim, pai. Você me vê agora?". Não podemos deixar de querer ser vistos, conhecidos e amados.

Paul Auster observa: "Você não para de sentir fome pelo amor de seu pai, nem mesmo depois de adulto".[4] Seu livro de memórias, *A invenção da solidão*, é uma meditação longa sobre essa fome: "Parece que desde o começo eu procurava por meu pai, indo freneticamente atrás de qualquer pessoa que se parecesse com ele". Ele devorava quaisquer restos de atenção ou ecos fracos de afeto. "Não era que eu sentisse que ele não gostava de mim, mas que ele parecia distraído, incapaz de olhar na minha direção. E mais do que qualquer outra coisa, eu desejava que ele prestasse atenção em mim". Auster lembra um momento trivial cheio de significado em relação a essa questão:

> Uma vez, quando a família foi a um restaurante lotado em um domingo e tivemos que esperar por nossa mesa, meu pai me levou para fora, criou uma bola de tênis (de onde?), colocou uma moeda na calçada e começou a jogar comigo um jogo cujo objetivo era acertar a moeda com a bola de tênis [...] Olhando para trás, nada poderia ter sido mais banal. No entanto, o fato de eu ter sido incluído e de meu pai ter me pedido casualmente para compartilhar seu tédio com ele, quase me matou de felicidade.[5]

Ser convidado a participar dessa monotonia é o auge da intimidade, um descanso que não precisa ser preenchido com conversas nervosas. Auster passaria o resto da vida buscando isso de novo.

Muitas pessoas na estrada estão procurando seus pais. Na verdade, a busca aparece ao longo do *On the Road*, de Kerouac, que termina com um parágrafo

---

[3] David Remnick, "We are Alive: Bruce Springsteen at Sixty-two", *New Yorker*, 30 de julho de 2012, https://www.newyorker.com/magazine/2012/07/30/we-are-alive.
[4] Paul Auster, *The Invention of Solitude*, em *Collected Prose* (Londres: Faber & Faber, 2014), p. 15. [No Brasil, *A invenção da solidão* (São Paulo: Companhia das Letras, 1999)].
[5] Auster, *Invention of Solitude*, p. 17.

extasiado no qual Sal Paradise imagina a energia ondulando através do país que eles atravessaram. Ele reflete: "Então, nos Estados Unidos, quando o sol se põe, a estrela da noite deve estar se inclinando e derramando sua escuridão brilhante no prado, logo antes da chegada da noite completa que abençoa a terra, escurece todos os rios, cobre os picos e dobra a margem final, e ninguém, ninguém mesmo sabe o que vai acontecer com ninguém além dos trapos miseráveis do envelhecimento. Penso em Dean Moriarty, até no velho Moriarty, o pai que nunca encontramos, penso em Dean Moriarty".[6] A estrada é a vida em que você nunca encontra seu pai. É um caminho familiar.

Alguns sugerem que essa é a história mais antiga, a narrativa básica da condição humana. Thomas Wolfe, cuja obra *Look Homeward, Angel* é um exemplo do gênero, refletiu posteriormente sobre o ímpeto da história. Sua resposta apela para o épico:

> Desde o começo — e esse era um fato que em todos os meus tempos de desesperança voltou a fortalecer minha fé em minha convicção — a ideia, a lenda central que eu desejava que meu livro expressasse, nunca mudou. E essa ideia central era a seguinte: para mim, parecia que a busca mais profunda da vida, que de uma forma ou de outra era importante para todos os seres vivos, era a tentativa do homem de encontrar um pai, não apenas o pai de sua carne, nem o pai perdido de sua juventude, mas a imagem de uma força e sabedoria externas à sua necessidade e superiores à sua fome, às quais a crença e o poder de sua própria vida poderiam estar unidos.[7]

E não são somente os filhos que vão procurar. A busca é humana. Margo Maine, por exemplo, criou o termo "fome de pai" para ajudar a diagnosticar a causa de distúrbios alimentares em filhas, mulheres jovens para quem a experiência do pai ausente desviou a fome do pai para relacionamentos prejudiciais com fome e a comida.[8] Quem de nós não é um herdeiro dos sonhos de nossos pais?

---

[6] Jack Kerouac, *On the Road* (Nova York: Penguin, 1999), p. 293.
[7] Thomas Wolfe, *The Story of a Novel* (Nova York: Scribner's Sons, 1936), p. 39.
[8] Margo Maine, *Father Hunger: Fathers, Daughters and Food* (Carlsbad, CA: Gurze, 1991).

O CAPITALISMO TARDIO é a era em que todos têm um computador no bolso e um grande buraco onde o pai deveria estar. É parte do que atraiu seguidores *cult* ao cineasta Wes Anderson, principalmente de uma geração (admito que é a minha geração) cujos pais se divertiram com as liberdades distorcidas da década de 1970 e encontraram a permissão para acabar com seus casamentos na década de 1980. Embora se consolassem com histórias de divórcios esclarecidos e práticas de custódia intencional, raramente nos pediam ou nos davam permissão para oferecer provas contrárias. Então, absorvemos e internalizamos suas histórias de que isso era o "melhor para todos" e repetimos o roteiro. Era nossa maneira de tentar nos convencer a acreditar que era verdade, com o benefício adicional de consolar aqueles que dividiram nosso mundo em dois.[9]

A obra de Anderson pode ser lida como um protesto estético contra essa narrativa oficial. No coração de quase todos os seus filmes, há uma criança em uma busca que resulta de ausência, decepção e omissão, que carrega as impressões de uma fome de pai. De *Pura adrenalina* e *Três é demais* a *Os excêntricos Tenenbaums*, e *A vida marinha com Steve Zissou* a *Moonrise Kingdom* e *Ilha dos cachorros*, o drama dessas histórias é impulsionado por uma ausência do que *deveria* estar no relacionamento entre pais e filhos ou nosso senso duradouro de como deveria ser, mesmo que nunca o tenhamos experimentado. Muitos dos personagens de Anderson caem na estrada à procura de pais e encontram apenas substitutos.

As figuras paternas dos filmes de Anderson não deixam de ter seu charme. Eles nunca são vilões zangados como nos desenhos animados, do tipo que ficaríamos felizes em deixar para trás. Em vez disso, são vasos quebrados que nos dão vislumbres muito pequenos de sua humanidade, do *desejo* de ser de outra maneira, o que apenas aprofunda nossa decepção porque nos provoca com a possibilidade. Desse modo, quando depois de um acidente horrível, o ardiloso Royal Tenenbaum se aproxima de seu filho Chas com um dálmata,

---

[9] Cf. Andrew Root sobre os efeitos *ontológicos* do divórcio em *Children of Divorce: The Loss of Family as the Loss of Being* (Grand Rapids: Baker Academic, 2007).

um substituto para o cachorro que Chas e seus filhos haviam acabado de perder, ficamos comovidos com sua confissão:

— Sinto muito por ter te decepcionado, Chas. A todos vocês. Tenho tentado compensar vocês.

— Obrigado. Tivemos um ano difícil, pai — responde Chas.

— Sei que tiveram, Chassy.

De vez em quando, o narcisismo de Royal falha, e ele enxerga seus filhos e eles sabem como é ser visto por um pai.

Mas muitas vezes isso se torna apenas mais um momento para o filho consolar o fracasso do pai, em ocasiões em que os pais exigem serem reconhecidos por seu breve instante de virtude.

— Você ainda me considera seu pai? — Royal pergunta ao outro filho, Richie.

— Claro que sim — garante Richie.

— Eu gostaria de ter mais o que oferecer nesse departamento — ele admite, esperando simpatia.

— Eu sei que sim, papai — responde o filho, agradando e amenizando sua frágil incapacidade paterna.

A fragilidade dos pais de Wes Anderson é o motivo pelo qual não podemos abandoná-los e continuamos sendo sugados na esperança de que eles realmente sejam os pais de que precisamos. Nossa empatia é fruto da percepção que talvez esses pais ainda não tenham encontrado o que estão procurando. Esse cruzamento de buscas é visto em *A vida marinha com Steve Zissou*. O oceanógrafo Steve Zissou está procurando sua baleia branca, um mítico tubarão-onça que matou seu parceiro. Porém, como apenas Steve a viu, muitos estão questionando se ela realmente existe, e talvez até mesmo o papel de Steve na morte de seu amigo. Ao mesmo tempo, um homem chamado Ned Plimpton chega ao navio, sugerindo que pode ser filho de Steve. Enquanto Ned busca seu pai, vemos sinais de que Steve está procurando mais do que um peixe.

Em uma cena muito importante, todo o elenco louco do filme é amontoado em um submarino retrofuturista. Quando consegue finalmente rastrear o tubarão, a equipe se prepara para encontrá-lo nesse submerso clássico. (Faça um favor a si mesmo e procure no Google "Life Aquatic and Sigur Rós" para assistir a cena com sua trilha sonora etérea.) O leviatã brilhoso nada sobre eles, confirmando sua existência, enquanto todos permanecem hipnotizados e em silêncio, impactados por sua presença indiferente e pesada.

— É lindo, Steve — comenta sua ex-esposa.

— Sim, é muito bonito, não é? — ele responde, mas faz uma pausa, quase trêmulo. — Eu me pergunto se ele se lembra de mim.

Seu rosto se contrai em uma careta. Seus olhos se enchem de lágrimas e um soluço se prende em sua garganta. Toda a tripulação estende os braços e coloca as mãos nele, como se fosse um chamado de altar subaquático, um Pentecostes de autorrealização.

O PAI DE Agostinho, Patrício, morreu quando ele tinha dezessete anos de idade. Patrício não sabia nada sobre o que seu filho se tornaria. As lembranças do filho em relação ao pai nas *Confissões* são principalmente uma série de decepções. Desde cedo, o pai foi um ícone negativo, o garoto propaganda do amor disfuncional: "Seu deleite era o da intoxicação que faz o mundo se esquecer de ti, seu Criador, e o leva a amar tua criação em vez de a ti. Ele estava bêbado com o vinho invisível de sua vontade perversa direcionada a coisas inferiores".[10] E muito mais tarde, quando ele se lembra de tudo o que sua mãe teve que suportar por se casar com esse homem, ficou claro que as metáforas aqui eram intencionais: Agostinho recorda o alcoolismo, a infidelidade e os abusos.[11] Já adulto, ele fica constrangido e ressentido quando se lembra do fracasso de seu pai em canalizar sua paixão pelo dom da disciplina. Em vez disso, Patrício se entusiasma com as novas possibilidades de cobiça do filho, quase torcendo para que ele se junte ao pai em aventuras de luxúria. Seu fiasco como pai reflete certo fiasco em ser humano. Mesmo quando Agostinho se lembra da conversão, já no fim da vida de seu pai, é uma ocasião para elogiar sua mãe por "ganhá-lo" para Deus.[12]

---

[10] Agostinho, *Confessions* 2.3.6, trad. Henry Chadwick (Oxford: Oxford University Press, 1991), p. 27. [No Brasil, *Confissões* (São Paulo: Paulus, 1997)].
[11] *Confessions* 9.9.19-21.
[12] *Confessions* 9.9.22 (trad. Chadwick, p. 170).

No mesmo ano em que seu pai faleceu, Agostinho se tornou pai. Seu filho, Adeodato ("presente de Deus"), foi inesperado, mas bem-vindo. Se minha própria experiência, milênios depois, for um indicador, não é difícil imaginar a percepção de Agostinho das falhas de seu pai se tornando mais clara com a chegada de seu próprio filho. Tentar atender ao chamado da paternidade sem uma rede de apoio pode ser uma nova ocasião para sentir uma ausência com a qual você aprendeu a conviver, um motivo para questionar as histórias que lhe foram contadas. Pode também dar espaço a uma espécie de raiva e ressentimento que ninguém havia deixado você expressar antes, pois isso ameaçou a paz de seus pais com as decisões deles.

Agostinho nos deixou tantas palavras e prateleiras de pensamento articulado que quase nunca temos a oportunidade de perguntar: O que ele deixou de dizer? Sobre seu pai? Seu filho?[13] Suas esperanças? O quanto Agostinho estava existencialmente agindo pela distância emocional de seu próprio pai ou de seus próprios fracassos como pai? De que forma sua busca pelo lar é, na verdade, uma busca por um pai? Ele aceita o papel de pródigo por saber que existe um pai no final?

TODO FILHO QUE procura um pai ausente e distante está na estrada para encobrir um desejo mais profundo — que tal pai venha procurá-lo, que a flecha da fome seja revertida e o pai volte. Porque assim, saberíamos que ele estava pensando em nós, procurando-nos, amando-nos. O que fazer com essa fome de pai além de desejar profundamente ser visto e conhecido por aquele que nos criou?

Paul Auster lembra algo próximo disso em *A invenção da solidão* — muito mais tarde em sua vida, em uma cena de atenção paterna, temos um exemplo quando seu pai foi procurá-lo.

---

[13] Agostinho deixa um testemunho elogioso sobre seu filho, que faleceu tão jovem, nas *Confissões* 9.6.14.

Uma vez, quando eu ainda morava em Paris, ele escreveu para me dizer que havia ido à biblioteca pública para ler alguns dos meus poemas que apareceram em uma edição recente da revista *Poetry*. Imaginei-o em uma sala grande e deserta, no começo da manhã, antes de ir trabalhar: sentado em uma daquelas mesas grandes com o casaco ainda vestido, debruçado sobre palavras que deviam ser incompreensíveis para ele. Tentei manter essa imagem em mente, juntamente com todas as outras que não serão esquecidas.[14]

É claro que esse é exatamente o sonho que se tornou realidade no auge da parábola do filho pródigo. O filho que procura seu lar percebe que seu pai também estava procurando por ele. Jesus diz: "Estando ainda longe, seu pai o viu e, cheio de compaixão, correu para seu filho, e o abraçou e beijou" (Lucas 15:20). O filho que volta discretamente para casa envergonhado é recebido em compaixão. A criança que está perdida é encontrada por um pai que corre para recebê-la. O ar está cheio de celebração. O pai chora: "Vamos fazer uma festa e alegrar-nos. Pois este meu filho estava morto e voltou à vida; estava perdido e foi achado" (Lucas 15:23-24). Se Agostinho mais tarde se tornou conhecido como o doutor da graça, foi porque Jesus o apresentou a um pai que o procurava. Em sua busca, ele foi encontrado.

Agostinho voltaria a essa parábola posteriormente em uma série de reflexões sobre os Evangelhos. Ao ler Lucas 15, ele vê os braços amorosos desse pai como um símbolo do abraço de Deus na humanidade, o que foi possível graças à encarnação de seu Filho. Porém, a intimidade não se perde em seu relato cósmico. Agostinho comenta: "Ser consolado pela palavra da graça de Deus e esperar o perdão de nossos pecados é como voltar depois de uma longa jornada para receber o beijo do amor do pai".[15]

Talvez isso tenha me atraído a Agostinho em um nível inconsciente: um desejo compartilhado por um pai que nunca conheci. Suspeito que não estou sozinho nisso. Sei que não sou o único cujo pai foi embora, cujo padrasto foi embora, que foi deixado para trás, sem pais, apesar de sua multiplicação em um mundo de casamentos em série. Eu tinha quase trinta anos de idade

---

[14] Auster, *Invention of Solitude*, p. 54.
[15] Agostinho, *Questions on the Gospels*, livro 2, questão 33 (Patrologia Latina 35:1344-48).

quando uma música do Everclear (entre todas as coisas) liberou uma raiva e tristeza dentro de mim como se fosse um hino da ausência:

> Meu pai,
> diga-me onde você esteve,
> só fechei meus olhos
> e o mundo desapareceu.[16]

Eu tinha onze anos quando meu pai nos deixou. Não o vejo, nem tenho notícias dele desde os 21 anos, ano em que me tornei pai. (Sou pai há mais tempo do que tive um pai.) Meu padrasto desapareceu quando eu tinha 33 anos de idade e não ouvi uma palavra sequer dele, nem o vi desde então. Não sei onde nenhum deles mora, nem eles sabem absolutamente nada sobre mim. Como pai, isso é algo obscuro para mim: não consigo imaginar meus filhos caminhando em algum lugar nesse mundo frio e duro sem saber que estamos em casa esperando-os. Não consigo pensar em meus filhos como um espaço em branco que pode estar vagamente "em algum lugar". Basta dizer que nem meu pai nem meu padrasto vieram atrás de mim.

Mas um Pai veio. No coração da loucura do evangelho, encontramos um mistério quase inacreditável que fala de uma fome humana profunda, intensificada apenas por uma geração de lares desfeitos: a de ser visto, conhecido e amado por um pai. Talvez navegar pela tragédia e pelo sofrimento deste mundo corrompido seja perceber que essa fome pode não ser saciada por aqueles que esperamos que nos venham procurar, mas depois conhecer um Pai que nos adota, escolhe, que nos vê por um longo caminho, sai correndo e diz: "Estava esperando por você".

Não é nenhum acidente, então, que Agostinho encontra o caminho de casa por ter sido encontrado por uma figura paterna. Já conhecemos Ambrósio e o

---

[16] Everclear, "Father of Mine".

enaltecemos como uma pessoa decisiva em tornar a fé cristã intelectualmente possível para Agostinho. Mas essa não é a história toda, e provavelmente nem seja a parte mais importante. Por fim, o que Agostinho encontrou em Ambrósio foi o pai que ele nunca teve. Ele lembra: "Aquele homem de Deus me acolheu como um pai recebe um bebê recém-nascido nos braços e, na melhor tradição dos bispos, ele me valorizava como um viajante estrangeiro".[17] Ambrósio é o antiPatrício (o que explica por que seu relacionamento com Mônica é tão íntimo). O que chamou a atenção de Agostinho em primeiro lugar foi sua bondade, que o ajudou a superar algumas barreiras intelectuais, amando-o antes de tudo como um pai.

Se o cristianismo é, na verdade, a proclamação de um Pai gracioso que corre até o fim da estrada para receber seus pródigos, decididamente *não* é um apelo etéreo a outro pai ausente, mas celestial. Pelo contrário, o encontro de Agostinho com Ambrósio testifica a natureza encarnada da graça de Deus, que nos dá substitutos como ecos sacramentais de seu próprio amor. Na realidade, ser adotado por esse Pai é se envolver em um novo lar, onde a família é redefinida e as linhas de sangue transcendidas pela genealogia da graça. Na casa da graça de Deus, você encontra irmãs e irmãos que nunca soube que tinha e figuras paternas onde não esperava encontrar. A graça de Deus tem sido concreta para mim, como foi para Agostinho, em grande parte porque Deus me cercou de Ambrósios em minha vida. Existem feridas e cicatrizes dos pais que partiram, mas foram curadas pelos pais que encontrei no corpo de Cristo — que me escolheram sem ser sua obrigação, me amaram sem reservas, estiveram presentes quando outros estavam ausentes — que me *conhecem* e ainda assim me amam. Assim como Agostinho, acredito que eles merecem ser citados pelos nomes: Gary Currie, Gary Dix, Jim Olthuis, Ron Bentley, Tim Hibma e Norris Aalsma se juntaram às mães que também encontrei na igreja — como Sue Johnson, Karen Bentley e Lois Aalsma — como ícones do Pai que conheci por meio do Filho, sinais de que "um homem pode ser bondoso e um pai pode *permanecer*".[18] Para mim, eles são um lembrete de que o evangelho fala ao ser humano mais faminto, por um pai que me vê e me conhece.

---

[17] Agostinho, *Confessions* 5.23, trad. Sarah Ruden (Nova York: Modern Library, 2017), p. 131.
[18] Kelly Clarkson, "Piece by Piece". Mais uma vez, faça um favor a si mesmo e procure no Google "Piece by Piece American Idol" para ouvir a versão emocionada de Clarkson. Observe o rosto de Keith Urban.

Um tema recorrente em *The Recovering*, de Leslie Jamison, é a luta contínua de John Berryman contra o vício e suas esperanças de recuperação, tentando abrir caminho para começar uma nova vida. Em um episódio especialmente tocante, descobrimos sobre Paul, o filho distante de Berryman, que às vezes escreve para o pai com notícias sobre a escola e suas notas, assinando cada carta com seu nome completo, Paul Berryman, "como se estivesse se dirigindo a um estranho".[19] Temos uma das respostas de Berryman ao seu filho. Jamison, acredito que de forma equivocada, lê como se ainda fosse absorvido por si mesmo, como uma nota principalmente sobre o pai, em vez de chegar à vida do filho. Porém, penso que ela deixa passar uma das maneiras pelas quais os pais desejam amar seus filhos — compartilhando sabedoria, dando algumas orientações, assumindo a paternidade, oferecendo percepções de vida. Para quem entende isso, a nota é um verdadeiro sacramento de amor estendido em meio a tanta destruição.

> PARA MEU FILHO: Na véspera do meu aniversário de 56 anos, depois das lutas, acredito ter aprendido o seguinte: oferecer um relato honesto (sincero) de qualquer coisa é a segunda tarefa mais difícil que o homem pode estabelecer para si mesmo [...] Em minha opinião, no momento, a única mais difícil é tentar amar e conhecer o Senhor em um silêncio inabalável.[20]

Até mesmo os pais destruídos podem renascer e a honestidade é seu próprio tipo de amor. Da neblina da sua recuperação, as leituras de Berryman parecem ser o melhor barco salva-vidas que ele poderia lançar para um filho que se sentia distante, uma palavra de sabedoria apontando não para si mesmo, mas para além; não para si como pai, mas para Deus, o Pai. De fato, a melhor forma de ser pai é apontar seus filhos para além de você, para um Pai que nunca falha.

---

[19] Leslie Jamison, *The Recovering: Intoxication and its Aftermath* (Nova York: Little, Brown, 2018), p. 414.
[20] *Confessions* 9.14 (trad. Ruden, p. 253, grifo nosso).

Uma das minhas imagens favoritas de toda a vida de Agostinho é o quadro que ele pinta de seu batismo. Depois de um retiro filosófico com seus amigos em Cassicíaco, tendo tentado escrever seus próprios diálogos platônicos, eles voltam ao caos da cidade e ao seio do bispo de Milão para se apresentar ao batismo. Ao lembrar a cena, Agostinho acrescenta este detalhe tocante: "Tomamos o menino Adeodato como nosso parceiro no batismo também". Assim como Berryman, ele percebe que uma das coisas que pode fazer é ser um pai que encaminha seu filho para um pai além. Ele testemunha: "Nós o incluímos no presente do batismo para que, nascendo de novo conosco, ele tivesse a mesma idade espiritual, para ser criado em *seu* treinamento".[21] Agostinho poderia ser pai aprendendo a ser o ícone que seu filho enxerga mais do que um ídolo que ele adora. E antes desse Pai, eles são irmãos — "da mesma idade", como diz Agostinho.

Pensei nisso quando visitamos Milão e descemos as escadas estreitas para a área arqueológica sob o Duomo para ver de perto a pia batismal onde Agostinho, Adeodato e seu amigo Alípio foram todos batizados juntos. Não pensei em todos os pais que me abandonaram, e sim naquele que me encontrou e que me presenteou com Deanna — *minha* Alípia, que ainda está ao meu lado depois de todos esses anos. E então lancei um olhar de lado para meus filhos, explorando cantos e recantos das ruínas da antiga catedral, e percebi que eles estavam me observando e queriam estar ali, fazendo essa peregrinação comigo. Lembrei-me de que uma das misericórdias mais persistentes da minha vida era o perdão constante das minhas falhas como pai. E percebi que a graça mais revolucionária que eu tinha na vida era o presente de um Pai celestial que, contra todas as probabilidades, agraciou-me com o poder de permanecer.

---

[21] *Confessions* 9.14 (trad. Ruden, p. 253, grifo nosso).

MORTE: *Como ter esperança*

O que desejo quando quero viver?

Quem deseja realmente viver para sempre? Zombamos da ideia como se fosse uma receita para o tédio interminável. Não nos preocupamos com o que acontece conosco depois de morrermos porque temos a certeza da inexistência. Isso é menos o fruto que leva em consideração o naturalismo e mais o padrão de uma cultura que criou um deus nos prazeres atuais. "Você realmente quer viver eternamente?", questionou Alphaville, banda dos anos 1980, sob a ameaça do holocausto nuclear. Não, queremos ser jovens para sempre. Aceitaremos a felicidade temporal, ou pelo menos uma distração incessante, como uma troca por uma promessa vaga de imortalidade. O personagem Ernie, da série *Lodge 49*, da AMC, questiona: "Por que alguém desejaria viver para sempre? Eu só quero viver de verdade, por um curto período, bem aqui". Então ele analisa sua situação solitária e acrescenta com pesar: "Para que viver para sempre se você estiver sozinho aos domingos?".

Fizemos as pazes com a morte. Aceitaremos a notoriedade e a lembrança. Até nossos funerais são exercícios elaborados de negação, transpostos para "celebrações da vida".[1] Nossa esperança não é a vida eterna, mas um legado que sobrevive a nós. E nossa confiança de que podemos alcançar essa imortalidade parece estranha quando você considera a infinidade de esquecidos que vieram antes de nós.

---

[1] Para ver os dois lados diferentes disso, cf. Evelyn Waugh, *The Loved One* [no Brasil, *O ente querido: uma tragédia anglo-americana* (São Paulo : Globo, 2003)], bem como o clássico ainda relevante de Jessica Mitford, *The American Way of Death Revisited* (Nova York: Vintage, 2000).

Realmente ninguém quer viver para sempre, mas também ninguém quer morrer. Ninguém deseja ver pessoas morrendo, por isso criamos indústrias inteiras para nos livrar delas ou as convencemos racionalmente a dispensar nossa atenção, exercendo sua autonomia. Sendo ainda mais direto, não queremos ser vistos morrendo, então os exagerados e os privilegiados gastam sua energia e reservas no prenúncio crescente da morte que chamamos de "envelhecimento". Desse modo, nasce outro mercado: o complexo industrial do bem-estar, que ao mesmo tempo capitaliza nosso medo de morrer e potencializa o que o médico Raymond Barfield chama de "desejo de ser desejável". "O medo da morte, sem entender o que torna uma vida realmente boa, é o desejo profundamente irracional pela mera duração."[2]

Ninguém quer viver para sempre e ninguém quer morrer, então nossa esperança diz respeito à continuidade, a um futuro pós-humano que alcançaremos, triunfando sobre a mortalidade, ao menos por um tempo. Como só podemos imaginar isso como mais do mesmo, começa a parecer como se estivéssemos prolongando uma festa. Esses sonhos do Vale do Silício sobre a tecnologia dominando a mortalidade foram explorados (e satirizados) em romances anteriores, como *Uma história de amor real e supertriste*, de Gary Shteyngart, e *Zero K*, de Don DeLillo. Eles retratam tanto o desejo quanto a tristeza, a esperança e a futilidade duradoura. Em *Uma história de amor real e supertriste*, por exemplo, testemunhamos um encontro entre Lenny Abramov, o protagonista ignorante, e Joshie Goldman, proprietário da Post-Human Resources, uma empresa recém-criada dedicada ao desenvolvimento tecnológico da imortalidade, onde eles usam "um purificador de ar orgânico hipoalergênico especial [...] porque o cheiro da imortalidade é complexo".[3] Lenny, aos trinta anos de idade, já é um ancião constrangido na empresa, dando sinais de que não está ansioso por este mundo. Ele pergunta a Joshie, o presidente da companhia, se poderia ter algum acesso especial aos "tratamentos de

---

[2] Raymond Barfield, "When self-help means less help", in *Comment*, 11 outubro de 2018, disponível em https://www.cardus.ca/comment/article/when-self-help-means-less-help, revisando Barbara Ehrenreich, *Natural Causes: An epidemic of Wellness, the Certainty of Dying and Killing Ourselves to Live Longer* (Nova York: Twelve, 2018).
[3] Gary Shteyngart, *Super Sad True Love Story* (New York: Random House, 2010), p. 57. [No Brasil, *Uma história de amor real e supertriste* (Rio de Janeiro: Rocco, 2011)].

descronificação" a um preço reduzido. Joshie responde: "Isso é somente para clientes. Você sabe disso". Mas garante a ele: "Continue com a dieta e os exercícios físicos. Use Stevia no lugar do açúcar. Você ainda tem muita vida". Porém, sentimos a resposta de Lenny:

> Minha tristeza encheu a sala, assumiu seus contornos quadrados e simples, exalando até mesmo o cheiro espontâneo de pétalas de rosa de Joshie, que falou: "Não foi isso que eu quis dizer. Não é simplesmente *muita* vida. Talvez seja a eternidade. Mas você não pode se iludir como se isso fosse uma certeza".
> Eu respondi: "Um dia você me verá morrer", e logo em seguida me senti mal por dizer isso. Assim como fiz desde a infância, tentei sentir a inexistência. Forcei o frio a percorrer a umidade natural do meu corpo faminto de imigrante de segunda geração. Pensei nos meus pais. No futuro, estaríamos mortos juntos. Não restaria mais nada de nossa raça cansada e corrompida. Minha mãe comprou três lotes vizinhos em um cemitério judeu de Long Island e me disse: "Agora podemos ficar juntos para sempre", e eu quase chorei por seu otimismo equivocado e pela possibilidade de que ela gostaria de passar sua ideia da eternidade — e o que a eternidade dela poderia abranger? — com seu filho fracassado.[4]

Qual é a utilidade de viver eternamente se você estiver sozinho em um domingo?

Mas e se a eternidade não fosse só uma extensão de um presente triste e solitário, mas significasse ser bem-vindo em casa, no lugar que compensava todos os domingos de solidão que você esperava que pudessem ser de outra maneira? E se não for apenas o fato de *eu*, e sim *nós* vivermos para sempre? E se o "para sempre" permitisse conhecer sua mãe, que finalmente poderia lhe convencer de que ela não vê em você um fracasso, mas um filho a quem ela ama?

Essa alergia moderna à morte é um contraste profundo com o consolo quase mórbido que o cristianismo tem com restos mortais. A esperança da ressurreição e da vida eterna não gera uma evasão da morte, e sim uma honestidade

---

[4] Shteyngart, *Super Sad True Love Story*, p. 126.

bruta, às vezes assustadora. Você pode sentir isso hoje em um lugar que é como um pedaço da época de Agostinho, oferecendo uma oportunidade de entrar em um mundo que ele mesmo viu.

Não foi sempre que a Basílica de Santo Ambrósio, em Milão, perto da universidade, teve esse nome. Sua primeira denominação foi a Basílica Martyrum, a Basílica dos Mártires. Construída por Ambrósio quando ele era bispo de Milão, a igreja foi consagrada com as relíquias de Protásio e Gervásio, martirizados por um antigo imperador romano.[5] No dia em que visitamos, um sol quente da primavera parecia aprofundar o azul do céu entre as duas torres da capela enquanto caminhávamos pelo portal rumo ao santuário. Passamos por um batistério do século XX que comemorava o batismo de Agostinho por Ambrósio e seguimos em direção ao altar, descendo depois para a cripta.

A cena é chocante para as sensibilidades modernas. Por uma entrada estreita, você desce agachado para um espaço, como uma caverna gótica. No começo, você vê algumas fileiras de bancos pequenos, mas quando consegue entrar, vê o seguinte: os bancos estão de frente para o que parece ser um aquário macabro, uma parede de vidro atrás da qual existem três esqueletos com sorrisos horripilantes. São os restos de Protásio e Gervásio, e agora de Ambrósio. Mas eles estão vestidos com mantas, esperando sua ressurreição. Ambrósio ainda está usando sua mitra de bispo.

Descer a essa cripta é ser transportado para um mundo diferente. É como uma cápsula do tempo, não só por abrigar restos antigos, mas também por ter sido projetada para um encontro que vai contra as sensibilidades modernas.[6] Vi isso acontecer enquanto estava lá. No dia de nossa visita, uma turma tumultuada de alunos do ensino fundamental visitava a basílica em uma excursão escolar. Eu já os tinha visto no santuário — energéticos, levemente irreverentes, alguns deles maliciosos. Já estávamos na cripta quando um grupo deles desceu agitadamente as escadas, batendo-se mutuamente. Depois, em meio aos quase gritos, pararam. Sua irreverência foi substituída por um fascínio, talvez até um pouco sombrio. Essas crianças vieram de outro mundo, acima — um mundo de jovens plastificados e apegados a Botox em busca

---

[5] Agostinho cita os mártires e a descoberta de Ambrósio de suas relíquias nas *Confissões* 9.7.16.
[6] Apesar disso, temos o "autoícone" de Jeremy Bentham.

da longevidade. Essa cripta era uma descida para um mundo em que eles se deparavam com *memento mori*.

A surpresa dos alunos contrasta com outros dois visitantes que vimos naquele dia. Quando minha filha Madison e eu descemos as escadas pela primeira vez, estávamos atrás de um casal mais velho que andava lentamente, a esposa guiando o marido idoso pelo braço. Quando já estávamos juntos na cova, ficou claro que o marido sofria de demência. Porém, eles se acomodaram silenciosamente nos bancos, pode-se dizer até que ansiosamente, e o corpo do homem foi de encontro a um hábito que lhe veio facilmente. As cabeças se curvaram em oração, e este não era um mundo estranho para eles, era algo como um lar, ou um posto avançado do lar que eles desejavam.

Em seu maravilhoso livro *Cartas a um jovem católico*, George Weigel mostra como é a devoção católica às relíquias, não como um fascínio mórbido ou uma magia supersticiosa, mas como uma ligação concreta e tátil com a esperança. Comentando sobre um memorial para mártires como esse, Weigel aponta que, ainda que esses monumentos de perseguição sejam um "lembrete poderoso e sóbrio da depravação que pode levar ao ódio e ao mal e leva":

> O Memorial é em última instância um lugar de conforto e de alegria: conforto, por sermos aqui lembrados que homens e mulheres comuns, pessoas como nós, são capazes de virtudes heroicas em circunstâncias extremas, e alegria porque [...] essa grande multidão de testemunhas e heróis, que "lavaram as suas vestes e as alvejaram no sangue do Cordeiro" (Apocalipse 7:14), agora vivem na presença radiante da Tríplice Santíssima Trindade, tendo todas as suas lágrimas enxugadas e seus desejos satisfeitos, intercedendo por nós, para que possamos permanecer fiéis ao dom do batismo e à amizade com o Senhor Jesus Cristo.[7]

Minha visita a essa cova causou uma impressão especial porque compartilhei a jornada com minha filha. Ambos hipnotizados, sentamo-nos juntos em silêncio em um dos bancos, sem saber exatamente o que fazer, mas presos ali de alguma forma por um peso que não era tristeza, ainda que com ares de uma eternidade assustadora. Pais e filhos enfrentando a morte juntos pode

---

[7] George Weigel, *Letters to a Young Catholic* (New York: Basic Books, 2015), p. 209. [No Brasil, *Cartas a jovem católico* (São Paulo : Quadrante, 2010)].

ser uma experiência sombria. Preocupações e medos surgem espontaneamente. Um futuro que tentamos esquecer — de partida e rompimento, perda e abandono — ruge para o presente. Porém, esses medos foram engolidos por algo maior, por uma sensação estranha de ligação com esses ossos, esses irmãos. Não éramos mais pais e filhos, e sim irmã e irmão no campo nivelado pela morte, mas também assombrado pela ressurreição. Embora tivéssemos descido para chegar aqui, estávamos sendo convidados por esses irmãos para algum lugar diferente, mais elevado, em um tempo além do tempo em que eles já estavam vivos em Deus, orando por nós. E todos nós, mesmo nós em nossos corpos que ainda respiram, estamos esperando com a mesma esperança pela ressurreição. Então, quando olhei e vi as lágrimas nos olhos de Madison, soube que não era uma tristeza que lamentava uma perda, e sim lágrimas de alguém pressionada a fazer parte de uma comunhão cósmica que encara o medo da morte com os olhos bem abertos.

EM SUA DEFESA, os existencialistas não se esquivaram de falar sobre a morte. Para Camus, o suicídio é o "único problema filosófico realmente sério", a questão que ocupava seu *Mito de Sísifo*. E antes dele, para Heidegger, ser-para-a-morte é uma característica definitiva da existência humana que detém a chave para descobrir a autenticidade. Como Heidegger aponta, uma das maneiras que usamos realmente para evitar o aguilhão da morte é conceder sua certeza como uma abstração vaga — empurrando-a para o contexto da "morte e dos impostos" e, assim, conseguimos neutralizá-la, vinculando-a a uma mera certeza, um tipo de fato biológico que não nos abala. De fato, isso me dá o consolo de não precisar enfrentar a minha morte. A morte é adiada — para os outros, para "depois". Quando se trata de morte *em geral*, temos certeza de que todos morrem. Mas, segundo Heidegger, quanto à nossa própria morte, somos "fugitivos" da verdade, pois escapamos de enfrentá-la.[8]

---

[8] Martin Heidegger, *Being and Time*, trad. John Macquarrie e Edward Robinson (Nova York: Harper & Row, 1962), p. 303 (§52). [No Brasil, *Ser e tempo* (Petrópolis: Vozes, 2015)].

No entanto, para Heidegger, a morte é exatamente o que preciso encarar para alcançar a autenticidade — não para estar constantemente pensando nela (ou morbidamente "meditando" sobre a mesma, como ele diz) ou tentar imaginar essa possibilidade "se tornar real" para mim (o que é impossível). Em vez disso, "enfrentar" a morte é lidar com ela como "a possibilidade da impossibilidade de qualquer existência", é viver em direção ao meu *não* ser, não como uma certeza vaga, mas como algo que "entendo" de uma maneira que *foca* na minha vida. De acordo com Heidegger, encarar isso é revelador: é esclarecedor, mostrando quem eu sou e o que importa para mim. "A gente" não pode responder por mim. Enfrentar a morte desse modo é olhar de frente para o que estou fazendo da minha *vida*. Para Heidegger, isso é autenticidade.

Como morrer é realmente uma questão de como viver. Essa percepção de Hannah Arendt, que era aluna de Heidegger, surge de seu próprio encontro direto com Agostinho. Ela destaca: "O problema com a felicidade humana é que ela é constantemente afetada pelo medo".[9] Se o amor é um tipo de desejo e "amar realmente não é nada além de desejar algo por si próprio", como um fim em si mesmo, a possibilidade de perder o que eu amo paira sobre minha felicidade como a espada de Dâmocles. O desejo é atormentado pela perda, então "o que o amor busca é a falta de temor".[10] O que o amor espera encontrar é uma pessoa querida que jamais pudesse ser perdida.

É exatamente por esse motivo que o medo gerado pela morte precisa ser vivido de alguma forma. Como ela explica mais tarde: "A questão não é mais lidar com a morte, e sim com a vida".[11] Então Arendt cita Agostinho: "Pois existem aqueles que morrem com serenidade, mas perfeitos mesmo são os que vivem serenamente".[12] Como morrer é uma questão de como viver, mas como viver é uma questão de saber *amar*, como encontrar um amor que não seja assombrado pelo medo — um amor mais forte que a morte, descobrindo como amar corretamente e viver levemente com todas as belezas mortais da

---

[9] Hannah Arendt, *Love and Saint Augustine*, ed. Joanna Vecchiarelli Scott e Judith Chelius Stark (Chicago: University of Chicago Press, 1996), p. 10. [No Brasil, *O conceito do amor em Santo Agostinho: Ensaio de uma interpretação filosófica* (São Paulo: Instituto Piaget, 1997)].
[10] Arendt, *Love and Saint Augustine*, p. 11.
[11] Arendt, *Love and Saint Augustine*, p. 35.
[12] Agostinho, *Homilies on First John* 9.2, citado por Arendt, *Love and Saint Augustine*, p. 35 (grifo nosso).

criação, sem desprezar ou se ressentir de sua mortalidade. Amar e viver de modo que enfrente a nossa morte e a mortalidade que paira sobre a nossa finitude, sem se tornar simplesmente o que Kierkegaard chama de "cavaleiros da resignação", presos na dicotomia falsa de Deus *ou* do mundo, que só é capaz de viver com a morte odiando esta vida.

Fingir que você nunca desejou a vida de forma alguma definitivamente não é a solução agostiniana. Agostinho defende o *conatus essendi*, nosso desejo de ser. Ele observa: "Quanto mais você ama ser, mais desejará a vida eterna".[13] A esperança pela vida eterna não elimina o desejo de viver: é a realização do desejo, de viver de uma forma que jamais podemos perder o que amamos. Muito mais tarde em sua vida, em um sermão elogiando o heroísmo dos mártires, ele confirmaria nosso amor pela vida, além de observar também o truque de saber como amar e viver. Sobre os mártires, diz: "Eles realmente amavam essa vida". Sua morte não foi um tipo de suicídio santificado ou uma vontade de escapar.

> Eles realmente amavam essa vida, mas ainda assim refletiram sobre ela. Pensaram no quanto deveriam amar as coisas eternas. Se eles eram capazes de tanto amor pelas coisas que já se foram [...] *Sei que desejam continuar vivendo.* Vocês não querem morrer. E querem passar desta vida para outra de forma a não ressuscitarem novamente como pessoas mortas, mas totalmente vivas e transformadas. É isso que vocês desejam. Esse é o sentimento humano mais profundo: misteriosamente, a própria alma deseja e o faz instintivamente.[14]

O desejo de viver eternamente é um desejo de *viver*, conhecer o amor e ser feliz. É a realização de nossos desejos e anseios mais humanos, não sua evisceração. Como morrer é uma questão de como viver, amar, ter esperança.

---

[13] Agostinho, *On the Free Choice of the Will* 3.7.21, in *On the Free Choice of the Will, On Grace and Free Choice and Other Writings*, ed. e trad. Peter King (Cambridge: Cambridge University Press, 2010), p. 88. [No Brasil, *O livre-arbítrio* (São Paulo: Paulus, 1997)].

[14] Sermão 344.4, citado em Peter Brown, *Augustine of Hippo: A biography* (Berkeley: University of Califórnia Press, 1967), p. 431 (grifo nosso). [No Brasil, *Santo Agostinho: Uma biografia* (Rio de Janeiro: Record, 2005)].

No entanto, como morrer também é uma questão de como lidar com perdas nesse meio tempo. Nesse vale de lágrimas, como viver é sinônimo de como lamentar. Agostinho é muito honesto sobre o medo da morte quando fala sobre o horror do sofrimento — ainda que, nesse sentido, sua autocrítica possa nos confundir.

Agostinho nos dá um vislumbre de duas experiências dolorosas de perda em sua vida. A primeira é no começo das *Confissões*, quando ele relata a morte repentina e inesperada de um amigo, cujo nome ele não cita, em Tagaste, sua terra natal. Ele e Agostinho haviam se tornado amigos quando ele voltou a ensinar, ainda que parte de sua camaradagem fosse fruto do desprezo mútuo pela fé cristã de seus pais. Quando seu amigo adoeceu, teve febre e ficou inconsciente, seus pais devotos, temendo o pior, batizaram-no sem que ele soubesse. Mais tarde, quando ele se recuperou, Agostinho debochou da atitude dos pais ignorantes, esperando que seu amigo compartilhasse seu desprezo esclarecido de tal superstição. Porém, na verdade, o amigo ficou mais perplexo com o desaforo de Agostinho. Ele recebeu esse presente da recuperação inesperada como uma oportunidade de viver esse batismo e disse que, se essa fosse sua atitude, eles não poderiam mais conviver. Agostinho ficou "chocado e perturbado", hesitou com essa resposta e esperou que o amigo voltasse a si. Mas enquanto esperava, seu companheiro morreu e ele nunca foi capaz de restaurar sua amizade.

O mundo de Agostinho caiu. "Tudo o que eu via era morte", ele confessa. "Minha cidade natal se tornou uma tortura para mim."[15] O que era familiar tornou-se *Unheimlich*, estranho, infamiliar. Ele estava nadando em um oceano de desespero. Nada era capaz de mantê-lo e nada mais parecia sólido. Seu mundo se dissolveu em tristeza. Tudo que era familiar se tornou um mar de tristeza. "Eu me senti sobrecarregado com a sensação de estar cansado de viver e com medo de morrer. Suponho que quanto mais o amava, mais ódio

---

[15] *Confessions* 4.4.9, trad. Henry Chadwick (Oxford: Oxford University Press, 1991), p. 57. [No Brasil, *Confissões* (São Paulo: Paulus, 1997)].

e medo eu sentia da morte que o havia tirado de mim, como se fosse a minha pior inimiga. Pensei que como a morte o tinha consumido, repentinamente ela engoliria toda a humanidade."[16]

Quando Agostinho olha para trás e reconsidera esse episódio, sua análise é precisa, ainda que, a princípio, um pouco desanimadora. No momento em que ele escreve *Confissões*, tenta lidar com o fato de seu mundo ter se dissolvido com essa perda. Sugere que é por ainda não ter aprendido a amar e, portanto, ainda não saber viver entre mortais. Ele se ressentia daqueles que ainda estavam vivos e queriam morrer, pois "aquele a quem eu amava *como se jamais fosse morrer* estava morto".[17] O problema não era ele amar seu amigo, amar algo mortal ou o fato de estar sofrendo. A questão era *como* ele o amava e, desse modo, *como* o havia perdido. Ele o amava como se ele nunca fosse morrer, apegando-se a ele como se fosse imortal. "Que loucura é não entender como amar os seres humanos com a consciência de sua condição humana!"[18] Não é uma redução gnóstica dos bens terrenos, nem uma renúncia ilusória que se resume a imaginar a felicidade em uma tentativa de viver como anjos sem corpos ou amigos. É mais uma vez uma espiritualidade realista que tenta entender como amar o que é mortal, como viver em meio ao que é passageiro, como lidar com a instabilidade de nossos corações e nossa tendência de a tudo negar e de nos apegar ao mortal como se fosse imortal.

Ele conclui: "O motivo pelo qual essa dor me penetrou com tanta facilidade e profundidade foi que eu havia derramado minha alma na areia amando uma pessoa que certamente morreria como se ela jamais fosse morrer". Observe que o problema não é *o fato* de ele ter amado seu amigo, e sim *como*. "Eu amei o que amei como um substituto teu."[19] Se aqui Agostinho aborda a idolatria, essa não é uma rejeição dura da nossa dor, mas um relato diagnóstico do que está realmente acontecendo com nosso sofrimento, com a intenção de nos ajudar a lidar com a dor de outra maneira. Inclusive, Agostinho é honesto o suficiente para admitir que tornou sua tristeza em uma idolatria: "Estava tão infeliz que senti um apego maior à minha vida sofrida do que ao

---

[16] *Confessions* 4.6.11 (trad. Chadwick, p. 59).
[17] *Confessions* 4.6.11 (trad. Chadwick, p. 59, grifo nosso).
[18] *Confessions* 4.7.12 (trad. Chadwick, p. 59).
[19] *Confessions* 4.8.13 (trad. Chadwick, p. 60).

meu amigo morto".[20] Essa é a curva do coração humano torto: ele está sempre inclinado a se curvar para si próprio, de maneira que eu me lamente ainda mais pela minha própria dor.

O modo como lamentamos mostra um pouco do modo como amamos e, às vezes, pode revelar a lógica distorcida dos nossos amores: "Pois para onde quer que a alma humana se volte, a não ser para ti, ela estará voltada para as tristezas, mesmo que se fixe nas coisas belas".[21] Até as coisas mais belas e os amigos mais fiéis possuem algo em comum: são feitos, criados, finitos, temporários e, assim, mortais. Amá-los ao máximo e se apegar a eles como o que dá sentido é apostar a felicidade em realidades fugazes e instáveis — ou, como Agostinho já sugeriu, é construir a casa na areia.

Mas e se nos apoiássemos sobre a rocha em vez de sobre a areia? E se houvesse alguém que juntasse tudo o que está perdido? E se existisse uma pessoa querida que nunca morresse, que lhe amou primeiro, cujo amor trouxe tudo à existência e, portanto, é mais forte que a morte? É essa alternativa radical que torna possível um *como* muito diferente. "'Ditosos todos os que te amam'", diz Agostinho (citando Tobias 13:18), "e seu amigo em ti e seu inimigo por tua causa". Felicidade é amar a todos e tudo em Deus, o ser imortal que guarda todas as criaturas mortais na mão. Quando alguém ama dessa maneira — nessa "ordem", digamos assim —, "embora tenha sido deixado sozinho, não perde ninguém querido para si, pois todos lhe são queridos naquele que não pode se perder".[22] A solução para amar os mortais não é guardar nosso amor, protegendo-o contra a perda. Pelo contrário, podemos amar por muito tempo e profundamente, confiando no Deus que é tudo, que recolhe nossas perdas em um tempo além do tempo. Até mesmo o nosso luto está cheio de esperança porque todos os nossos amores são recebidos pelo amado imortal que nos ama primeiro. Nem tudo está perdido.

Essa é a diferença entre a morte do amigo — cujo nome não foi citado — de Agostinho e a perda de sua querida mãe, Mônica. É claro que não é o caso de Agostinho não sofrer mais. Na verdade, ainda é possível encontrar

---

[20] *Confessions* 4.6.11 (trad. Chadwick, p. 58).
[21] *Confessions* 4.10.15 (trad. Chadwick, p. 61).
[22] *Confessions* 4.9.14 (trad. Chadwick, p. 61).

sinais de constrangimento no homem de meia-idade com o quanto a morte de sua mãe o destruiu. Assim como Mersault nadando após a morte de sua mamãe em *O estrangeiro*, de Camus, Agostinho foi tomar banho com alguma esperança catártica, mas não funcionou. Seu estoico interior se recusava a chorar. Mas em seguida veio a superação: "Senti vontade de chorar à vista dela, por causa dela e por ela, por causa de mim e por mim. Soltei as lágrimas que estava segurando, deixando-as correrem tão livremente quanto queriam, e com elas fiz uma cama para o meu coração. Então ele descansou sobre essas lágrimas, já que só tu podias ouvir".[23]

Nesse ponto, a forma como chorava pelo amigo se tornou inimaginável para ele, porque ele é incapaz de imaginar como alguém poderia sobreviver a tamanha perda sem o consolo da misericórdia de Deus e da eternidade. Até sua perda está agora presa ao reino que está por vir. A ressurreição lança uma longa sombra sobre seu sofrimento, uma sombra que é seu próprio tipo de luz. Agostinho nunca conseguiu "voltar para casa" com a mãe, mas agora sua perda é apoiada na esperança de vê-la no país da cidade de Deus, onde ele enxugará todas as lágrimas.

HÁ UMA CARTA afetuosa que Agostinho escreveu a uma jovem em luto, Sápida, cujo irmão, Timóteo, havia morrido recentemente. Sápida havia tecido uma túnica para o irmão, que exercia a função de diácono, mas ele faleceu antes de poder usá-la. Por isso, Sápida deu-a ao bispo, Agostinho. As primeiras palavras de tal carta pintam um retrato tocante da moça enlutada: ele está usando o manto de Timóteo para ela. "Aceitei a túnica que você enviou e, quando comecei a escrever isso, já tinha começado a usá-la." Ele garante para a jovem que nem todos os seus esforços estão perdidos. Ele encontra Sápida sofrendo. "É claro que o fato de você não poder mais ver seu amado irmão, um diácono da igreja de Cartago, indo e vindo, sempre ocupado com a obra de seu ministério na Igreja, como via antes é motivo de lágrimas [...] E

---

[23] *Confessions* 9.33, trad. Sarah Ruden (Nova York: Modern Library, 2017), p. 272.

você não ouve mais dele as palavras de respeito que ele disse à santidade de sua irmã com afeto bondoso, piedoso e obediente. Quando pensamos nessas coisas, é preciso violentar os sentimentos, o coração é perfurado e as lágrimas do coração da pessoa fluem como sangue."[24]

Mas então ele oferece consolo mais elevado e o passivo aqui parece mais afetuoso: "Deixe seu coração ser reerguido" — a voz passiva aqui parece especialmente afetuosa — "e seus olhos serão secos, pois o amor com que Timóteo amou e *ama* Sápida não morreu por causa das coisas que você lamenta terem sido tiradas de você e terem passado com o tempo. Esse amor permanece preservado em seu repositório, e está *guardado com Cristo, no Senhor*" — o Senhor que "estava disposto a morrer por nós, para que pudéssemos viver, mesmo que tenhamos morrido, para que os seres humanos não tivessem medo da morte como se fosse destruí-los e para que nenhum dos mortos, de quem a vida acabou, viesse a se entristecer como se tivesse perdido a vida".[25] A esperança de um amor duradouro, um amor mais forte que a morte, não é uma imortalidade natural, e sim uma vida comprada pela morte de Deus, a ressurreição daquele que foi crucificado, que agora oferece a esperança como espólio da vitória sobre o túmulo. Assim, a esperança que Agostinho aborda não é simplesmente "racional", como uma conclusão platônica da imortalidade ou a conquista de algum tipo de distanciamento budista da perda. É uma esperança que é comprada por aquele que "pode restaurar o que foi perdido, dar vida ao que morreu, recuperar o que foi corrompido e manter sem fim o que chegou ao final". Agostinho diz: "Desse modo, Sápida, receba consolo do fato de eu estar vestido com a túnica que você teceu para Timóteo, mas veja isso como um sinal, um ícone de nossa maior esperança, pois você será certamente consolada de maneira muito mais ampla porque aquele para quem foi preparado não precisará de vestimenta impecável, mas será revestido de incorruptibilidade e imortalidade".[26]

Temos outro fragmento de Agostinho do que poderíamos chamar de "autoconsolação", em que ele lamenta a morte de um amigo e tenta lidar com

---

[24] Carta 263.1-2, in *Letters*, trad. Roland Teske, SJ, ed. Boniface Ramsey, 4 vols., The works of Saint Augustine II/1-4 (Hyde Park, NY: New City, 2001-2005), 4:209.
[25] Carta 263.2 (trad. Teske, 4:209-10, primeiro grifo nosso).
[26] Carta 263.4 (trad. Teske, 4:211).

seu próprio sentido de perda com a certeza da esperança. Nebrídio, o querido amigo africano de Agostinho, era um companheiro constante desde os tempos de Cartago, tendo até mesmo deixado a África para se juntar a ele em Milão, e posteriormente, juntou-se a ele na jornada para a fé cristã de volta à África. Porém, Nebrídio morreu prematuramente e, nas *Confissões*, quando Agostinho lembra seu amigo, espera ser lembrado também *por* ele. Ao recordar tantas conversas animadas, comovido por Nebrídio estar sempre interessado no que ele pensava, Agostinho imagina seu amigo no céu e admite: "Os ouvidos dele não estão atentos quando falo. Ele não está mais por perto para me tolerar do jeito que fazia, sempre fazendo perguntas e com fome de conversa. Em vez disso, ele está oculto com Cristo em Deus, onde 'coloca sua boca espiritual em sua fonte e bebe intensamente o máximo que pode da sabedoria, em uma felicidade sem fim'". Então Agostinho se permite um pensamento feliz e consolador: "Não acredito que ele esteja tão intoxicado a ponto de me esquecer, já que tu, Senhor, de quem ele bebe, estás atento a nós".[27] Ele declara: "Sinto falta de nossas conversas e me conformo com o pensamento de que Nebrídio também se lembra delas e está ansioso para continuar de onde paramos".

DEANNA E EU passamos várias semanas refazendo os passos de Agostinho na Itália, de Óstia a Milão. Era como refazer seu longo desvio italiano, que acabou sendo o caminho em si, desembarcando no porto de Óstia com sonhos maniqueístas e desejos imperiais, apenas para acabar chegando a Milão, fascinado por um bispo que se tornaria seu pai espiritual. Depois de enterrar Mônica em Óstia, Agostinho partiu para a África, seguindo a vocação que estava diante dele e para um legado que ele nunca poderia imaginar. Ele nunca pisaria na Itália novamente.

Mas Deanna lembrou que os ossos de Agostinho haviam feito uma viagem póstuma de volta à Itália e que suas relíquias estavam agora enterradas

---

[27] *Confessions* 9.3.6 (trad. Chadwick, p. 159).

na basílica de San Pietro in Ciel d'Oro, em Pavia, a cerca de apenas quarenta quilômetros ao sul da catedral onde ele foi batizado. De muitas formas, essa nossa jornada foi o ponto culminante de uma peregrinação que estávamos fazendo na estrada com o extraordinário Agostinho.

Lembro-me claramente do dia: estava exausto e, sinceramente, havia sido um idiota o dia todo. O cansaço da viagem finalmente tinha chegado, intensificado pela culpa do convidado privilegiado (quem sou eu para reclamar?). Estava chocado com o sistema regional de trens e minha frustração se transformava em uma raiva brusca, que é a ponta do iceberg da minha ansiedade e exaustão. Estava comprando ingressos para visitar os restos mortais de Agostinho, um dos poucos psicólogos filosóficos do Ocidente que conseguiram identificar honestamente os sofrimentos da *affluenza*, as tentações únicas, os fardos e idolatria que acompanham o sucesso e o privilégio. Após chatear Deanna com a minha ira, embarcamos no trem em meio a um silêncio tenso.

O percurso do trem inclui subúrbios densos de arranha-céus no lado sul de Milão, que rapidamente dá lugar a campos de trigo planos e às ruínas de fazendas familiares. Nos momentos de tensão, quarenta cinco quilômetros parecem uma eternidade. Como quase sempre acontece, ao chegarmos, Deanna me perdoou mais uma vez (tenho uma foto preciosa de seu sorriso misericordioso em um café em uma rua estreita de paralelepípedos). Fomos para a basílica. Fora do caminho encontramos uma igrejinha humilde de tijolos vermelhos que parecia estar desmoronando aos poucos. Era como se tivéssemos entrado pela porta dos fundos, uma pequena entrada para um espaço que então abre repentinamente. O que parecia estar quase abandonado do lado de fora ecoava um zumbido silencioso resultante da atividade interna, onde testemunhamos uma paróquia ativa. As pessoas estavam orando nas capelas e nos bancos. Fomos recebidos por um sacerdote africano caloroso e amigável.

Quando meus olhos se acostumaram à luz, o que eu vi começou a entrar em foco: logo atrás do altar havia uma "arca" gigantesca impressionante que se erguia acima das relíquias de Agostinho, que, como sua mãe, era indiferente à localização de seu corpo, pois sabia que sua terra natal era uma cidade não construída por mãos humanas. Um obelisco memorial incluía um pequeno mapa ilustrando a jornada medieval dos restos mortais de Agostinho, da África até a Sardenha, estabelecendo-se nesta cidadezinha, sob os cuidados

dos eremitas agostinianos. Ao redor do altar existiam outros memoriais de peregrinação feitos pelos papas João Paulo II e Bento XVI. Um caderno registra pedidos manuscritos em italiano, inglês, tailandês e outros idiomas. Pessoas de diferentes cantos do globo percorreram longas estradas para reverenciar esse notável exemplo de fé.

A arca em si era a história de Agostinho retratada na pedra, como uma catedral gótica em miniatura. Começo a perceber que seu tamanho era apenas para dar espaço a todas as pessoas que o cercavam com admiração e gratidão. A arca era sua própria comunhão dos santos, com 95 estátuas e 50 baixos-relevos que incluíam reis e papas, Mônica e Simpliciano, além de diversas pessoas comuns — mães e filhos, trabalhadores e pedreiros — que fizeram parte da história de Agostinho. Ambrósio está pregando no púlpito. No topo, vemos cenas da vida de Agostinho, um eco marmorizado dos afrescos de Gozzoli, não muito longe dali. Esse ciclo inclui um retrato comovente de Ambrósio, ajudando Agostinho a vestir sua manta batismal, com Adeodato ajoelhado a seu lado, esperando para receber o sacramento com seu pai. E então um retrato cheio de afeto de Agostinho, o bispo, batizando uma multidão de crianças em Hipona. Há uma bela ironia relacionada à escultura: este túmulo se agita com vida. Os cristãos chamam essa ironia de esperança.

Bem acima de nossas cabeças, havia um Agostinho em tamanho real sendo velado por nós. Deitado em repouso, ele estava rodeado de acompanhantes que levantam as bordas de uma mortalha em volta dele. Temos somente um vislumbre de seu rosto e mitra. A escultura confirma a postura das próprias *Confissões*: "Isso não é sobre mim".

Nem meu coração protestante era capaz de resistir ao *frisson* da proximidade aqui. Parecia ter espaço para mim, embora Deanna, minha Alípia, estivesse próxima, como Agostinho no jardim. Um silêncio desce sobre tudo. Vi-me diante da urna que continha os restos mortais de Agostinho e, em um primeiro momento, pensei: "Não acredito que estou tão perto dele." Mas essa reflexão geográfica acabou e percebi que o significado sagrado que tornava esse lugar sublime para mim: uma sensação estranha de chegada, a convergência de duas jornadas. Estive na estrada com Agostinho pelo que parecia uma vida inteira e aqui finalmente cruzamos nossos caminho, e tudo o que consigo pensar em dizer é: "Obrigado".

Agostinho viajava bastante, muitas vezes nas costas de uma mula, em clima rigoroso, para visitar os membros de sua igreja. Em 418, aos 65 anos, viajou mais de mil quilômetros para a Mauritânia Cesariense. Na verdade, ele viajou mais de dois mil e duzentos quilômetros naquele ano.[28] Em uma de suas primeiras cartas, Agostinho, o viajante experiente, escreveu: "A viagem final — a morte — é a única que deveria ocupar os pensamentos de vocês".[29] E, no fim de sua vida, em algumas de suas últimas cartas, a morte toma conta de seus pensamentos. Correspondendo-se com um diácono em Cartago, Agostinho conclui com um pedido: "Além disso, se você por acaso já tiver ouvido falar da morte de qualquer um dos santos bispos, conte-me. Deus o proteja".[30] Sem as páginas do obituário para estudar, o já idoso Agostinho está em busca de notícias sobre o falecimento de seus amigos.

Em seu último ano de vida, Agostinho se correspondeu com o conde Dário, um oficial da corte imperial de Ravena que havia visitado recentemente o norte da África para tentar fazer as pazes com Bonifácio, um general romano que tinha sido desonesto. Dário esperava encontrar Agostinho, mas a idade e a doença dele impediram que isso acontecesse. Como seus colegas bispos cantaram louvores à virtude de Dário, Agostinho o procurou por meio de uma carta. Desculpou-se pelo fato de "o frio duplo, causado pelo inverno e pela velhice" terem impedido que seu encontro se desse pessoalmente. Mas ele se sente como se já tivesse visto "a forma do seu coração" por meio do testemunho de outras pessoas. Ele abençoa Dário, o pacificador, observando que "uma marca da glória maior" é não matar seres humanos com a espada, e sim "matar as guerras com a palavra", incentivando-o em sua missão diplomática de paz.[31] Agostinho é instigado ao descobrir que Dário não só havia ouvido falar dele, mas também o havia *lido*. Desse modo, Agostinho elogia e

---

[28] François Decret, *Early Christianity in North Africa*, trad. Edward Smither (Cambridge: James Clark, 2011), p. 167.
[29] Carta 10.2, em Decret, *Early Christianity in North Africa*, p. 189.
[30] Carta 222.3 (trad. Teske, 4:82).
[31] Carta 229.1-2 (trad. Teske, 4:113).

aconselha Dário em seu trabalho e caráter, pedindo depois, ansiosamente, que ele lhe envie uma carta em troca. Há algo de lindamente humano nisso: o bispo *rock-star* e autor influente, que já tinha admitido sua necessidade por elogios e admiração, perguntando a um oficial do governo o que ele pensa dos livros de Agostinho.

Dário escreve uma longa carta entusiasmada de fã em resposta. É exatamente o que você imaginaria, assim como tenho certeza que teria feito. Mas, no coração dela, está um apelo sábio ao idoso Agostinho: "Oro ao Deus soberano em seu favor e peço sua intercessão, meu santo pai, para que, ainda que eu esteja ciente de que não mereço tantos elogios, em algum momento eu possa me tornar um homem assim".[32] Oro ao Pai, Agostinho, para que eu me torne a pessoa que você me fez desejar ser.

---

[32] Carta 230.2 (trad. Teske, 4:116).

VOLTA PARA CASA

Sal Paradise lembra seus companheiros de viagem em *On the Road*: "Essa última coisa é a que vocês não conseguem. Ninguém consegue chegar a ela. Continuamos vivendo na esperança de pegá-la de uma vez por todas".[1] Esse é o conselho de alguém que decidiu que "a estrada é vida". O percurso é longo o bastante para tentá-lo a acreditar nisso. Parece que não há um fim à vista, que não podemos ter a última coisa, nem sequer vislumbrar o seu fim, nem imaginar o descanso. O desespero é natural.

Correr mais rápido não ajudará. Desmoronar no meio da estrada e desistir também não resolverá nada. E dizer a si mesmo várias e várias vezes "a estrada é vida" começa a soar como um consolo vazio.

Você não pode chegar lá partindo daqui. Mas e se alguém viesse buscá-lo? Você não consegue chegar a essa última coisa, mas e se ela viesse até você? E se tal coisa acabasse sendo alguém? E se esse alguém não só soubesse onde fica o fim da estrada, como também prometesse acompanhá-lo pelo restante do caminho e nunca deixá-lo ou abandoná-lo até você chegar?

Este é o Deus que percorre a estrada para encontrar os pródigos. A graça não é um transporte de alta velocidade até o fim, mas o dom da presença dele pelo restante do caminho. E é a promessa essencial do seu Filho que nos encontra a essa distância: "Na casa de meu Pai há muitos aposentos" (João 14:2). Há lugar para você na casa do Pai. O lar dele é o seu fim. Ele está com você em todos os passos do trajeto até lá.

No Duomo de Milão, construído no local da catedral que Agostinho visitou tantas vezes, sentado agora no alto do batistério, onde ele nasceu para

---

[1] Jack Kerouac, *On the Road* (Nova York: Penguin, 1999), p. 43.

uma nova vida, existe um espaço tranquilo da igreja em que você verá um sinal curioso. Marcando uma "Área reservada aos adoradores", o letreiro instrui: "Por favor, nada de turistas. Não ultrapasse esse ponto, a não ser para se confessar".

Você chegou a um ponto da estrada com Agostinho em que o mero turismo chegou ao fim. Então você se deparou com uma escolha: Deseja entrar? O próximo passo não é a chegada. Não é o fim da estrada. Dar esse passo não solucionará todos os seus problemas nem eliminará toda a ansiedade. Porém, é o primeiro passo de se entregar, chegando ao fim de si mesmo e se entregando àquele que deu a vida por você. É o primeiro passo para pertencer a um povo peregrino que caminha ao seu lado, ouve e compartilha suas histórias do Deus que não só envia um bote salva-vidas, mas sobe na cruz que nos traz de volta.

AGRADECIMENTOS

Sinto que estou escrevendo este livro por metade da minha vida, então, sem dúvida, hei de me esquecer de agradecer a alguns dos que me alimentaram ao longo do caminho. Mas essa falha vale o risco de expressar minha gratidão.

Preciso começar com uma palavra de agradecimento à comunidade que encontrei na Universidade Villanova. Enquanto fui recebido e apoiado de maneira calorosa pelo meu orientador de doutorado em filosofia, John Caputo, este livro reflete o impacto daqueles que eu não sabia que conheceria lá, principalmente um grupo de padres agostinianos e estudiosos de patrística que acolheram bem um protestante curioso na conversa (eu costumava provocá-los sempre, lembrando-os sobre Martinho Lutero, da Ordem de Santo Agostinho). Sou especialmente grato aos padres Robert Dodaro e Thomas Martin (de *memória abençoada*) por suas pesquisas exemplares e ensinamentos agradáveis que me apresentaram ao Agostinho "inteiro": não só o autor dos tratados, mas o pastor, o bispo e o advogado que pregava sermões e escrevia cartas. Não sou capaz de imaginar este livro sem tal lição.

Existe também uma comunidade de estudiosos de Agostinho abaixo disso, mesmo que não apareçam nas notas. Quem, por exemplo, não está ainda em dívida com a biografia magistral de Peter Brown? Porém, mais perto de mim está o trabalho de amigos como Eric Gregory, Gregory Lee, Joseph Clair e outros, com quem ainda estou aprendendo.

Reforçando este livro, há uma jornada de três semanas seguindo os passos de Agostinho na Itália, em março de 2017 (ameaças terroristas na região da fronteira da Argélia e da Tunísia frustraram nossos planos de visitar sua terra natal africana). Para mim, a viagem foi composta por diversas epifanias e se tornou possível graças a uma bolsa da Calvin Alumni Association, que é um belo testemunho da maneira como o círculo mais amplo da Calvin University continua investindo em bolsas de estudos. Foi também uma bolsa da Calvin

Research Fellowship que desde o começo me proporcionou algum tempo para escrever os dois capítulos iniciais. E subsídios do projeto Theology of Joy, do Center for Faith and Culture de Yale, financiado por uma doação da Templeton Foundation, garantiu a mim uma viagem ao sul da França para revisitar alguns dos refúgios de Camus em Provença e analisar a comunidade emigrada de Marselha. Sou grato por todas essas formas concretas de patrocínio.

Apresentei os primeiros rascunhos de alguns desses capítulos como parte de duas séries de aulas: as Palestras Parchman de 2018, no Truett Seminary da Universidade Baylor e as Palestras Bailey de 2018, organizadas pelo ministério Front Porch da Igreja Episcopal de All Saints em Austin, Texas. Ambas as comunidades ofereceram recepções calorosas, envolvimentos sinceros e retornos incrivelmente úteis.

Como sempre, continuo grato pela equipe do Brazos e do Baker Publishing Group, principalmente a Bob Hosack, meu editor de longa data, e a Jeremy Wells, diretor de marketing, que apoiaram meu trabalho e me deram liberdade, sonhando comigo sobre o que este livro poderia ser.

Gostaria também de reconhecer o papel importante de Tim Hibma, meu conselheiro durante uma fase crítica da minha vida, que me ajudou a viver a história de um Pai celestial gracioso, que me encontrou e me ama e jamais me abandonará. De muitas formas, este livro é o fruto do trabalho da alma que realizamos juntos e é uma maneira sutil de tentar compartilhar a mesma história com outras pessoas.

Grande parte do primeiro rascunho deste livro foi escrito no espaço encantador que era a casa de David e Susan Hoekema, às margens do lago Michigan. No momento certo, de uma forma que eu nunca teria percebido, eles ofereceram a Deanna e a mim um descanso e uma oportunidade de recolhimento restaurador *e* produtivo, uma combinação que certamente alegrará o coração de qualquer calvinista. Obrigado.

Finalmente, o agradecimento mais inadequado de todos. Como citei, este livro é de várias maneiras alimentado por uma jornada extraordinária em que Deanna e eu seguimos os passos de Agostinho. O que começou como um itinerário de pesquisa (e claro, com um pouco de degustação de vinhos da Toscana) se transformou em uma aventura espiritual que era ao mesmo tempo um microcosmo e o florescimento de nossos 29 anos juntos. Assim como Agostinho com Alípio, comecei o caminho com Deanna ao meu lado desde o início. Crescemos juntos, fomos crianças criando crianças. Mas também crescemos juntos na fé — caminhamos juntos por vales de dúvida, lamentamos perdas juntos, fomos transformados pela paternidade juntos e surpreendidos por Deus de modos que nem sonhávamos. As vinhetas deste livro não refletem adequadamente o que aprendemos sobre nós mesmos e a graça de Deus no caminho. Mas, para nós, a Via Agostino se tornou uma estrada que compartilhamos. Guardaremos lembranças de nossos filhos conosco em Milão e Cassicíaco. E nunca esqueceremos o sol brilhante sobre nossos ombros enquanto andávamos pelas pedras antigas de Óstia, do silêncio frio da tumba de Mônica em Roma ou de um almoço inesquecível no café em San Gimignano, que era como uma amostra prévia de um banquete celestial. Se confiei a mim mesmo àquele que jamais me deixará ou abandonará, é porque ele foi gracioso o bastante para me dar, no caminho para casa, essa parceira que é a personificação disso tudo.

Os LEITORES ESPERAM uma trilha sonora para meus livros e eu não quero decepcioná-los. As músicas de fundo deste projeto são uma mistura eclética, de *Homeward Bound*, de Simon & Garfunkel, a *February Seven*, dos Avett Brothers, do álbum marcante *Stranger*, de Tunde Olaniran, *Cover Me Up* (uma das favoritas de Deanna), de Jason Isbell, *Via Chicago*, de Jeff Tweedy, *Play: the B Sides*, de Moby, entre outras. Há uma lista de reprodução online disponível no Spotify.

ÍNDICE REMISSIVO

absurdo, o, 13, 48-9, 54-5n11, 60
Adeodato, 124, 139, 193, 209-10, 224, 229, 245
Agassi, Andre, 96, 106
alegria, 12, 18-9, 24, 28-32, 53-4, 56, 62, 64-5, 83-4, 99, 103, 108, 184, 203, 208, 234. Veja também prazer
Além da Linha Vermelha (filme), 204, 208
Alípio, 133, 146-7, 156-7, 160-1, 177, 190, 193, 210, 229, 245, 252
Ambrósio, 67-8, 90, 104, 124, 131-3, 152, 172-5, 179, 194, 226-7, 233, 245
Amor sem escalas (filme), 20
Anderson, Wes, 221-22
Antônio de Pádua, 199-200
Arendt, Hannah, 13, 45-7, 71, 236
Arnauld, Antoine, 40
artes liberais, as, 23, 163
ateísmo, 201-2, 215-6
Auster, Paul, 219, 224
autenticidade, 13, 18, 33, 35,-6, 41, 43-5, 51, 77, 91, 129, 140, 142-5, 147, 150-3, 156, 191, 235-6
autobiografia, 184-5, 192
autoridade de testemunha, 182-3

Bakewell, Sarah, 35-6n2, 43-4, 54, 59, 143n12
batismo, 32, 67-8, 193, 210, 229, 233-4, 238
beata vita, 166
Beauvoir, Simone de, 35-6
Bento XVI (papa), 195, 245
Bergman, Ingmar, 43

Berryman, John, 228-9
Brand, Russell, 96-97, 99
brilhantes, os, 115, 117-8, 130n11, 168, 201
Brown, Peter, 31-2n27, 63, 124n30, 210, 250

Camus, Albert, 13, 35-6, 47-50, 52-9, 63, 67, 127-8, 178-9, 202-4, 235, 241, 251
Cartago, 16, 21, 23, 26, 76, 78-9, 95-6, 114, 123, 134, 137, 163-4, 241, 243, 246
casamento/matrimônio, 103, 112, 120-4, 221, 225
Cassicíaco, 16, 124, 193-4, 229, 252
castidade, 119, 121-2, 129
celibato, 111, 119-21, 124
ceticismo, 68, 131, 172, 174, 204
Champaigne, Philippe de, 39-40
Cícero, 164, 167, 175, 190, 210
cientificismo, 169-71, 201
Clarkson, Kelly, 227n18
Claussen, M. A., 68n36, 69
Coates, Ta-Nehisi, 201-2, 204, 215-6
concubinato, 123
Continência, senhora, 118-9
Correções, As (romance), 126-7
cruz, 12, 29, 80, 131, 177-8, 210, 249
curiositas, 165-6
cursus publicus, 22, 104n18

Dasein, 43, 45, 55n11, 140n1, 141, 145
Derrida, Jacques, 14, 41-2, 50, 110,-11, 128, 192

Descartes, René, 40, 197
diabo, o, 207
Dodaro, Robert, 112, 214, 250
Don Quixote, 189
Doyle, Rob, 134
Dunham, Lena, 158-9

Eigentlichkeit, 129. *Veja também* autenticidade
Emanuel, Igreja Episcopal Metodista Africana, 217
encarnação, 29, 125, 137, 178-9, 225
estar-lançado, 45, 48
excêntricos Tenenbaums, Os (filme), 89n38, 221
exílio, 12, 26, 31, 48, 50, 53-5, 67, 72

fama, 40, 95, 98, 115, 187
Flanagan, Caitlin, 123n27
Fox, Robin Lane, 51, 167
Franzen, Jonathan, 79, 126, 186

garota ideal, A (filme), 157
Gênio indomável (filme), 154
gnosticismo, 178
González, Justo, 64, 70, 96, 130-1n13
Gozzoli, Bennozo, 23-4, 124, 190, 245
Graça infinita (romance), 11

Hannan, Sean, 69
Heidegger, Martin, 13, 35, 42-8, 55, 57-8, 60, 65, 77-8, 110, 112, 129, 140-5, 147, 150-1, 155-6, 166, 204, 235-6
Hodler, Ferdinand, 40
Homer0, 218
Honorato, 168-71
Hopkins, Gerard Manley, 195

idolatria, 98-9, 108, 118, 165, 216, 239, 244
impessoal, o (*das Man*), 43, 45, 77, 141, 145, 228, 235
intersubjectivity, 141, 143, 155
Isbell, Jason, 30, 252

isolamento, 40, 115, 148-50
Jamison, Leslie, 91-2, 114, 158, 181-2, 228
Jaspers, Karl, 35, 46
João Paulo II (papa), 245

Karr, Mary, 136, 158-9
Keegan, Marina, 150
Kerouac, Jack, 11, 18-20, 197, 219, 248

Lady Bird: A hora de voar (filme), 92, 126
lamentação, 54, 207-9, 235, 238, 240, 242, 252
livro de memórias, 13, 33, 182, 184-5, 219
Lodge 49 (TV series), 230

Macedônio, 214-5
Madauros, 16, 96, 113
mal, 17, 49, 85, 131, 175, 202-9n22,23, 210-11, 213, 215-17, 234
Malick, Terence, 43, 204
maniqueus/maniqueístas/ maniqueísmo, 63, 130, 167-73, 175, 177, 194, 204, 207, 243
Mann, Sally, 13
Marcel, Gabriel, 35, 93, 144
Marion, Jean-Luc, 33-4, 50, 185
McCourt, Frank, 195
medo, 19, 44, 55, 103, 203
menopausa, 122
mestiço, 64
#Metoo
Milão, 16, 21-4, 26-7, 63, 67-9, 80, 90, 95, 102-4, 124, 130-1, 138, 168, 172-3, 193, 196, 204, 229, 233, 243-4, 248, 252
Mônica, 23-4, 33, 36-9, 96-7, 123-4, 129-39, 227, 240, 243, 245, 252
Montaigne, Michel de, 33n29, 51, 185n9
Moriarty, Dean, 11, 18, 220
Murillo, Bartolomé Esteban, 200

neoplatonismo, 48, 176, 178
Niebuhr, Reinhold, 216
Nietzsche, Friedrich, 47, 127
novos ateus, 168, 201

O'Brien, Conor Cruise, 49(n21)
Odisseia, A, 54, 218n1
On the Road (romance), 11, 18-9, 72, 197, 219, 248
Osteen, Joel, 31n26, 70
Óstia, 16, 24, 39, 133, 138, 243, 252
Owen, John, 213

Paradise, Sal, 11, 18, 20, 220, 248
Paris, 50, 54, 127-8, 225
Pascal, Blaise, 36n2, 40, 47, 67, 107
Patrício (pai de Agostinho), 96, 130, 133, 223
Pavia, 244
pelagianismo, 88, 178
Percy, Walker, 43
platonismo, 66, 152, 176-8, 196
Plotino, 176, 178, 190
poesia, 94, 97-8, 113n6, 188, 194-5, 197
Ponticiano, 104, 153, 190
Portlandia (TV series), 166
prazer, 27-8, 62, 65, 81-2, 97, 99, 108, 110, 112, 115-7, 120, 122, 141, 146, 166, 185, 201. *Veja também* alegria

Regra de Santo Agostinho, 161-2n49
relíquias, 133, 199, 233n5, 234, 243-4
Roma, 16, 21-4, 26, 63, 78, 95, 104n18, 112, 124, 131-3, 152, 168, 252
Romantica (banda), 212
Rota 66, 36, 38, 76

sacramentos, 90
San Gimignano, 23, 124, 190, 252
Santa Mônica, 36-8, 50, 128
Sápida, 241-2
Sartre, Jean-Paul, 35-6, 43, 47-8n16, 59, 77, 93, 143-4, 147

Schlappig, Ben, 100-2
ser-para-a-morte, 45, 77n4, 235
Shteyngart, Gary, 231-2
Simpliciano, 1133, 152-3, 182n4, 190, 245
Sísifo, 48, 54-6, 65, 80, 235
solidão, 17, 32, 40, 115, 148-50, 156, 158, 201, 219, 232
Springsteen, Bruce, 218
Stegner, Wallace, 97
Stock, Brian, 191, 194
Succession (TV series), 116

Tagaste, 16, 23, 63, 69, 103, 134, 138, 160, 238
Taylor, Charles, 119n17, 149-50, 164

Uma história de amor real e supertriste (romance), 231-2
Unheimlich, 19, 22, 58, 60, 67, 238

vício, 82, 115-6, 118, 146, 176, 181-2, 187, 228
vida de Santo Antão, A 105, 153, 190, 197
vida marinha com Steve Zissou, A (filme), 221-2
Villanova (Universidade), 42-4, 112, 250
Virgílio, 25, 189
Vitorino, 152, 182, 190, 197

Weigel, George, 234
Wilde, Oscar, 33n29, 188-90
Wiley, Kehinde, 199-200
Wolfe, Suzanne, 123, 129
Wolfe, Thomas, 54, 220
Wright, Franz, 149
Wright, Thomas, 188-9

Zweig, Stefan, 59-61, 63, 700

Este livro foi impresso em 2020, pela Assahi, para a Thomas Nelson Brasil. A fonte usada no miolo é Colluna, corpo 10,5. O papel do miolo é pólen soft 80 g/m2, e o da capa é cartão 250 g/m2.